中國人應知的 The Knowledge Of Civilization

文明歷程 插圖本

張舜徽 著

中國人應知的
文明歷程 **總目**

中國人應知的
文明歷程 **目錄**

藝術的進步　99

工程的修建　141

對保健養生的重視　161

醫藥知識的豐富　185

文字的創造與改進　215

書籍的出現　239

文學的發展　267

出版後記　297

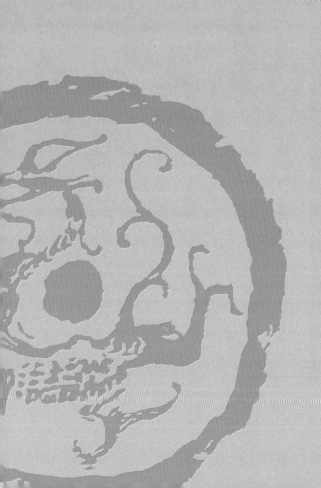

中國人應知的　文明歷程

The knowledge of Civilization

農業生產的發展

由於考古學家發掘與研究的結果，證明了五十萬年以前，在我國的土地上，便已有人類居住著。他們的生活，起初是靠採掘野生果實球根和捕魚打獵爲生。一直到定居以後，石器的製作漸精，才開始有能力伐鋸樹木，墾闢土地，來集體進行植物的栽種，解決食的問題。大約在五千年以前，我們祖先便已進入農業生產的社會。在這五千年長期生產鬥爭的過程中，對於田畝的開墾、工具的製造、糧食的選種、水利的興修，以及對蔬菜、果樹的種植，不斷有所創造和發明，並隨時改進和提高，向前發展，來豐富人民的生活。今天在我國版圖內，擁有廣大的肥沃田畝和雄厚的物質財富，不是偶然的事情。

生產工具的發明

我國古代傳說中的所謂"神農"，僅僅是代表著我國歷史上一個進化的階段，而不是什麼智周萬物的聖人。"神"是治理的意思（《爾雅·釋詁》"神，治也"）。"神農"二字，自然可以解釋爲"治田"。治田的開始，必然先有拓荒闢土的大規模燒山。所以有些古書，也稱"神農氏"爲"烈山氏"，這便是《孟子》所云"烈山澤而焚之"的意思。先把山澤中的雜樹、荊棘以及其他障礙物用火力清除以後，才有可能進去開墾，這是遠古進行農業生產的先決問題。

燒山以後，我們祖先在墾荒和耕種的過程中，便發明了農具。《周易·繫辭》所說："神農氏作，斫木爲耜，揉木爲耒。"大約進入農業生產的社會以後，原始農具也就出現了。最初只可能用木來做耒和耜，耒是用曲木製成的，耜是耒端所附加的硬木，把它斫成很尖銳的形狀，以利於刺地。大約最初的耒，只是一種手耕所用的曲木，用木端的尖銳部分來

新石器時代河姆渡文化　骨耜

刺地。由這尖銳部分容易折斷，所以不久便加上較硬的木料，名之為耜。至於附加銅或鐵於耒端，乃是後來的事。

甲骨文中有"耤"字，其形作🉐或作🉐，像人手持耒柄而用足踏耒端之形。我們祖先最初耕地，便是這種形式。今天用鍬取土的人，手持鍬柄，用足力壓鍬，也還保存了古代耕地的遺意。在沒有發明牛耕以前，我們祖先單靠自己的手足進行工作，是多麼辛苦的事！《淮南子·主術訓》所說："一人跖耒而耕，不過十畝。"跖就是用腳踏履的意思。這樣的工作效率，當然是很低的。

當人類社會進入使用金屬工具以後，我們祖先也就附加銅或鐵於耒端。這種附加了金屬物的耒端，也就出現了專門名詞，叫做"銚"。《管子·海王》篇所說"耕者必有一耒、一耜、一銚"，三者並舉，同為刺土之具，但略有不同。耒是手耕曲木；耒端附加了硬木，便成為耜；後來耒端有了銅和鐵的裝置，才稱為"銚"。由於各人物質條件不同，因之使用工具也不能歸於一致。大約這三種工具並行不廢，有著很長的時期。不過在《孟子》書中已出現"鐵耕"二字，可知到了周末，在農業生產上，使用鐵器工具已很普遍了。

農家把地耕好了，才能播種。播種不久，苗出生了，又必勤除苗間雜草，才能有利於它的成長和繁殖。這種除去苗間雜草並且把土鋤鬆的工作，叫做"耨"。古人經常是拿它和"耕"字並提的，所謂"深耕易耨"，钁便指出了農作方法，耕地要深，鋤土要淺。當我們祖先沒有發明

新石器時代　石鐝

新石器時代仰紹文化　鹿角鋤

金屬鋤、　以前，便只能利用天然蚌殼來進行除草和鋤土的工作。《淮南子‧氾論訓》篇所謂 "古者剡耜而耕，摩蜃而耨"，這是關於上古用蚌製器從事耕作的最早記載。"蜃" 的初文，當是 "辰" 字。金文中 "辰" 字作 𨑃（父乙鼎），或作 𨑃（孟鼎）；甲骨文中作 𤔲，完全是像蚌殼之形。由於耕作之具爲辰，因之 "農"、"辱"、"耨" 諸字也都從 "辰"，在造字時，便已保存了眞實史料。

　　農家除了耕地除草的工具以外，還應有收穫的工具。《管子‧輕重乙》篇說："一農之事，必有一耜、一銚、一鎌、一耨、一椎、一銍，然後成爲農。" 這分明反映了戰國時期農業生產工具的一般情況，其中所指的鎌和銍，便是收穫的工具。鎌形如鉤，鋒刃向內，可裝上短柄。較大的鎌，柄可長至七八尺，以便收割和刈草之用。銍是鎌的較短小者，無柄，專供割穗用的。我們祖先在沒有金屬工具以前，一般是用石製或蚌製的鎌和銍。安陽小屯出土的古器物中，便有蚌鎌、蚌銍和石鎌、石銍一類的東西，特別是石鎌，爲數甚多。儘管青銅器在殷代已很發達，但在當時只是專爲王室貴族服務，是一種特殊工藝，不可能大量地來鑄造農具。當時即使已經有了金屬農具，也不會是直接生產者所能普遍使用的。我們祖先在殷代時，還是運用這些蚌製、石製的粗糙工具在勞動著。

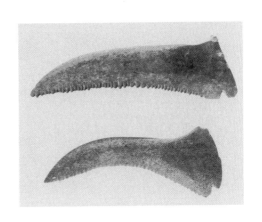

新石器時代裴李崗文化　石齒鎌

　　農業和手工業的嚴格分工，是從鐵器成爲普遍農具才開始的。在《詩》三百篇裏有 "庤乃錢鎛" 和 "奄觀銍艾" 這一類的話。可知周代在農業生產方面，已普遍使用金屬工具（當時以銅爲主要材料）。到了周末冶鐵術盛行以後，才直接普遍用鐵作爲製造農具

戰國燕　鐵鎌范

的材料，自然是農業生產史上一種大的劃時代的變革和發展。

儘管進入了用銅、鐵製造農具的階段，但是在東周以前，我們祖先耕地還是採用兩人並力發一耜的"耦耕"方法。專憑人的勞力，工作效率是有限的，特別是出現金屬工具以後，耕地可以更加深入，自非利用獸力不可。一直到春秋戰國之際，才漸漸創造了牛耕法。然而這種先進的耕作方法，在當時並沒有普遍通行，一般偏僻地區和窮苦人家，還是採用耦耕法。

牛耕圖（漢畫像石拓片）

人們每每以為牛耕的事實到漢代才有明確的記載，以為漢代才是實行牛耕的開始，這種論斷，是不正確的。首先從古代事物的起源來看，每每是某一事物通行若干年以後，才形諸記載，斷不可認為記載開始之日，便是事物創始之時。其次從耕作方法來看，戰國時期既盛行了鐵耕，又提倡深耕，非人力所能勝任，那時普遍使用牛耕，實屬可能。考之歷史文獻的記載：《國語‧晉語九》所錄竇犨的話，已言"宗廟之犧，為畎畝之勤"，有人認為這是當時實行了牛耕的證據。而孔子弟子冉耕字伯牛，司馬耕字子牛，古人名、字相應，更有力地說明春秋時已用牛耕地了。既用牛耕，那就促使工具也起了改變，必然要創造出犁來代替耒耜。所以犁的使用，又是我們祖先在西元前五世紀時的傑出發明。

到了漢代，有人把犁改良，做成三腳犁，也叫做"三腳耬"或稱"耬車"。這一製作最奇特的地方，便是車上安置有播種子的斗，用牛駕之而行，隨著犁的搖動，種子也跟著散落下來。這樣，一面進行了耕地的工作，同時又完成了播種的任務，不但節省了人力，同時可使生產效率也有所提高。《三國志·魏書·倉慈傳》注引《魏略》記載：皇甫隆爲敦煌太守時，"教作耬犂，其所省庸力過半，得穀加五"。其實這種方法，早在西漢時便已應用，不過後來皇甫隆把它介紹到西北地方去了。

我們祖先在農業生產方面，經常強調精耕細作的勞動方法，犂便是用來深耕的。後來我們祖先又創造了耙細泥土的農具，這就是流傳到現在的人字耙和方耙。在耙田的時候，牛在前拉，人就站在耙上，使耙齒陷在泥土裏，逐步把泥土耙細。這樣把種子播下地，才得很快地成長起來。犂、耙並用，在我國農村中也有兩千多年的歷史了。

西漢　鐵鏵

五穀雜糧

我們祖先在從事農業生產的過程中，首先對於選種，是經歷了長期過程和愼重別擇的。古書上面有所謂"百穀"、"九穀"、"六穀"、"五穀"這一類的名詞。"穀"是一切糧食的總稱，時代愈早，穀的名類數字愈多，到最後，才歸結爲"五穀"。這些數字的迭減，不是偶然的，必然是經過長期試種的結果，肯定某些糧食最於人類有益，逐漸淘汰其他次要的，　而留下比較好的品種，農家世代相承，也就約定俗成了。所以"五穀"　在我國農村中被人重視，有著幾千年的歷史。

"五穀"是幾種什麼糧食？從來學者們有著不同的解釋。漢代學者以爲是麻（麻指脂麻，可以打油）、黍、稷、麥、豆。有人認爲這裏面不舉稻，是因爲古書作者多半起白西北的緣故（《天工開物》有此說）　但是稻的產量和作用，就

新石器時代　炭化稻米（湖南澧縣出土）

全中國範圍來說，究竟較任何糧食都要豐富而廣泛。所以元代修《農桑輯要》時，便重新規定禾、麻、菽、麥、豆為五穀，這是符合我國農村生產實際情況的。

甲骨文中所可考見的穀名，已有禾、麥、稷、黍、秬等字，可知遠在殷代的農作物，也不外經常被人重視的這幾種糧食。到了周代，亦複相似。《詩經·豳風·七月》篇所謂"黍稷重穋，禾麻菽麥"，只有"重穋"二字，是先種後熟和後種先熟的專用名詞，其所稱舉的其他幾種穀名，也和五穀的內容大同小異了。

五穀中以禾、麥為最重要。西漢學者董仲舒說過："《春秋》他穀不書，至於麥、禾不成，則書之。以此見聖人于五穀，最重麥與禾也。"這話是對的，證之古史所載，也確係事實。禾是稻的別名，就我國自然地理條件來說，北方宜於種麥，南方宜於種稻，二者產量既豐，對人類的營養又好，所以我們祖先一直把稻和麥看成最主要的糧食。

農業生產方面，既以稻和麥為主要的糧食，於是便把其他各類看成雜糧。雖然不那樣重視，但是從來不拋棄它們。所以我們祖先在生產實踐中，除種稻、麥以外，還多種雜糧。《漢書·食貨志》便已指出這裏面的原因："種穀必雜五種，以備災害。"意思是說恐怕稻、麥遇著水旱蟲傷，收穫量不好，便全靠雜糧來救荒。我們只看今日農村中江南以種稻為主，河北以種麥為主，同時還多種高粱、大豆、玉蜀黍之類，其範圍有時超越五穀之外，可知我們祖先廣種兼收、有備無患的優良傳統，一直在農村中保存著。

稻是水田作物，所以江南地區為最宜，農家種稻所費的工夫也最多。先年收穫以後，便應趁秋冬晴天把田耕過來，等到次年春天水滿，再耕一次，然後用耙把土耙細；耕耙既畢，放水勻停，然後播種；播種之前，先將種子浸入水中數日，俟其生芽，撒入田中，苗漸漸生長，其名爲秧。秧生三十日，長約五六寸，然後分秧移植於其他田畝，大約一畝秧，可移植二十多畝田。秧高七八寸，又必抓緊時間，從事除草和壅本的工作，這叫做"耘"和"籽"。土壤肥美的田，從播種之日起，經過一百天的時間，可望收穫。中間如遇亢晴不雨，恐苗枯槁，農民還須設法取水以禦旱災。低田如雨水太多，又必設法排去漬水。在這一百天的過程中，農民總是日夜緊張地在工作著和伺候著。

清 焦秉貞繪《耕織圖》之"耕圖"

種麥較稻爲易。首先由於它不需大量雨水，且可種於高地，自秋播種，明年初夏便收。那時，正是農民缺乏糧食的季節，舊穀已經吃光，新穀尚未成熟，恰好麥子在夏季登場，所以古人稱它爲"接絕續乏之穀"，十分重視。它在播種以後，沒有耘、籽的工夫，不過勤耨兩三次而已。但是當它結實快成熟時，最怕雨水軟根倒莖，使麥粒盡爛於地，又怕蟲傷雀啄。農民憂勞之情，略與稻同。

麥分大麥、小麥、蕎麥等種類，小麥是主要的。我國農作物中，小麥與水稻並列，產量也最多。蕎麥是麥中別種，秋季下種，不到兩月便可收穫。江南很多地區，每趁獲稻以後，利用田地空閒，播種蕎麥，以補糧食之不足。

糧食成熟以後，收穫的方法，南北也有不同。北方土質乾燥，又少雨水，所以新穀黃熟以後，便把它連稈割下來，集中堆積在場地上，在古代這叫做"庾"。《詩經·小雅》："曾孫之庾，如坻如京。"舊注解釋道："庾，露積穀也。""如坻如京"，是形容禾麥堆積的高大。在露天下堆積了一個時期，等到農事稍暇，再進行打穀進倉。《詩經·豳風·七月》所謂"十月納禾稼"，便是指的這種勞作。一直行之幾千年，到現在北方農村中，還保存了這一習慣。南方每屆夏秋，時常下雨，又地面潮濕，不能把糧食露積在外，水稻黃熟以後，便直接在田中打取。趁天晴，一兩天內把它曬乾，馬上進倉。《漢書‧食貨志》所謂"收穫如寇盜之至"，《說文解字》指出"倉"字受義的根源，是從"倉黃取而藏之"的意思來的。這些都說明了我們祖先珍重自己的勞動成果，在不同的環境下，因地制宜，創造了不少保藏糧食的方法。

糧食收穫以後，要把它變成細白的米粒和麵粉，也是經過了一段很長時期

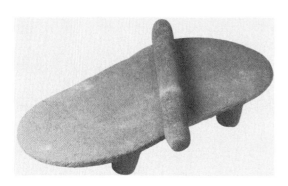

新石器時代裴李崗文化　石磨盤、石磨棒

艱難創造的過程的。首先便是淨皮去殼的工作，十分不容易。我們祖先最初是用自己的兩手拿著木椎在掘好了的地臼或石臼上進行搗粟去殼的工作，這叫做"舂"。當造字時，其形為𦥯，便具體描繪了這一工作的形式。當時使用的木椎，其名為"杵"，所以"杵臼"二字，在文詞上便聯繫成為一詞了。這種

工作效率，當然是很低的。後來逐漸改進，才發明踏碓；後來又進一步創造了破殼用的礱和研粉用的磨。都用人力轉動，效率卻比以前提高了很多。這種發明，也有了兩千多年的歷史，一直在農村中通行著。

礱和磨，最初用人力，後來改用畜力，或利用水力，於是出現了"連機

宋　磚雕《推磨圖》

碓"、"水轉連磨"這一類的發明。但是只有條件較好的地區或少數人家，能夠具有這種設備，斷不是一般農民所可普遍使用的。不過從礱出現以後，破殼的困難解決了，於是把杵臼和踏碓等工具，轉移到鑿米的工作方面來，使粗糙的米變成精細的米。後來又利用畜力創造出"牛碾"的辦法，從此米粒的加工便可迅速、多量地進行，古人所稱"粒粒皆辛苦"，真不是一句空話。

糧食收穫以後，穀粒中是不純淨的，有小稗，有空殼；把殼粒去殼淨皮以後，又有粗糠；把米粒加工久舂以後，又有細糠。這些都必須設法去掉，提出乾淨潔白的米粒，才便於做飯。當我們祖先還沒有發明風車的時候，便是利用自然界的風力來進行扇簸米穀的工作。用長柄箕盛滿米穀，高舉起來，順風傾瀉，使米穀實粒較重的落在一邊，糠灰細屑較輕的便隨風飛走了。這一方法，現在北方農村中尚流行著，稱之為"揚"。其實古人在很早時候，便有一個"颺"字，《說文》云"風所飛揚也"，便是描繪這一工作的專字。等到後來出現了風車，工作效率較前提高，對米穀的加工乃更方便了。

清　焦秉貞繪《耕織圖》之"簸揚圖"

我們祖先生產糧食，固然以稻、麥爲主，同時也不排斥雜糧，這在前面已經說過了。特別是大豆和高粱，是我國特產，產量之富，種植面積之廣，就今天全世界來說，都是驚人的。本來豆是五穀之一，幾千年前我們祖先便已重視它，它所含營養價值極其豐富，蛋白質含量達百分之四十以上，脂肪僅比豬肉少三分之一。利用它可以加工製成多種不同的食品，來改善我們日常的生活，所以無分南北，農家都願意種它。特別是東北各省所產大豆，顆粒圓勻，肉堅脂濃，乾燥潔淨，光彩奪目，實爲世界馳名的品種。

談到高粱，也以東北各省所產爲最多。取子碾粉，可製飯粥餅餌，爲北方主要食料。粗屑的可用以飼養牲畜，又可釀造烈性的高粱酒。莖稈可以編成粗席或製造器具，近更發明可爲造紙原料，這都是勞動人民在生產過程中試驗成功的。

蔬菜瓜果

我們祖先除大量生產糧食以外，還努力栽種蔬菜。蔬菜的作用，一般用以下飯。而更重要的，在農村中，普遍用它救荒，來彌補糧食的缺乏。所以古人解釋"饑饉"二字，便說"穀不熟爲饑，蔬不熟爲饉"，經常是拿穀和蔬並舉的。明代朱所著《救荒本草》，臚列可以救荒的蔬菜達幾百種之多，可見蔬菜在農村中的用途還是很廣泛的。

我國農村中，一般農民，都有他們自己種蔬菜的畦畝，或者用竹木枝條圍起來，成爲一個小

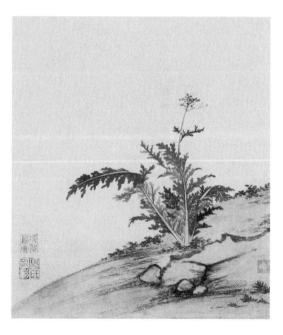

明 項聖謨《野菜》

園。《漢書・食貨志》所謂"菜茹有
畦，瓜瓠果蓏，殖于疆易"，差不
多描繪了中國農村幾千年間的生活圖
影。但這只是一般農家在自給自足的
原則下，專供自己食用的種蔬方式。
這種作業，只是在生產糧食的空暇中
附帶進行的。

　　此外還有一種專以種菜爲業的
人，在兩千幾百年前，便已形成了
一種脫離糧食生產而獨立的專門職
業。《論語》上面記載："樊遲請
學稼。子曰：'吾不如老農。' 請
學爲圃。曰：'吾不如老圃。'"
可知在春秋時期，"圃"與"農"
已經成爲分開的兩種專業了。到戰
國時，見於記載的，更有不少的人
"爲人灌園"。那麼當時園藝確與
農耕分了家。兩千多年來，以種菜
爲專門職業的，一直在發展著。特
別是城市附近的郊區農民，經營菜
園的更多。

　　種菜成爲專門職業以後，在長期
加意栽培的過程中，便很快地使蔬菜
品種豐富起來。單就取用的部位來
講，有採食其葉的（如白菜之類），
有採食其莖的（如芹菜之類），有採
食其根的（如山藥之類），有採食其

清　鄂爾泰等《授時通考》之"圃田圖"

明　沈周《墨筆白菜》

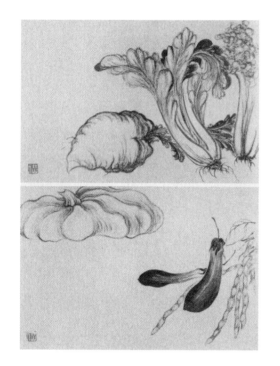

清　明中《蔬果圖》

花的（如金針菜之類），有採食其果的（如辣椒之類），有採食其芽的（如豆芽之類）。至於瓜類，品種更多，不能盡舉。今天我們日常吃的蔬菜，約有一百六十多種，每種之中，又各有很多不同品種，比世界上任何國家的蔬菜都要多，這是我們祖先在長期種菜工作中不斷改進向前發展的結果。

我們祖先，從來不拒絕外來事物，相反地，而能取人之長，補己之短，來豐富自己每一工作的內容。表現在種菜方面，也特別明顯。例如有許多植物，是我國原來所沒有的，像所謂胡椒、胡豆、胡瓜這一類的東西，都是從外族傳入的。我們祖先接收了這些品種，廣泛種植，豐富了我國的園藝內容，這是盡人皆知的事實。其次，在國內原有植物中，也儘量採取自己沒有見過的好品種。農民每每聽說或看到鄰鄉、鄰縣出現了別的新品種，必設法把它弄來，試種成功以後，很快地拋棄自己原有的不好品種，選用外來的好品種。這樣不斷地在園藝上改進提升，便是我國蔬菜品種豐富繁多的主要原因。

園藝生產的另一方面，便是植樹。我們祖先有意識地進行植樹，大要分兩方面：一是種桑，為生產蠶絲之用。殷代甲骨文中已有“桑”字，而周末孟子經常強調“五畝之宅，樹之以桑”。可知幾千年前，已普遍重視桑的栽植。一是植果，為豐富食物之用。《詩經‧豳風‧七月》已云“六月食鬱及薁”，而《周禮‧場人》云：“掌國之場圃，而樹之果蓏珍異之物”，可知幾千年前，已注意到種植水果的重要。我們祖先在長期種樹的過程中，積累了不少好的經驗。在秦代以前，早已總結這些經驗，成為專書。當秦始皇焚書的時候，特別著重申明不燒"種樹之書"。可惜這一類的古書，雖有秦朝的明令保存，結果沒有一卷流傳到現在，無由考見先秦時代的種樹經驗了。

應該特別指出的，便是我們祖先在很早的時候，已經發明了果樹的嫁接法。所謂"移花接木"，成為了我國社會上通常的俗語，是有它極悠久的歷史根源的。我們今天能夠吃到品種最多、汁味最好的水果，這和很早發明了嫁接法是分不開的。實行果樹嫁接，首先必挑選被接的果樹堅實優良，才能接出好的品種。被接的木，稱為"砧木"；接上去的枝條，稱為"接穗"。什麼樹枝，接在什麼砧木上，都是有講究的。例如梨樹應該接在棠樹或杜樹上，才能結出很大的果實，而且肉質細嫩。這在一千五百年前，賈思勰寫《齊民要術》時，便已總結出來了。但嫁接法的發

清　焦秉貞《耕織圖》之"採桑圖"

明　陸治《花卉圖·海棠》

明，卻不是從這時才開始的；不過以前的種樹之書，多不傳於後世，無由考見其來源。唐、宋以後，嫁接法的應用，更加普遍，進一步推廣到其他花木，使花木發生變化，愈加豐富多彩。

遇著有些樹木不宜於嫁接時，我們祖先便發明了壓條法和插枝法來推廣植物的種植。壓條法是把樹木的枝條彎到地下，埋在泥土裏，不久自能生根，成爲一棵新樹。枝條短的樹木，不能彎到地下時，便在枝條的一邊破折一小節，敷上泥土，緊緊包好，時時澆水，不久也能生根，這成爲壓條的另一形式。至於插枝，便是將樹木的枝條折下，插在泥土裏，自能生根，成爲新樹。楊、柳、梧桐，都是用這種方法栽植的。這些方法的成功，都是我們祖先在長期種樹的過程中，經過了千萬次的試驗而取得的成績。

農業生產技術的創造

當我們祖先還沒有發明人工施肥術的時候，從事農業生產，只得利用土地的自然條件，根據土壤肥瘠不同的情況，創造出輪流休耕的辦法。土壤肥沃的，每年可種；次等的，隔年一種；最壞的土壤，隔兩年一種。《周禮‧地官》有所謂“不易之地”、“一易之地”、“再易之地”，舊注這樣解釋：“不易之地，歲種之，地美；一易之地，休一歲，乃復種，地薄；再易之地，休二歲，乃復種。”所謂“休”，便是讓土地在這不耕種的時期內，得以生長雜草，雜草的根葉，有直接肥田的作用，地力乃得以恢復，有助於再生產。這種方法，雖只是利用自然條件來達到改良土壤的作用，但這畢竟早已肯定了綠肥的功效。後世用人工播種豆類來做綠肥，都是由這一原理向前發展的。

實行人工施肥，在我國已有數千年歷史，古人稱爲“土化之法”。土化，便是使土壤變化的意思。《周禮‧草人》記載土化之法，大抵根據不同土壤的色澤剛柔，分別採用牛、羊、麋、鹿、狟、狐、豕、犬等動物的骨灰，灑在土地上，使土壤變得肥美。或者把這些獸骨分別煮汁，用以浸種，也可。這種施肥方法，到戰國時才被記載下來。我們可以肯定，遠在戰國之前，便已有了。

清末南方的
肥田植物

　　用動物的骨灰來肥地，或煮獸骨來浸種，顯然不是一般農民所易辦到的。我
們祖先通常採用的肥料，又有苗糞、草糞、火糞、泥糞等名目。苗糞，是趁糧食
收穫後，利用閑地種下小豆、苜蓿、紫雲英一類的東西，等到枝葉豐茂，然後
深耕一次，將它埋在土裏，便是所謂綠肥。草糞，是從遠地割取青草，運到田地
中，待它腐爛，化成肥料。火糞，是把植物灰做肥料。泥糞，是把淤泥做肥料。
這都是農民經常採用的施肥方法。

　　其次，我們祖先又善於利用人和牲畜的屎尿，作為常用的肥料，因之廁所之
旁、牛欄豬圈之側，都是農家積糞的地方。但是生糞不宜馬上使用，必須積聚稍
久，使它變化，作用才較大。積聚的方法，最普遍的有窖糞和釀糞兩種。窖糞是
取人糞拌入乾灰（草木灰最好），堆積在糞屋裏，用以肥麥及蔬菜最宜；釀糞是
積獸糞於糞池中，經歷稍長的時間，取以肥田最好。這種方法，在南方是普遍採
用的。

　　對土地施用肥料，無非是想增加生產。我們祖先在設法提高糧食產量的過程
中，另一方面又創造了種子“催青”的方法。它應用外界條件，控制生物的發

清 鄂爾泰等《授時通考》之"浸種圖"

育階段，使生物能定向地按照人們所預定的時間發育，並提高農作物產量。這便需要直接對種子進行加工，古人稱為"治種"。兩千年前，西漢的優秀農業科學家范勝之的書上便這樣寫過："雪汁者，五穀之精也，使稼耐旱。常以冬藏雪汁器盛埋於地中，治種如此，則收常倍。"（《范勝之書》早佚，此據《齊民要術》引）這當然不是范勝之一人的發明，而是總結了以前的經驗。可知我們祖先在漢以前，便創造出一種用雪汁治種的方法。把種子放在雪水裏浸過一定的時間，可以提早出苗，並能增加產量，這在今天科學界，稱為"種子春化法"，我們祖先卻在很早就已掌握這一方法了。

我國古代的春化法，最先用於五穀。像通行西北地方的秋麥春種，便是一個顯明的例子。小麥本是秋天播種的，到明年才抽穗結實。如果把它移在春天播種，當年是不會抽穗結實的。春化法就是用人工將小麥種子浸在雪水或井水裏，還可把它埋在雪地裏，讓它在低溫下經過一定的時間再行播種下地，很快就出苗，和先年秋季所播下的小麥一樣，正常生長，產量還能提高。現在我國各地，特別是在北方種麥地帶，還普遍流傳著這一古法，並且還把它推廣到了蔬菜及其他農作物方面。

勞動人民從事農業生產，最害怕的便是水災和旱災。雨水太多，莊稼便宜潰死；天久不雨，禾苗又易枯槁，而尤以防旱為最難。我們祖先在不斷和自然鬥爭的過程中，創造了很多防旱救乾的工具和方法。

農家經常的灌溉設施，重在修溝築塘。耕地周圍，多開溝洫，直接聯續到很遠的地方，以與河流相通。溝洫之間，又多築陂塘，爲蓄水地。雨水太多時，便開塘通溝，使積水流到河裏去；若久晴不雨，稻田乾坼，便把陂塘積蓄的水，由溝洫輸達田中。這種方法，普遍適用於一般比較低平的田地。

若耕地位置較高，而陂塘溝洫較低，便必使用人力，想方法把水灌到田裏去。在很早的時候，我們祖先就創造了用戽斗送水來灌溉高田的方法。而古書《莊子》裏面，也記載了使用桔槔汲水的方法。但是這種簡單工具的效能，究竟是有限的。大約在一千七百多年前，我國農村中便使用了水車，古人稱爲“翻車”，相傳是三國時期馬鈞發明的。後來經過不斷改良，做成了龍骨車，它是用人力來踏動的。到元朝時候，又出現了牛轉翻車和水轉翻車。到明朝末年，又有了風轉翻車。這許多種翻車，不僅利用了畜力、水力、風力來代替人力，而且都裝配了一些簡單的機械。至於甘肅蘭州附近的黃河水車，由於河床低下，臺地過高，於是因地制宜，便製成直徑長達數丈的大木輪，四周繫有小長方戽，築壩引水，輪隨水轉，方戽即汲水入槽，以供灌溉。這一方法，後來漸行於江南

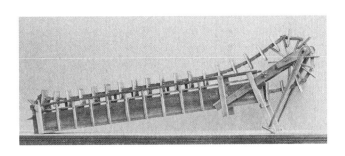

翻車（模型）

清 鄂爾泰等《授時通考》之 牛轉翻車

各地，凡近河地區多採用它。

　　上面所述的工具，只能施用於比較平坦的地了。儘管其中略有高低，也還是有方法去進行灌溉的。如果遇著山頂上的耕地，便行不通了。當我們祖先最初墾荒開田的時候，便已考慮到這一困難，於是利用山地，闢爲拾級而上的梯田。由於每級造成水平的形勢，所以保水保土的功效最大。並且還設法在山坡上較高的地方，多掘蓄水池，以便灌溉。這些工程，都很費工，特別是在比較陡的山坡上開造梯田，更不容易。我們祖先克服種種困難，使土地的使用面積擴大，以致梯田在全國耕地中占很大的比重，不是偶然的。

清末民初　山西的梯田

中國人應知的

文明歷程

The knowledge
of Civilization

科技的發明與創造

人類一切知識的萌芽，莫不導源於實踐。特別是生產活動，是人類最基本的實踐活動。在生產生活資料的過程中，接觸到自然界的無數自然物，逐漸瞭解這些自然物的性質及其規律性，因而經常地利用自然，克服自然，改造自然。在這一漫長的時期內，不斷總結出一些成功的經驗，又用來指導生產活動的實踐，這便成了理論性的知識。社會的生產活動，是一步又一步地由低級向高級發展，因之生產者的知識，也就一步又一步地由低級向高級發展。勞動人民即在生產實踐中取得了豐富的知識，經過口頭或文字的傳述，被知識份子們吸收了，便也能間接地來理解事物，並在原有基礎上加以推演發展與提高。儘管後世學者們如何精益求精，將那些樸素的理論變成了高深的科學；但是歸根到底，一切知識的來源，仍然是直接生產者在長期勞動中創造出來的。我們祖先在農業生產實踐中所取得的知識極其豐富，現在抽舉其中最淺明易見的幾點來談。

天文曆法

我們祖先在同自然鬥爭的時候，慢慢地認識了自然運動的某些規律，並且進一步掌握了他們所認識的規律，拿來指導農業生產。這表現在天文知識方面，十分明顯。因為他們要依照四季循環來安排他們的生活，決定他們的活動，所以天文學便成為人類中最早發達的知識了。

我國古代定一年四季的方法，最初以黃昏星宿的出沒為主。

《尚書‧堯典》以鳥、火、虛、昴四宿為仲春、仲夏、仲秋、仲冬黃昏時之中星，司馬遷《史記》稱古代有火正專門觀測大火星的昏見，可見我國在幾千年前，季節是由大火星的昏見而決定的。所以那時對於星宿的辨認，成為農村中老幼男女的普通常識。顧炎武《日知錄》卷三十說過：「三代以上，人人皆知天文。七月流火，農夫之辭也；三星在戶，婦人之語也；月離于畢，戍卒之作也；龍尾伏辰，兒童之謠也。後世文人學士，有問之而茫然者矣。」古代人人皆知的普通常識，後世便變為專門絕學。這是由於秦、漢以後，一切皆依節氣進行工作，一般老百姓，便無需仰觀天文，而天文知識就成為少數人所擅有了。

蒼龍星座圖（漢畫像石拓片）

二十八宿的名稱爲角、亢、氐、房、心、尾、箕，斗、牛、女、虛、危、室、壁、奎、婁、胃、昴、畢、觜、參，井、鬼、柳、星、張、翼、軫。雖然到秦、漢時代的書籍，像《呂氏春秋》、《禮記‧月令》、《史記‧天官書》、《淮南子‧天文訓》才正式提出，但是《詩經》裏，早已有了火、箕、斗、昴、畢、參、牽牛、織女諸宿的名稱，而且大半是出於勞動人民歌唱中。由此可知，在周初已經應用二十八宿，並且爲勞動人民所普遍認識了。後來像《呂氏春秋》、《禮記‧月令》、《史記》、《淮南子》諸書所載，不過經過知識份子之手，把勞動人民已經掌握的知識總結下來罷了。

我們祖先對於辨認星宿，最初一定是有簡明歌括的，可惜年久失傳，無由考索。到了隋朝，出現了《步天歌》，相傳是丹元子所作，而不詳其姓字，無疑是遠古天文歌括的綜合。它的歌辭，十分淺近顯明，令人一目了然，眞如南宋鄭樵所說：“得《步天歌》而誦之，每誦一句，凝目一星，不三數夜，一天星斗，盡在胸中。”（《通志‧天文略》）由於它的編成，是從農村群眾中來的，所以一些語句，都是大眾易懂的話，這倒是它的精神所在。但是一般文人學者，卻視其“淺陋”而不去重視。清儒錢大昕《十駕齋養新錄》卷十四便說：“丹元子《步天歌》不著撰人姓名，相傳以爲唐王希明所撰。鄭樵獨非之，以爲丹元子隋之隱者，與希明各是一人。然歌詞淺陋，不似隋人文字，《隋書‧經籍志》亦無此書，其非隋人明矣。古天文家，未有以‘太微’、‘天市’配‘紫微’爲三垣者。《太史公書》，太微屬南宮，天市屬東宮；晉、隋二《志》，則分中外宮，與二十八宿爲三列，而‘太微’、‘天市’雜敘於中宮之次。使丹元果隋人，則唐初李淳風修《隋志》，何不一述三垣之說乎？漁仲好異而無識，欲取俚鄙之歌，駕乎前志之上，所謂棄周鼎而寶康瓠者也。"在封建社會裏，一般知識份子看不起人民大眾的口頭創作，乃至把正史裏面的《天文志》一類的書看成"周鼎"，把來自民間的歌括看成"康瓠"，是不足奇怪的。

我們祖先，不但對於星宿的名稱、部位，辨認得很清楚，而且平日留心於天象的變化。例如，白天看見太陽忽然起了黑影成為日蝕，是值得人們注意的事，便很認真地把它記錄下來。僅就《春秋》一書所包括的二百四十二年之中，就記載有三十六次日蝕，到現在已經由科學家證明了，其中有三十二次日蝕是完全正確的。

商　記錄日食的牛骨

現在所稱"陽曆"和"陰曆"的區別，便在於月亮繞地球和地球繞日兩個周期的不同。陽指太陽，陰指太陰（月）。人們一向總以為陽曆是從西洋傳來的，其實我們的經典《尚書・堯典》中早已說過："期，三百有六旬有六日，以閏月定四時成歲。"所謂三百有六旬有六日，恰好就是陽曆年。陰曆則月大三十天，月小二十九天，一年十二個月，只三百五十四天，要比陽曆少十一天之多，所以每隔三年，便插一個閏月（尚多了幾天）。但若十九個陰曆年，加上七個閏月，便和十九個陽曆年幾乎相等。我國在周末，已經知道十九年七閏的辦法，並且已經發明了用土圭來觀測日影以定"夏至"和"冬至"的方法。《孟子・離婁》篇說："天之高也……千歲之'日至'，可坐而致也。"古人稱"冬至"、"夏至"為"日至"，照孟子所說，可知在戰國時代，我們測定陽曆年的長短，已極有把握了。

我們祖先不僅在天文觀測方面有偉大的成就，對宇宙構造的理論也有相當大的貢獻。我國古代對宇宙的構造，有三種不同看法：第一是"宣夜"。認爲"天了無質，仰而瞻之，高遠無極，眼督精絕，故蒼蒼然也"；第二是"蓋天"（或稱周髀）。認爲"天圓如張蓋，地方如棋局，天旁轉如推磨而左行，日月右行，隨天左行，故日月實東行，而天牽之以西沒"；第三是"渾天"。認爲"天如雞子，地如卵中黃，孤居於天內，天大而地小，半覆地上，半繞地下，故二十八宿半見半隱"。《晉書·天文志》對這三種學說，都有批評，說："宣夜絕無師承，周髀多所違失，惟渾天近得其情。"我們用近世天文學的眼光來看，宣夜論天空的性質，渾天論地球的位置，蓋天論眾星的運行，都有可取的地方。特別是"渾天"說，和近代的宇宙論，甚爲接近。遠在兩三千年前，我們祖先已經指出"地如卵中黃，孤居於天內"的道理，真是接近了近代的科學論斷。

《御定星曆考原》（清康熙五十二年銅活字本）

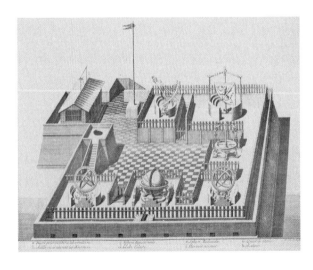

北京觀象臺示意圖

掌握了晴雨寒暑的一般規律

　　爲了很好地進行農業生產，我們祖先不得不注意到自然界寒暑晴雨的變化，在長期生產工作過程中，也就積累了許多年代的實際經驗，才漸漸掌握到寒暑晴雨的一般規律，豐富了氣象方面的知識。

　　我們祖先，最初只會把它編成歌謠，用口頭流傳，而不一定都把它記載下來。或者一部分被知識份子記載下來了，而大部分仍然保存在老農、老圃的記憶裏。所以書本上有關氣象方面的記載，固然可貴，而自古口頭相傳的土諺、童謠，實更值得人們重視。

　　在農業生產過程中，首先必須掌握的，便是風雨的規律，否則必會妨害農作，損壞莊稼。所以我們祖先，從來對於風雨的預見和測斷的知識，是特別豐富的。不獨"月暈而風，礎潤而雨"的成語，在古書裏流傳久長，成爲盡人而知的常識，是一種最可靠的經驗。即如《老子》所說"飄風不終朝，驟雨不終日"，指出了疾風暴雨的不能持久，也還是從自然界變化的現象中綜合得出的結論。其

南宋《耕穫圖》（繪農民從
　耕種到收穫的全過程）

次像《詩經》所說"有渰萋萋，興雨祁祁"（《大田》），意思是說天空已有著低層飛行的雲，很快地便要下雨了。不獨有雲然後下雨，如果西方在早晨出現了虹，也是會有雨下。所以又說"朝隮於西，崇朝其雨"（《蝃蝀》），"隮"就是虹，"崇朝"就是從早晨到正午的時間，指出了午飯以前必有雨下。

冬天氣候極冷，雨便凝結而成了雪。《詩經》裏說："上天同雲，雨雪紛紛。"（《小雅·信南山》）這說明整個天空密布了一層濃雲，必然下雪。下雪的開始，是先下雪珠，然後飄飛雪花，所以又說："相彼雨雪，先集維霰。"（《頍弁》）"霰"就是雪珠。這一類的經驗之談，都不是偶然可以取得的。

但是像上面所舉出的那些經驗之談，都是經過了知識份子們整理以後，把它們潤色成為很文雅的辭句，保存在古書中。至於依照勞動人民樸素、真實的口吻，被知識份子記錄下來的，也還很多。例如《田家五行志》所載："烏雲接日，明朝不如今日。""日落雲沒，不雨定寒"。"日落雲裏走，雨在半夜後"。這便是黃昏時預占天氣的經驗。又如："西南轉西北，搓繩來絆屋。""半夜五更西，天明拔樹枝"。"惡風盡日沒"。這便是預測風勢的經驗。又如："雲行東，雨無蹤，車馬通；雲行西，馬濺泥，水沒犁；雲行南，雨潺潺，水漲潭；雲行北，雨便足，好曬穀。"這便由觀望飛雲的方向，能預知雨的有無和大小了。又如："未雨先雷，船去步來。"說明了先打雷，後落雨，雨勢是不會大的。"冬南夏北，有風便雨"，說明了冬天吹南風，夏天吹北風，照例是會有雨下的。

至於《吳下田家志》所載："春寒多雨水。"說明了春天氣候溫暖，才不會經常下雨。又云："清明斷雪，穀雨斷霜。"便把不下霜、雪的期限，都肯定下來了。

勞動人民對於一年的寒暑，也掌握了自然界的規律。《豹隱紀談》記錄了農村中的經驗語："夏至未來，莫道熱；冬至未來，莫道寒。"至於夏至以後逐漸加熱，以及由熱轉涼的過程，我們的祖先也總結成為一種流行的歌謠：

一九、二九，扇子不離手；三九二十七，吃茶如蜜汁；四九三十六，爭向路頭宿；五九四十五，樹頭秋葉舞；六九五十四，乘涼不入寺；七九六十三，夜眠尋被單；八九七十二，被單添夾被；九九八十一，家家打炭墼。

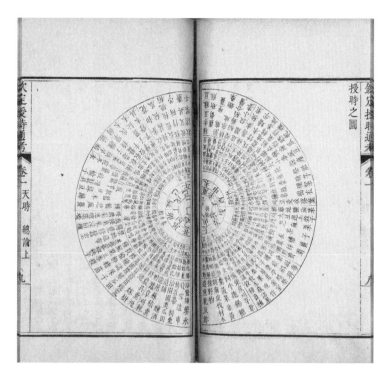

清　鄂爾泰等《授時
通考》之"授時之圖"

冬至以後，逐漸增寒以及由寒轉暖的過程，農村中也有謠諺道：

一九、二九，相喚不出手；三九二十七，籬頭吹篳篥；四九三十六，
夜眠如路宿；五九四十五，太陽開門戶；六九五十四，貧兒爭意氣；
七九六十三，布衲兩尷尬；八九七十二，貓狗尋陰地；九九八十一，犁耙一
齊出。

以上兩首九九氣候歌，也見載於明末謝肇淛《五雜俎》卷二。謝氏又補錄了
當時京師一諺云："一九、二九，相逢不出手；三九、四九，圍爐飲酒；五九、
六九，訪親探友；七九、八九，沿河看柳。"謝氏認為"此諺起於近代，宋以前
未有"。這些歌謠，無疑是我們的祖先經過長期總結氣候的經驗，而後編製成功
的。一直到現在，還普遍流行於廣大群眾中。

依照時令節氣進行生產活動

　　從事農業生產，又必掌握到自然界的時令節氣。知道什麼時候便須播種，什麼時候才能栽秧，弄清楚了這一套農時的規律，才能保證農事的成功。今天我們普遍所能聽到"清明下種，穀雨分秧"這一類的農諺，也是積累了多少世代的經驗而後取得的結論，便成爲自古相傳的規律性知識了。雖然這種依據二十四個節氣來進行農作的習俗，是起於秦、漢以後，但我們必須追溯到秦、漢以前，我們祖先是怎樣掌握時令來安排農事的。

　　今日通行的《大戴禮記》中，有《夏小正》一篇，相傳是夏代遺書。《禮記‧禮運》篇記載孔子的話："我欲觀夏道，是故之杞，而不足征也，吾得夏時焉。"鄭玄注："得夏四時之書也，其書存者有《小正》。"而《史記‧夏本紀》也稱："孔子正夏時，學者多傳《夏小正》。"由此可見，漢代學者都以這篇書是夏代遺留下來的記載，把時代提得這樣早，當然不一定可靠。但其書從首至尾有條不紊地按十二月次第記載著星宿的出沒、候鳥的往來、草木的榮萎、蟲禽的鳴蟄，無疑是我們的祖先在長期農業生產過程中，從大自然界所吸取有關時令氣候知識的一部總結。

　　我們祖先在遠古時代還沒有定出"節氣"以前，一切農事的興作都是依據自然界的現象爲標準的。首先，便看星宿的出沒。例如《詩經‧豳風‧七月》開首便說："七月流火，九月授衣。"這是說出勞動人民在七月的時候，望見了大火星已漸漸轉移向西流動，大家便警覺著天氣快寒冷了，非準備冬衣不可。所以下文便有"無衣無褐，何以卒歲"的呼聲。其次，是聽到什麼鳥在鳴叫，便知道應該開始做什麼工作。例如《七月》那篇第二章又說："春日載陽，有鳴倉庚。"這是說出勞動婦女在二月的時候聽到了黃鸝開始在鳴叫，大家便警覺著天氣漸和暖了，非準備飼蠶不可。所以下文便有"女執懿筐，遵彼微行，爰求柔桑"的活動。《七月》一篇，記述的是周代遠祖居豳時的生產生活狀況，其時適當奴隸社會的夏代。所以通篇記月，以夏曆爲準，和《夏小正》是相合的。

　　談到二十四節氣，也是我們祖先爲著掌握農時的準確而積累經驗創造出來的。在春秋時期，只知道有春分、夏至、秋分、多至四個節氣。其餘二十個節

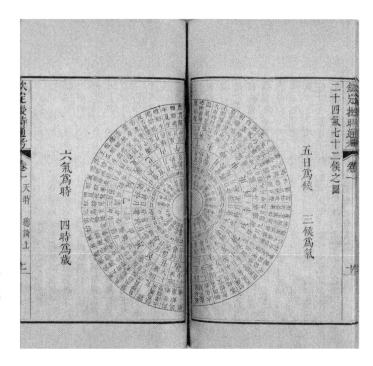

清　鄂爾泰等《授時
通考》之"二十四氣
七十二候之圖"

氣，到秦、漢之間才完備。它是根據地球繞太陽一周要三百六十五點二五天，把
這個數目分成二十四等分，就成為二十四個節氣。它完全是跟太陽走的，所以是
陽曆的一部分。有了它，便使農業得到一個確定的規則，給人們以極大方便。

　　一年分成二十四個節氣，本是為農業服務的。後來被陰陽家所附會，為統治
者所利用，便成為占卜吉凶的工具。拿八卦方位、天文十二躔次來配合二十四
節，論定某月能做什麼事，某月不宜做什麼事，在漢初已很盛行，已形成後世堪
輿的開端。原來由我們祖先從勞動生產中找出來的一些關於時令氣節的知識，到
秦、漢以後完全為陰陽家和統治階級所利用。

　　前面已經說過，《夏小正》一書，是我們的祖先在長期農業生產過程中從大
自然界所吸取有關時令氣節知識的一部總結。自然它的內容，是唯物的，所以表
現得十分樸素、簡單、具體，沒有一個閒字，沒有一句閒話。後來這種掌握自然
的知識，既為陰陽家和統治階級所利用，二者又結為一體，用來愚民，並且編
寫了和《夏小正》相類似的書籍。秦朝的一些知識份子幫助呂不韋修《呂氏春

《類編陰陽備用差穀奇書》（元刻本）

秋》的時候，依十二月而寫十二紀，每紀頭一篇便是記載每月的時令、節氣，雖也記載著星宿的出沒、候鳥的往來、草木的榮萎、蟲禽的鳴蟄，但是重要部分是著重說明天子在某月應該住哪間房子、坐什麼車、穿何種顏色的衣服、吃什麼飲食，完全成為替最高統治者服務的時令書了。後來由漢儒編寫的《禮記‧月令》和《淮南子‧時則訓》，都以此為藍本。

自從陰陽家和統治階級把唯物的時令節氣知識附會穿鑿地變為唯心的迷信以後，到漢代更加發展，什麼事都講"宜"、"忌"，進一步愚惑了廣大人民。漢代大思想家王充在《論衡‧譏日篇》裏，指出了當時社會被濃厚的迷信氣氛所籠罩了。無論葬埋、祭祀、蓋屋、建宅，以及裁衣、洗頭，無不有吉凶宜忌可講。不過那時每事都有專書載其宜忌，後世便統載於一書之中，成為通俗流行的曆本。這種曆本，從漢以下二千年，在封建社會中是長期沿用的。

清　欽天監編《大清順治十四年七政經緯宿度時憲曆》（順治十三年刻本）

從籌算到珠算

我們祖先在努力從事農業生產的時候，必須掌握天文氣象的知識。天文氣象，又離不了數學計算。所以，我國古代的數學和天文一樣，是一種最發達、最普遍的知識，而且我國古代數學，不但專爲農業生產服務，還廣泛地爲一切勞動工程服務。例如築城造橋等工作，都和數學計算有關。

我國有句舊話：“不以規矩，不能成方圓。”原來“規”和“矩”，本是我們祖先創造的用於數學上的工具。“規”就是畫圓的圓規，“矩”就是三角板，有了這兩樣工具，才能畫出正確的圖來。直到今天，它仍是數學尤其是幾何學的主要工具。從來傳說這是四五千年前伏羲發明的，也有人說大禹治水的時候，他曾經帶著圓規和三角板去測量地形，開山挖河。在山東嘉祥縣有個武梁祠裏，刻著一幅圖，左面是女媧手裏拿著十字架，就是圓規，右面是拿三角板的伏羲，這是漢代的石刻。雖然伏羲發明圓規、三角板的傳說，不一定可靠，不過到周末，已經普遍應用了。所以在《孟子》書裏，隨時也提出“規矩”二字來。再把時代往上推，在新石器時代的陶器上和殷代的鐘鼎上，都已經早有了幾何圖案；漢代所造的磚頭上，已經有更精美的圖案了。

古人算數用籌，繫竹制小竿，也叫做籌。《說文》：“筭，長六寸，計歷數者。”這便是我國最早的籌碼。籌碼是一根一根直放的，所以一、二、三、四等字，古人便直接寫成|、||、|||、||||等形。這種寫法，直到現在民間還保存著。但是數字由一以至千萬是眾多的，所以算籌也自然有它的排列法。

手拿“規矩”的伏羲、女媧像（漢畫像石拓片）

《孫子算經》卷上曾經說到："凡算之法，先識其位，一縱十橫，百立千僵；千、十相望，萬、百相當。"那麼個位的數字，既是縱寫，十位的數字，便應橫寫。由此縱橫相間，以至千萬。果然，在今日文字中，還保存了十、廿、卅、卌等字，這是從丨、丨丨、丨丨丨、丨丨丨丨等形體上加寫一橫，便變成十進位的"一十"、"二十"、"三十"、"四十"等數字了，是古代用籌記數的遺法。我國古代沒有數碼，計算時用籌策，不用筆。所以唐以前的算書，都沒有算式錄存。後世算學日進，用籌漸繁，於是把那布籌演算的圖，摹寫在算稿上，以備遺忘。一直到宋、金之世，才有數碼的應用。

今日流傳的乘法歌訣，從"一一如一"到"九九八十一"，也稱為"九九乘法表"，相傳是伏羲氏所作，這雖然是一個大疑問，但是這種口訣的起源，確也很早。像周、秦之際的書籍裏，《荀子》便引過"九九八十一"、"六六三十六"，《呂氏春秋》已用過"三七二十一"，至於漢以下的書籍，沿用的就更多。可見它的歷史是很悠長的，到現在還一字不改地被人們應用著。

我國古代算書，以《九章算術》為最整齊、有條理，自然是漢代以前我們祖先運用計算方法到實際工作去的一部總結。它的內容，第一便是"方田"，"以禦田疇界域"，這部分專詳於面積的計算和命分算法。而田畝又有直田（長方

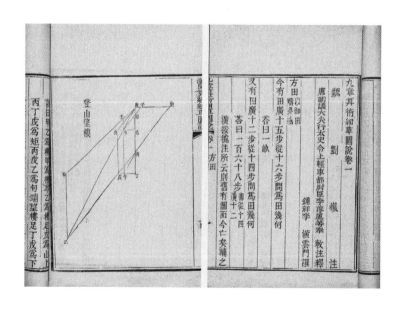

清　李潢《九章算術細草圖說》（清嘉慶刻本）

形）、圭田（等腰三角形）、邪田、箕田（俱二平行四邊形）、圓田、宛田（截球面）、弧田（截圓面）等不同形式，各有求面積的方法。第二便是"粟米"，"以禦交質變易"。這部分專爲各種糧食互易算法而設，首先便列粟米之法："粟米五十，糯米三十，稗米二十七，鑿米二十四……"這便指出粟米、糯米、稗米、鑿米等等一斗之值相與之比，以示例。第三便是"衰分"，"以禦貴賤稟稅"，便是今日通行的配分比例術。第四是"少廣"，"以禦積冪方圓"。爲一種已知田之面積及一邊，而求他邊的算法，以及關於開平方、開立方的演算法。第五是"商功"，"以禦工程積實"。爲各種體積演算法。例如求得城垣堤溝等體積，而轉求其築掘人工；求得倉囷體積，而知容米多少。第六是"均輸"，"以禦遠近勞費"。這是根據各地戶口算賦，由道程日數，而取其平均，即決定賦課多少的一種演算法。第七是"盈不足"，"以禦隱雜互見"。後世稱爲"盈朒"。它的解答問題，不用普通演算法，假定與以二值，因以推見眞價的一種演算法。第八是"方程"，"以禦錯糅正負"。爲聯立一次方程式解法。第九是"句股"，"以禦高深廣遠"。專致用於測望高遠。由這九章所載具體內容來看，都是日常生活和勞動工程中所必需的計算方法。充分證明了我國古代數學一向是和實際應用相結合的，分明是古代文化的寶貴遺產。

當我們祖先最初運用演算法來爲勞動生產服務的時候，也和天文一樣，採用歌謠體的口頭流傳方式，而不暇筆之於書。所以歌謠體的算題，起源很早，到後世還普遍保存在農村中。我們看到《四元玉鑒》中"或問歌象"一門，便是綜錄民間口耳相傳的實際資料而成，值得我們仔細研究和重視。

我們祖先感到籌算法太麻煩，後來便進一步改變而成珠算，這對人們日常應用便利多了。錢大昕《十駕齋養新錄》卷十七說過："古人布算以籌，今用算盤，以木爲珠，不知何人所造，亦未審起於何代。案陶南村《輟耕錄》有走盤珠算。盤珠之喻，則元代已有之矣。"這種簡單而便捷的計算工具，

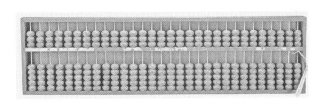

清代的算盤

七八百年來，在我國普遍盛行。一般知識份子最先對珠算做過專深研究的，要推明代算學家程大位，他在一五九三年，著有《算法統宗》。可是論述算盤最早的著作，還要推明代嘉靖年間邢臺縣丞柯尚遷在一五七八年所作的《數學通軌》。他們很重視這種創造，雖無從找出發明算盤的主名，但是可以肯定，這是我們的祖先為著解決生產和交易中的實際需要，就籌算的原有基礎，逐步改進而成的計算工具。珠算的運用，充分表現了我們祖先的高度智慧。

度量衡的制定

當我們祖先農業生產品稍有剩餘，而能實行"以物易物"來滿足生活需要的時候，必須有個規定物品長短、大小、輕重的標準，以避免彼此間的欺詐和爭奪。這便是度、量、衡的起源。分開來說："度"是測長短的，"量"是定多少的，"衡"是稱輕重的，三者之中，又以"度"的發明為先。

我們祖先最初創造度、量、衡的時候，是從實際勞動過程中，就實事實物選擇比較準確的東西來作它的標準。像《呂氏春秋》所說："黃帝使伶倫取竹於昆侖之嶰谷，以造黃鐘之律，更據以作權衡度量。"這實為一種不可理解的推測。舊日學者，總以為"萬事皆起於黃鐘"，"度量衡皆起於律"。雖不能肯定這種說法是倒果為因，但是我們可以肯定黃鐘樂律的發明，是人類文明進化到相當程度後出現的事實。而度量衡的發明，是人類開始以物易物的時候便已產生的一種制度，我們正不必附會穿鑿、並為一談。

《御制律呂正義》（清雍正內府銅活字印本）

　　當我們祖先還沒有從事物中找到適當標準來制定度、量、衡的時候，便只得用自己的手來度、來量、來衡。《大戴禮記・王言》篇所謂"布指知寸，布手知尺，舒肘知尋"，自然是古人用來測量長短的舊法；而當時都以人體為標準。"尋"是八尺，用以度廣的一種名稱。假若張開兩肘去度深，便叫做"仞"，只得七尺。這是由於伸兩手去測量深度的時候，身子側立，胸部與實物還有距離，兩手不能全伸而成弧形，自然便趕不上八尺了。古人定為"八尺曰尋"，"七尺曰仞"，卻是從實際情形中推得的。用手去度深和廣，都很方便，但是量地則感困難，不得不改而用足。按照古人的規定，一舉足只算半步，這叫做"跬"；再舉足，才能稱"步"，步是六尺。廣一步，長百步，為一畝，這便制定了量土地的方法。

　　先民在遠古時量東西的多少，最初也是運用兩手去做的。用手抓米滿握，叫做"溢"。《儀禮・喪服傳》："朝一溢米。"《釋文》引舊注："滿手曰溢。"合兩手以取米，便叫做"匊"。《詩經・唐風》："椒聊之實，蕃衍盈匊。"《小雅》："終朝采綠，不盈一匊。"《毛傳》都說："兩手曰匊。"一溢一匊，究竟為量多少？根據《小爾雅・廣器》："一手之盛，謂之溢；兩手謂之掬；掬四謂之豆。"古人是以四升為一豆（見《考工記》鄭注），那麼一溢就等於半升，一匊等於一升了。

　　至於古人稱東西的輕重，最初也是用手。《說文》："爯，並舉也。從爪，冓省。"這便是用手稱量輕重的本字。甲骨文中作𤔔，正像用手提取物品之形。現在農村中，人們估量一件東西的輕重，倉猝找不到權衡，便直接用手來提量，這還是古代的遺俗。

　　這種方法，流行了相當長的時期，我們祖先感覺到流弊很大。首先由於人體有高矮的不同，手足有長短的不同，用來作"度"的標準，是不夠準確的。其次用手撮物，多少既有懸殊；用手爯物，輕重亦復不同。更重要的，隨著生產的發展和生產工具的進步，於是度、量、衡制度也由低

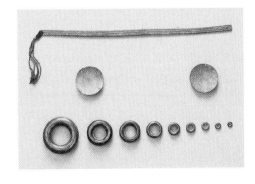

戰國楚　天平與環權

級升到高級，採用別一種比較統一整齊的東西來作衡量長短、多少、輕重的標準。這種標準，從兩方面取來。首先是"近取諸身"，在人身上找到最微小的東西，無過於髮。於是以髮為主，由此用十進法，累進而定為："十發為程，十程為分，十分為寸，十寸為尺，十尺為丈。"我們祖先總感覺到人體各部雖有長短大小的不同，但是髮的粗細，不會有多大差異，找了這件東西做"度"的標準，自然遠近可以統一。整個度、量、衡的制度，進一步得以提高，都是採用"先從最細微的標準定起"的原則，用累進法來解決問題。

宋　"嘉祐元年"銅則

尋找度、量、衡標準的另一個方面，便是"遠取諸物"。物類太多，人們便首先從自己勞動生產的成品中找到自己所理想的標準。我們知道"度"的名稱，從寸以下，不是還有所謂"分"、"厘"、"毫"、"絲"、"忽"嗎！"忽"便是"一蠶口出絲"的名稱（見《太史公自序正義》），是最原始的生絲，是最細微的東西。所以《孫子算經》說："度之所起，起於忽。"但是這只能作"度"的基本單位，而不能同時通用於度、量、衡三方面。

經過先民再三選擇，最後在農業生產品中，找到黑黍來作度、量、衡三者共同的標準。根據《漢書·律曆志》所說，定長短的有分、寸、尺、丈、引，量多少的有龠、合、升、斗、斛，權輕重的有銖、兩、斤、鈞、石，這幾種器具的造法，大抵和古制相同，都是用黑黍做標準的。例如度的造法，是以中等黑黍的橫度為一分，十分為一寸，十寸為一尺，十尺為一丈，十丈為一引。量的造法，是以一千二百粒中等黑黍的容積為一龠，二龠為一合，十合為一升，十升為一斗，十斗為一斛。權衡的造法，是以一千二百粒中等黑黍的重量為十二銖，二十四銖為一兩，十六兩為一斤，三十斤為一鈞，四鈞為一石。從秦、漢以後，歷代度、量、衡制度雖稍有出入，然而它的基本原理，仍然是有所依據的。

我國在秦以前，未經統一，在各個封建主的領土內，有不同的度、量、衡制度。由小單位聚成大單位，有四進、六進、八進、十進等各種進率，秦始皇統一全中國以後，才有劃一度、量、衡制度的法令。西漢末年，王莽當國，命劉歆議訂新標準，班固便節錄其說，寫入了《漢書‧律曆志》。這種統一的調整，都是在人們日常生活中偉大創造的成功基礎上進行的。

新莽 嘉量

指南針的發明

在漫長的古代歲月裏，我們的祖先生活在遼闊的土地上，地廣人稀。陸行則原始森林綿亘不絕，水行則汪洋大澤一望無邊，出門便感到四顧茫茫，辨不明方向。無論是走路或坐船，總得搞清楚東西南北，特別是行軍作戰時方向的辨別尤為重要。日月星斗是我們可以利用的天然指示方位的依據，如果是陰晦天氣，便需要有一簡單的工具去代替它。世界上最早出現的簡單可靠的指示方向的工具，是我們祖先發明的指南針。

指南針，也叫羅盤針，是用來測定方向的一種儀器，在森林勘探、沙漠考察和海空航運等活動中以及軍事上，都有著十分重要的作用。它是一種磁針，為什麼能用來辨明方位呢？這是由於地球本身是一個磁性天體，這個磁性天體像一般磁體一樣，也有性質相反的兩個磁極。其中一極接近於地球的南極，叫南磁極；另一極接近於地球的北極，叫北磁極；它們在地球的周圍空間形成了一個磁場。又根據磁體同性相斥、異性相引的原理，可以肯定地球上任何可轉動的磁體，必然會自動停止在南北方向上。我們的祖先就是根據磁體的這種指極性，用它來製

北宋 縷懸法指南針（模型）

成測向儀器的。指南針的結構，不論是古老的還是現代的，主要是由一根能靈活轉動的磁針和一只標有方位的刻度盤組成的。

指南針的發明，是我們的祖先同大自然長期鬥爭的結果，是我們祖先認識自然、改造自然的結果。最早的指南針是用天然磁體做成的。我們的祖先很早就發現了天然磁石（鐵）及其吸鐵性，根據歷史記載，遠在春秋戰國時期，在長期的生產實踐中，人們便已從鐵礦石中認識了磁石。後又進一步發現了磁體的指極性，並利用它做成指示方向的儀器，實際上就是指南針。古人最初稱其爲"司南"，《韓非子·有度》篇已有"立司南以端朝夕"

的記載。可知在西元前三世紀，已普遍利用了這一工具。到東漢時，張衡在寫《東京賦》時，才第一次把"司南"改稱"指南"。

經過魏、晉、南北朝、隋、唐，直到宋代，在歷時一千多年的漫長歲月中，在生產和科學實驗的推動下，特別是航海、外貿的興起和擴大，才使指南針的製造技術逐步發展起來。北宋科學家沈括在《夢溪筆談》中，對於磁石磨成的指南針已有詳細記載。而歐洲關於磁針的記錄，遠在其後。

我國古代在航海上，是靠仰觀天文來辨明方向的。西漢時代的《淮南子》就說過，如在大海中行船而不知東方或西方，那觀看北極星便明白了。東晉法顯從印度搭船回國的時候說，當時在海上見大海無邊無際，不知西東，只有看太陽、月亮和星辰而進。在北宋以前，航海中還是多採用"夜間看星星，白天看太陽"的方法。只是到了北宋，關於航海的書籍中，才加了一條"陰天看指南針"的內容。

全世界關於航海使用指南針的最早記錄，自推宋代朱彧的《萍洲可談》

（1119）。當時他在廣州看見的中國海舶，有舟師"識地理，夜則觀星，晝則觀日，陰晦觀指南針"。北宋宣和年間，由海道往高麗的使者徐兢，在所寫《高麗圖經》內也有類似的記載。可知那時從事航海的我國先民，已經普遍熟練地掌握了指南針的科學知識。在當時，阿拉伯人、波斯人、羅馬人從海道來我國經商的很多，南宋時，通商的稅收曾占國庫收入的二十分之一。在這樣貿易繁盛的情況下，指南針自然會很方便地傳入波斯、阿拉伯和歐洲。

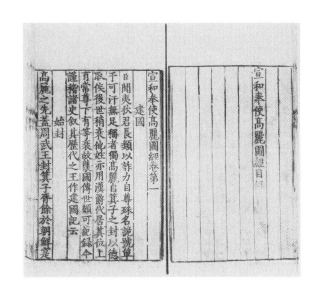

《宣和奉使高麗圖經》（宋刻本）

後來世界各國，不斷擴大指南針的使用範圍，除應用於勘探森林、考察沙漠、海空航運以及行軍和指揮作戰外，還可用之於開山、修路、造宅、營葬等方面。馬克思曾經把指南針在歐洲的運用，看成"是資產階級發展的必要前提"。由此可知，它對人類的貢獻，是極其巨大的。

火藥的發明和應用

當英國的偉大科學家弗蘭西斯‧培根看到印刷術、火藥與指南針所起的巨大作用時，情不自禁地稱頌這三大發明說："這三種東西曾改變了整個世界的面貌和事物的狀況。第一種在文學上，第二種在戰爭中，第三種在航海上。從那裏接著產生了無數的變化，變化是這樣之大，以致沒有一個帝國，沒有一個學派，沒有一顆星星，能比這三種機械的發明在人類事業中產生更大的力量和影響。"除他所提到的三種東西之外，還有造紙術，這便成為我國古代的四大發明。我們祖先對人類做出的偉大貢獻，是無與倫比的。

我們顧名思義，"火藥"二字，可以理解爲"著火的藥"，它是指一千多年前我們祖先所發明的黑火藥，也叫褐色火藥。它的主要成分是硝酸鉀、硫磺和木炭。民間流傳著一句古語"一硝二磺三木炭"，就是對黑火藥製成的簡要概括。它的發明，從現在所能查到的史料來看，是在唐代（618—907）初年。但是，我們的

清代火藥缸

祖先對於火藥原料的認識和利用，卻可以追溯到很遠的古代，是經歷了較長時期積累起來的。

我們的祖先由於生活和生產的需要，很早就掌握了伐木燒炭的技術，古書裏也常有"仲夏禁無燒炭"、"季秋伐薪爲炭"等記載。西漢時期，硫磺和硝石已有相當數量的採集和比較成熟的應用。七世紀的唐代，由於醫藥學和煉丹術的需要，便有人詳細研究了硝、硫、炭等火藥原料的性質和提純方法。人們在長期實踐中積累了有關這些物質性能的豐富知識，爲火藥的發明奠定了堅實的物質基礎。

《天工開物》之"燒取硫磺圖"

從歷史記載來看，火藥的發明與道家的煉丹活動有關。專心從事煉丹的方術之士，關在陰暗狹隘的房子裏，夜以繼日、年復一年地從事煉丹活動，目的只是尋求長生不老的“靈丹妙藥”。勞動人民早就不相信煉丹可以成仙，而明代著名醫學家李時珍更對服食金丹以求長生之說，給予了嚴厲的批判。我們對這種方士謬說，自然可以不再提及。但是由於煉丹術裏，既用硫又用硝，便漸漸地發現了可以燃燒的火藥。在大膽試驗的過程中，有人進而弄清了燃燒以至爆炸的原因。從偶然性認識了必然性，總結出火藥的配合比例，因而促進了火藥的早日發明，這是無可否認的。

火藥被人們認識之後，很快在實踐中得到了廣泛應用，特別是傳到素有火攻經驗的古代軍事家手中之後，在戰場上更是大顯神威。我國古代所用的“炮”，是發石機，所以“砲”字本從石。根據歷史記載，出現於西元前五世紀。《範蠡兵法》有“飛石重十二斤，爲機發射二百步”等語，這是我國古代最原始的炮。自從七世紀發明火藥後，才逐漸開始用機拋射火藥彈。唐哀帝時，鄭璠攻打豫章（今江西南昌），曾“發機飛火燒龍沙門”。這種發機飛火，就是當時的火炮。到十三世紀時，我國製造出了發射鐵彈丸的管形火銃。發射時，從點火孔裝入引線，

元 “至順三年二月吉日”款銅炮
（這是世界上有紀年可查的最早銅炮）

從銃口裝入火藥和彈丸，用火點燃引線引著火藥，把彈丸射出，這已是眞正的火炮了。

火藥應用於武器的最初形式，主要是以其燃燒性來攻擊敵方，如火藥箭、火球之類。後來是以火藥的爆炸性來攻擊敵方，殺傷力就提高了一步，如蒺藜火球、霹靂炮之類。最後是以火藥爆炸時的發射能力來製造武器，如火槍、火銃之類。到十三至十四世紀時，火藥和火器的知識，由中國向西傳入信仰伊斯蘭教的

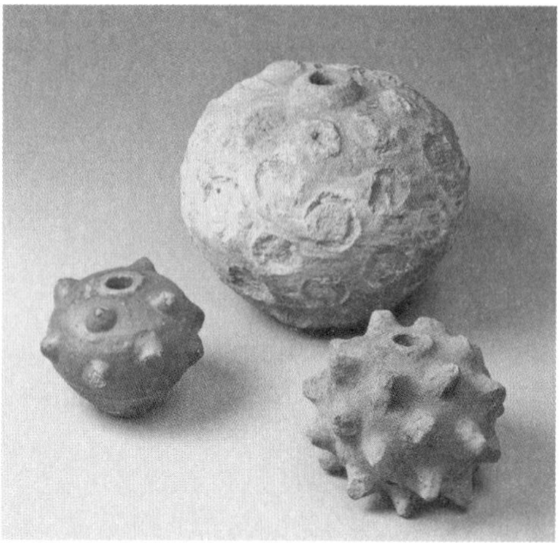

元明之際 陶蒺藜彈

國家和歐洲。從十九世紀開始，隨著工業和科學技術的發展，火炮在歐洲得到新的改進與提高，出現了發射長形彈的線膛炮，並安裝有彈性炮架，這都是由我國管形火藥武器逐步革新發展起來的。

火藥的用途很廣，它能造鞭炮，放焰火，製造多種娛樂用品；又能用來打獵，用來治病。古代醫書記載它能治瘡、殺蟲、去瘟疫。但它最主要的功用卻仍在軍事方面。

造紙術的發明

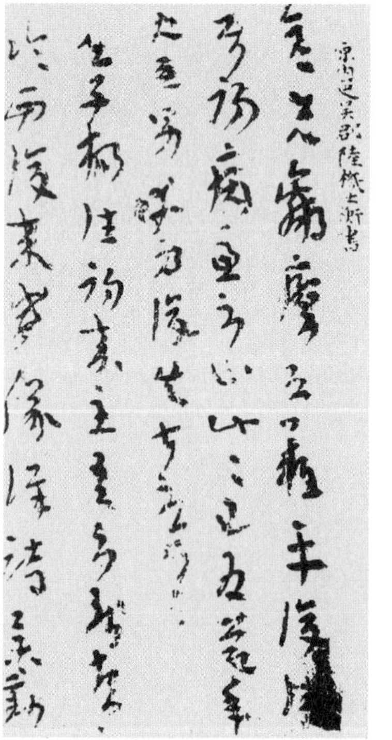

東漢 麻紙

紙的出現，對人類文明的推進和傳播，有著劃時代的重大意義。但是人們每一談到紙的發明的時候，便歸功於一千八百多年以前一位服務於內廷的宦官蔡倫，認爲是他一個人的創造，這自然也是有根據的。《後漢書・宦者列傳》敘述到蔡倫行事，本說過："自古書契多編以竹簡，其用縑帛者，謂之爲紙。縑貴而簡重，並不便於人，倫乃造意，用樹膚、麻頭及敝布、魚網以爲紙。元興元年，奏上之。帝善其能。自是莫不從用焉，故天下咸稱蔡侯紙。"但是我們應該懷疑到造紙技術很複雜，蔡倫不可能在完全沒有任何憑藉的條件下，能夠利用廢物，變無用爲有用，發明出一整套造紙的方法。在他以前，應該有更原始的造紙術，成為他的依據。

　　許慎《說文解字》系部紙："絮一笘也。"竹部笘："潎絮簀也。"水部潎："於水中擊絮也。"古人稱"絮"，是指絲綿說的。把這幾個字的說解聯繫起來看，可知我們祖先很早就已經知道在水中搗碎絲綿，使它變成屑末，再用細竹簾撈起來而成為紙的方法。所以清代學者段玉裁，在"紙"字下作注解說道："造紙昉於漂絮。其初絲絮為之，以笘薦而成之。今用竹質木皮為紙，亦有緻密竹簾薦之，是也。"這是極其精確的見解。由此可見，遠在用樹膚、麻頭、敝布、魚網造紙以前，便已有了用絲綿造紙的方法。

　　這樣的理解，過去很多學者，已多窺及。謝肇淛《五雜俎》卷十二便已說過："今人謂紙始於蔡倫，非也。西漢《趙飛燕傳》：'篋中有赫蹏書。應劭曰：'薄小紙也。'孟康曰：'染紙令赤而書，若今黃紙也。'則當時已有紙矣。但倫始煮穀皮、麻頭、敝布、魚網，搗以成紙，故紙始多耳。"祈駿佳《遁翁隨筆》卷上也說："班書《趙皇后傳》有'赫蹏'，《西京記》稱'薄蹏'，注云：小紙也。又《三輔故事》：'衛太子

西漢 扶風紙（陝西扶風出土）

以紙塞鼻。'此三者皆在倫前，定知紙不始於倫。或倫之制紙，襲古法而知精通，故獨傳其名耳。"這一類的推論，都是切近情理的。大約將富於纖維質的材料浸在水中，搗成泥漿，用竹簾撈起來，曬乾便是紙，這是古人造紙的基本原理。到了東漢蔡倫，不過根據這個原理，把材料推廣到樹膚、麻頭、敝布、漁網罷了。所以與其說他是發明造紙術的人，毋寧說他是改進造紙術的人，在當時自然是生產技術上一種進步，可以大量地發展紙的生產，他的功績也是不算小了。

　　紙的品類，從原料的不同來區別，可分為三大類：用竹料製造的，稱為竹

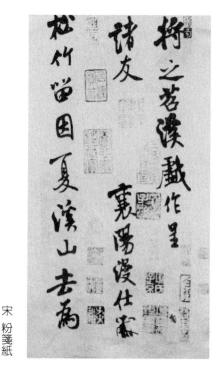

宋 粉箋紙

紙，如毛邊、連史、毛泰、時則等皆是；用樹皮製造的，稱爲皮紙，如宣紙、貢川、桑皮、桃花等皆是；用高粱稈或稻稈製造的，稱爲稿紙，通行極粗的草紙便是。此外在不產紙料的地方，利用廢紙或舊紙屑，重新改造一次，稱爲反故紙或還魂紙，也有皮料、竹料及稿料三種。

在古代，人們都是用手工造紙，每張紙的製成，都須費很多手續。即就製造竹紙來說，也分採竹、醃灰、蒸煮、漂白、抄紙五個必經的階段。每年在小滿節前後，砍取嫩竹，斷成數尺長一段而剖開之，堆於竹林附近，由人工掘成的塘內引水浸漬，不使乾枯。三個月後，竹的本身分離爲竹皮與竹絲。竹皮可製粗紙，竹絲洗淨曬乾之後，爲製細紙之用，這便完成了第一階段。將竹絲浸入石灰池中，使飽吸石灰汁，石灰與竹絲之比例，約爲一百比七十。數小時後取出，堆置池旁，二十天後，置鍠鍋內蒸之，至水蒸氣透至表面時，即停止加熱，以待全冷，然後取置漂塘內，用活水洗滌之，以除去石灰質，曬乾即成竹坯，這便完成了第二階段。將竹坯置入鍠鍋內，浸飽鹼水，普通用鹼，合竹絲百分之五，浸入少頃，即須撈出置蒸鍋內，蒸煮後取出，置漂塘內，漂去其鹼分，這便是第三階段。將已經漂煮後的竹絲，應用天然漂白的方法，送到山上漂白場，使之受日光雨水的作用，以起漂白作用。在多雨季節，約三四個月可以完成，天然漂白後，竹絲上附著沙石等雜質，先用人工揀去，更用鹼水蒸煮，用鹼約百分之二，煮後置漂塘內洗去鹼分，即得漂白熟料，這便完成了第四階段。將紙料放入槽內，加水洗滌，用竹竿攪拌，使之十分均勻後，用布濾過，再將所得紙料放入槽內，如水已至適當的濃度，便加入適用的黏劑（大半爲植物梗和根汁），攪勻以後，用竹簾漉抄成張，簾係用細竹絲編成，外加木框，便於移動。小簾一人可舉，如做大張紙，常需兩人合抬一簾。抄得的濕紙，壓去水分，再運至烘房貼在熱壁上，乾後便成爲適用的細紙。製造竹紙，自明代以上，以福建爲最盛，近世則以江西居第一位。

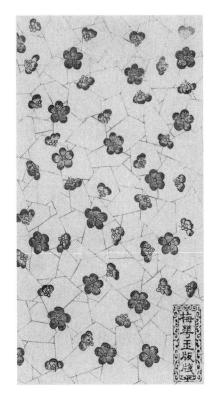

清 梅花玉版箋紙

古今著名的宣紙，是寫字、繪畫、印書等方面比較貴重的紙張。相傳在唐高宗永徽年間，宣州僧想寫《華嚴經》，先以沉香漬水種楮樹，取以造紙，是爲製造宣紙之始。宣城、寧國、涇縣、太平，皆能製造，故名宣紙。今則專產於安徽涇縣，所以又稱涇縣紙。它的製造過程，係以檀皮和稻草爲原料。配合成分，分皮料、草料兩種：皮料用二分皮、一分草配合而成，草料用二分草、一分皮配合而成。配料手續，至爲複雜。從伐皮、醃麻、碎麻、漂麻、制紙，須經過百餘種手續。伐皮即取檀樹支條，剝去嫩皮，與稻草分池醃之，爲醃麻。醃麻藥料初用石灰，繼用洋鹼，最後漂粉。醃料時期，約需一年。時愈久則料愈爛，而色愈白。麻有未全爛的，便取出注入麻槽，以人工用腳踏碎，叫做碎麻。將碎麻轉入清水池，用漂粉漂之，叫做漂麻。再將漂麻用碓搗碎，放入木槽內攪勻，用竹簾撈起，即成紙張。

我國古代手工造紙的技術，從來便很優長。近人奭良《野棠軒雜記》說過："古人有一紙長四十丈者，事見於宋、明人說部。乾隆中，尚有數丈者。嘗見汪時齋尚書承霈所作花鳥畫橫幅，長及三丈。今求丈餘之紙，亦稀矣。又見昔人言楹聯，其紙花紋之細，全以宋錦爲藍本，可當畫觀。" 由此可見，在很早的時候，我們祖先已擅有造紙的驚人技術。

我國發明的造紙方法，首先傳到了日本和朝鮮。在三世紀時，向西傳到了新疆塔里木沙漠一帶。考古工作者曾在新疆發現了漢代紙的文牘和公文。新疆

清 乾隆款白紙

再往西，便是撒馬爾罕地方，現在屬於烏茲別克斯坦。在八世紀之初，阿拉伯人佔據了撒馬爾罕。當時附近天山一帶，住著突厥族，七五○年，起了內亂，一部分求阿拉伯援助，一部分求中國（唐朝）援助。就在七五一年七月，唐朝軍隊和阿拉伯交戰，唐軍大敗，兵士被阿拉伯俘虜很多，其中便有不少的造紙工人，於是中國的造紙術傳到了阿拉伯，阿拉伯開始建立了第一所造紙廠。

一一五○年，阿拉伯征服了西班牙以後，在那裏也開了紙廠。自從蔡倫改進造紙術以後，我國的紙獨佔了六百年，後來阿拉伯也專利了五百年。歐洲用的紙，都是阿拉伯供給的。歐洲人最後從西班牙獲得了造紙法，於是法國在一一八九年，義大利在一二七六年，德國在一三九一年，英國在一四九四年，才紛紛自己設立造紙廠。像這種傳播人類文明的重要工具，都是由我們祖先創造出來貢獻給全世界的。

動物、植物和礦物知識的豐富

由於生產者經年在田野勞動，除辨識了一草一木的性質功用以及栽培的方法以外，對於鳥、獸、蟲、魚的情狀，也很熟悉。所以我們的祖先，又擁有極其豐富的博物知識。《詩》三百篇大部分是古代勞動人民的詩歌，很生動地描繪了當時的農業生產情況，提到二百種以上的植物；其他鳥、獸、蟲、魚，更不可勝計。孔子平日教學生必須學《詩》，以為它有益於人的地方很多，而"多識於鳥獸草木之名"，便是其中之一。這說明孔子平日教學生，經常要從民歌中吸取博物學的知識。

　　封建社會的知識份子們，大半是坐在房子裏讀死書，不肯到田野中去，自然連菽、麥都分不清楚，最為農民們所嗤笑。《論語》中記載孔子有一次出遊，遇著一位背著農具正在勞動的老人，老人譏諷他：「四體不勤，五穀不分。」這兩句話，也自然還有它的聯繫。一個人不通過直接勞動和事物接觸，是很難分別糧食的種類，更談不到有關農業生產方面的知識了。所以孔子平日談到這些事，便坦白自認：「吾不如老農」，「吾不如老圃」。這倒是很真實的話。知識份子在這方面的知識，是肯定趕不上農民的。

　　世傳《神農本草經》，雖然是後人託名的寫作，但毫無疑問，是我們的祖先經驗

孔子講學圖

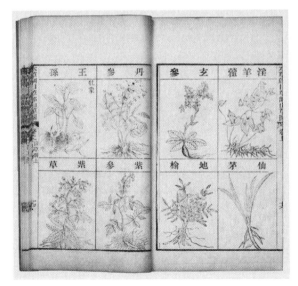

李時珍《本草綱目》記載的藥用植物

累積的一部實用植物學的專著。它記載了三百六十五種藥材。到明代李時珍寫《本草綱目》，藥用物品發展到將近兩千種，絕大部分的內容是由他博問周咨，從農村採訪來的。此外如朱橚的《救荒本草》、鮑山的《野菜博錄》，記載極多的荒年代替糧食的野菜，以及它們的烹製方法。這一類的知

識，更是從廣大窮苦農民經常用野菜度饑荒的經驗中總結出來的。

老農、老圃既經年在田野工作，對於損害莊稼的蟲類辨識得很清楚。總的方面，便希望在冬季能下大雪，把害蟲都凍死了，來年便可豐收。所以"雪兆豐年"、"豐年之冬，必有積雪"這一類的諺語，都是合乎科學原理的。農夫們所指望的收穫，全在禾苗，所以對於損害禾苗的蟲類，分析得更明白。《詩經·小雅·大田》云："去其螟螣，及其蟊賊，無害我田稚。"這便是農村勞動者的呼聲。《毛傳》云："食心曰螟，食葉曰螣，食根曰蟊，食節曰賊。"（也見《爾雅·釋蟲》）可見，我們祖先對禾苗的害蟲分析很仔細，當時自有除去之法，可惜不傳了。

其次，鳥獸也是損害農作物的。《周禮·秋官·雍氏》："掌溝瀆澮池之禁，凡害於國稼者，春令為阱獲、溝瀆之利於民者，秋令塞阱杜獲。"鄭玄注："害於國稼，謂水潦及禽獸也。"可見古人很重視這個問題。《禮記·月令》："田獵罝罘羅網畢翳餧獸之藥，毋出九門。"鄭玄注："獸罟曰罝罘；鳥罟曰羅網，小而柄長謂之畢翳，射者所以自隱也。"由此可知，古代捕取鳥獸，是採用各種方法的。《周禮·秋官·冥氏》："掌設弧張為阱獲以攻猛獸。"《穴氏》："掌攻蟄獸，各以其物火之。"《翨氏》："掌攻猛鳥，各以其物為媒而掎之。"鄭玄在《翨氏》職下注云："置其所食之物於絹中，鳥來下則掎其腳。"我們看到甲骨文中的"羅"字作，或作、作，都是像掎其腳而不能掙脫的形狀。甲骨文中又有字，這便是捕取野兔的專字，即《爾雅·釋器》"兔罟謂之罝"。又有字，便是捕取野豬的專字，即"彘罟謂之羉"。這都是具體像網罩野獸之形，可知農村中捕取鳥獸的方法和工具，在我國發明很早。

談到捕取鳥獸，也不是一件簡單的事。首先必須懂得每類鳥獸的性情和嗜好，其次又須辨明它的足跡和場所往來之處。《說文》："，辨別也。象獸指爪分別也。讀若辨。"古文作，更具體象形了。獸類的指爪，既可分別，鳥類何獨不然。許慎《說文解字敘》以為"黃帝之倉頡，見鳥獸蹏迒之跡，知分理之可相別異也，初造書契"。高誘注《呂氏春秋》也說"倉頡生而知書，寫仿鳥跡以造文字。"這樣的推論不一定可靠，但是我們的祖先能夠清楚地辨認獸類鳥跡，在上古時代，實是一件重大的事，這又和它們擁有豐富的博物知識是分不開的。

我們的祖先不但能辨認動物的蹄跡，而且還能識別礦物的所在。這種經驗，保存在古書中的也還有零散的記載。例如《荀子‧勸學》篇所說"玉在山而草木潤，淵生珠而崖不枯"，便是幾千年前由不少採玉探珠的勞動者們，在長期工作實踐中所總結的辨認礦藏的知識。特別是上一句，竟把地下的礦藏與地面的草木聯繫起來看，無疑已經初步掌握了植物

春秋青銅器上的鳥蟲體銘文

《天工開物》之"穴取銅鉛"圖

指示礦藏的規律了。

　　唐代學者段成式，在《酉陽雜俎》卷十六說過："山上有蔥，下有銀；山上有薤，下有金；山上有薑，下有銅、錫；山有寶玉，木旁枝皆下垂。"這只不過對植物指示礦藏的傳統經驗小結了一部份。像這一類的發現，必然是人們在採礦過程中所總結出來的實務經驗。由地面某種草木的特別繁茂，來推測地下可能蘊藏的礦物，這完全符合現代地質科學的原理。我們祖先在遠古時，便對自然現象有了這樣的認識，實是值得後人重視的。

中國人應知的

文明歷程

The knowledge
of Civilization

生活資料的豐富

人的生活，以衣、食、住、行爲最重要。我們的祖先，在農作物大量生產以後，便逐漸設法豐富自己的生活內容，首先便注意到飲食的內容。以前在吃的方面實在是太簡單了，於是利用自己所種植的東西，創造出種種調劑生活、增加營養的食物和飲料。例如一種豆子，便可製造出多種多樣滋味很好、對人有益的日常食物，直到今天還爲全世界人民所重視。此外，利用剩餘的糧食，創造出釀酒和熬糖的方法。又在有些植物中，發明了榨油和製茶的技術。這都是幾件比較重大的事，對全人類來說，都是有貢獻的。在過去幾千年中國農村中，差不多日常所需要的食物和飲料，都可通過自己的手做到自給自足。只有食鹽，有些地區必須仰給於市。我們祖先，也在幾千年前，發明了煮鹽的方法，多產食鹽來供應不產鹽地區的需要。這些都是值得我們大書特書的。

我們祖先，既豐富了飲食的內容，同時也注意到房屋的修建、布帛的織造、交通工具的創製，在很早時候，我國在這些方面便已有了卓越的成就。現在綜括這些成就，並將它們的製造方法分別說明如下。

豆製品的豐富

豆在我國古書裏，也稱爲“菽”。“菽”字本作“尗”。《說文》：“尗，豆也。象尗豆生之形。”“荅，小豆也”。豆有大小的分別。《廣雅》：“大豆，菽也；小豆，荅也。”可知“菽”又是大豆的總名。古人以黍、稷、秫、稻、麻、大小豆、大小麥爲九穀（見《周禮·大宰》鄭注引鄭司農說）；又以麻、黍、稷、麥、豆爲五穀（見《周禮·疾醫》鄭玄注），都離不了豆。所以古人經常是拿菽和麥並論的。《左傳·成公十八年》用“不能辨菽、麥”來形容一個人的愚蠢，可見大豆在古代，和麥一樣的普遍種植，已成爲人人容易辨認的食糧了。《農桑輯要》引《范勝之書》稱：“大豆保歲易爲，宜古之所以備凶年也。”由於大豆易於生長，窮苦的人家是不斷地種植著，古書裏常用“啜菽飲水”形容生活的簡陋。

勞動人民由於經常和穀類接近，掌握了它們的特性和功用，便創造出釀酒熬糖的方法，來豐富人們生活資料的內容。對於豆類，也創造了一些加工的製作

《山海經》（明刻本）

清　王士慎《扁豆圖》

法，使它變成各種各樣有益於人的食物。首先，由於我們祖先考慮到生產剩餘的豆類久存容易腐爛，便用鹽把它醃藏起來，叫做"豉"。《說文》作"尗"，云："配鹽幽尗也。"徐鍇解釋道："尗，豆也。幽謂造之幽暗也。"段玉裁卻認為"幽與鬱同義，以豆鬱之"。《釋名》云："豉，嗜也。五味調和，須之而成，乃可甘嗜，故齊人謂豉聲同嗜也。"這便是今日日常食物中不可缺少的豆豉，至少在我國已有兩千年的歷史了。

秦、漢以前，調味是用鹽、梅，而沒有豆豉。《左傳·昭公二十年》："水火醯醢鹽梅，以烹魚肉。"孔穎達正義說："古人調鼎用梅醯。此說和羹而不言豉，古人未有豉也。《禮記·內則》、《楚辭·招魂》備論飲食，而言不及豉。史遊《急就篇》乃有蕪荑鹽豉。蓋秦、漢以來始為之耳。"這種推斷是正確的。雖宋玉《招魂》篇裏曾拿"大苦鹹酸"並言，王逸注竟說"大苦，豉也"，這只是拿漢代已有的豆豉來比擬大苦，而不能說明豆豉在宋玉時代便已有了。所以豆豉為秦、漢以後才普遍盛行之物，確無疑義。

漢代製造豆豉，不獨供給製者自己食用，還出現了很多巨商大賈從而販賣取利以致富厚。《漢書・貨殖傳》稱：〝自元、成訖王莽，京師富人：杜陵樊嘉，茂陵摯綱，平陵如氏、苴氏，長安丹王君房、豉樊少翁，王孫大卿，爲天下高訾。〞顏師古注云：〝樊少翁及王孫大卿賣豉，亦致高訾。訾讀與資同。高訾，謂多資財。〞可以想見當時製造豆豉的發達狀況了。自此以後，賣豉成爲專業，歷代相因，技術也日益提高。《齊民要術》所

西漢 陶蓋罐

載〝作豉法〞，至爲詳盡。先從蓋屋說起，以爲〝三間屋得作百石豆，二十石爲一聚〞。這樣大規模的造豉，自然是專供販賣、銷售市場的。二千年間，出現不少有名的產地，成爲歷史上的專用名詞。例如〝江西豆豉〞，一向是爲人們所重視的。《鶴林玉露》便記載一件這樣的事：〝昔傳江西一士，求見楊誠齋，頗以該洽自負。越數日，誠齋簡之云：'聞公自江西來，配鹽幽菽，欲求少許。'士人茫然莫曉，亟往謝曰：'某讀書不多，實不知爲何物。'誠齋徐檢《禮部韻略》'豉'字示之。注云：配鹽幽菽也。〞據此可知，宋人已重視〝江西豆豉〞了。近代〝瀏陽豆豉〞亦很負盛名，其地接近江西，彼此自有它的歷史淵源和聯繫的。

　至於一般自製豆豉，專供一家食用的，其方法卻很簡單。《齊民要術》所列〝作家理食豉法〞說過：〝隨作多少，精擇豆浸一宿，旦炊之，與炊米同。若作一石豉，炊一石豆。熟取生茅臥之，如作女曲形。二七日，豆生黃衣。簸去之，更曝令燥。後以水濕，令濕手投之，使汁出，從指歧間出爲佳。以著甕器中，掘地作坎，令足容甕器，燒坎中令熱，內甕著坎中，以桑葉蓋豉上，厚三寸許。以物蓋甕頭，令密塗之。十許日成，出曝之，令汩汩然。又蒸熟，又曝，如此三遍成。〞這裏沒有提到用鹽，因爲作豉用鹽，是固定的。《齊民要術》已在前面所載〝食經作豉法〞，指出須〝秫米女曲五升鹽五升合此豉中〞，不必再重複。可

西漢 陶甕

以比例爲之。後來農家變通其法，每於冬季做"臘八豆"，更把做豉的方法簡單化了，豆豉成爲家家必備的食物。

由造豉法逐漸提高、改良，遂進而創造了製造醬油的方法。醬油在我國出現，雖不能考定實爲何時（古書所稱"醬"，係醯醬，非醬油），但它是在做豉的基礎上改進而成，實無疑義。其主要原料爲大豆、麥粉、食鹽和水。原料的配合，各地不同，普通爲大豆、麥粉、食鹽各一石五斗，水三石。將大豆煮熟或蒸熟後，冷至微溫，加入麥粉拌勻，並使乾濕適度，移置不通風的室內，使之生黴，結而成餅。得六七日後，用手將餅分開，若生黴很厚而均勻，則爲成熟之證。再轉入瓦缸中，按配合分量，加水與鹽，拌成稠液，曝露院中，聽其自然發酵，雨時便加缸蓋，這叫製"醅"。經過一個夏天，醬醅漸呈紅褐色，液亦轉黑。逐日攪拌，使溫度均勻，並促進發酵作用，由一年至數年，方能成熟，時間愈長，成品愈佳，至少必須經過一個夏季。到製油時，將醬醅倒入麻袋中，置於榨框壓之。第一次榨出，爲上等醬油；將醬渣再加鹽水壓榨，可得次等醬油。另有一種，專用大豆和鹽而不用麥粉的，所得之油，便稱豉油。

我們祖先除已發明用鹽及其他原料和豆配合製成豆豉、醬油的方法以外，並且還能用提煉的方法，將大豆所含蛋白質全部提出，使之凝結爲豆腐，成爲我國人民大眾日常膳食中的主要營養品，這自然是我們祖先卓異天才的偉大創作。它發明的確實年代，雖缺乏史料可資考定，但經推斷，至少也在二千年以前。據《天祿識餘》所說："豆腐，淮南王劉安造，又名黎祁。"我們推想，這種發明絕不是當時劉安一個人閉門潛思所能創造出來的，而必然是遠在劉安以前，先民由於經常食豆煮豆，發現有時久煮而濃稠的豆汁可以凝結，於是加投鹽鹵或石膏少許，使之更快凝固成爲豆腐。劉安不過是嗜好豆腐，推行其製造方法的一人罷了。後世乃以豆腐的發明歸功於淮南王，這是不符合於事實的。

宋陸游詩有"拭盤推進食，洗釜煮黎祁"的句子。自注云："蜀人名豆腐曰黎祁。"元虞集文："鄉人謂豆腐爲來其。"明陳仁錫《潛確類書》載晦庵（朱熹）《次劉秀野蔬食豆腐韻》："種豆豆苗稀，力竭心已腐。早知淮南術，安坐獲泉布。"可知自宋以來，豆腐已成普通食物。因地區方言的不同，不免有同物異名的情形。

五代　青釉雙耳釜形器

特別是農村中窮苦老百姓，日常除蔬菜外，無力享受魚、肉一類高價的食品。豆腐價格較低，自己又知道烹造，所以能成爲歷史悠長的大眾食品。

李時珍《本草綱目》談到造豆腐的方法，以爲"凡黃豆、黑豆、白豆、綠豆、泥豆及豌豆之類，皆可爲之。造法水浸磑碎，濾去渣滓，煎成。以鹽鹵汁，或礬葉或酸漿醋澱，就釜收之，又有入缸內以石膏末收者。大抵鹹苦酸辛之物，皆可收斂爾"。李氏所言，和今日造豆腐的方法仍相符合。但一般所用原料，以黃豆爲主，而收斂時，則用石膏爲多。

和豆腐相關連的豆食品，有豆腐皮、豆腐乾、千張、油豆腐及腐乳等多種。豆腐皮的製造，將豆腐置於淺形鍋內，煮沸，其浮在水面的蛋白質及脂肪質因水分減少，與空氣接觸，遂成爲皮膜。至相當厚

漢　陶磨房

時，以棍撈出，將其晾乾，即為豆腐皮。至於腐乳的製造，將豆腐裝入布袋，用木板壓縮之，使水分流出，然後切為小塊，經過甑蒸後（也有不蒸的），送入不通風的室內，任其生黴，七八日後取出，遍蘸以鹽，大約豆腐一斤，予鹽四兩。再移入壇中，灑以上等酒，投以椒末及香料，泥封之。貯藏一二月後，即可取食。

釀酒術的發展

我國釀酒的歷史極為久遠，相傳創始於夏代。《戰國策·魏策二》已經提到：「昔者帝女令儀狄作酒而美，進之禹。禹飲而甘之，絕旨酒，曰：『後世必有以酒亡其國者。』」遂疏儀狄而絕旨酒。《孟子》也曾稱：「禹惡旨酒。」可見這種傳說，在周末已很盛行。我們雖無由確切相信這種傳說是事實，但是根據地下已經發掘的資料足以證明，釀造術到殷代，確已達到了高度的水準。首先從今日留存的殷代青銅器來看，其中以酒器為最多，像所謂爵、尊、罍、斝、壺一類的東西，不獨名目繁多，並且製作精美。其次，從古書的記載來看，武庚被滅

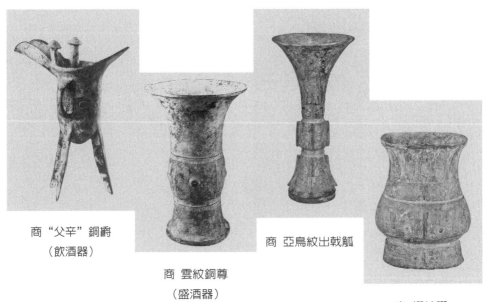

商 "父辛" 銅爵
（飲酒器）

商 雲紋銅尊
（盛酒器）

商 亞鳥紋出戟觚

商 蟬紋觶

以後，周公以殷遺民封康叔於衛，作《酒誥》一篇，以殷爲戒。這都足以說明殷人好酒的風氣，是普遍存在的。假使沒有豐富的農產物，自然談不到有餘糧來釀酒。由此可見，我們祖先在三千多年前，農業生產已經大大提高，在經濟中已取得了支配的地位了。假使在殷代以前，沒有稍長的孕育時期，而突然到殷代便有這樣高度的釀酒術，也是不可想像的事。所以古書裏談到釀酒，便推本到夏代初年，並不過於誇大。

到了周代，不獨釀造術進一步提高，並且品類也增多了。《周禮・天官・酒正》："掌酒之政令，以式法授酒材。"鄭玄注："式法，作酒之法式。作酒既有米曲之數，又有功沽之巧。"可見那時已注意到方法的細密了。下文又云："辨五齊之名：一曰泛齊，二曰醴齊，三曰盎齊，四曰緹齊，五曰沉齊。"鄭玄注："泛者成而滓浮泛泛然，如今宜成醪矣。醴猶體也，成而汁滓相將，如今甜酒矣。盎猶翁也，成而翁翁然蔥白色，如今酇白矣。緹者成而紅赤，如今下酒矣。沉者成而滓沉，如今造清矣。自醴以上，尤濁；縮酌者，盎以下差清；其象類則然。古之法式，未可盡聞。"鄭玄生於漢

戰國　銅缶（這是曾侯王室使用的大型儲酒器）

末，尚且說"古之法式，未可盡聞"，那麼古代釀酒術，在一千七百多年以前，已多失傳；到今天更無從詳考了。我們根據舊注所解釋的"五齊"形狀來看，都是汁和滓在一塊的，和今日的甜酒相似。依它的清濁程度不同，而有所謂"五齊"之名。古代造酒多用米，酒力甚微，所以善飲的人，每有五斗或一斗的大量。按照酒的發展歷史來說，大概是先發明了釀造甜酒，這種酒是一種曲少、米多、味甜，而混濁不清、略有酒味的汁液罷了。那時所謂"清酒"，不過是經過沉澱以後而瀝漉出來的清汁。其後歷經改進，發明了蒸餾取酒的方法以後，才有"老酒"的製造法。

酒在古代的另一個用途，便是施於醫藥，見記載在書籍裏的，當推《素問》為最早。《素問·血氣形志》篇說過："病生於不仁，治之以按摩醪藥。"注："醪藥，謂酒藥也。"《素問》是我國最古的醫書，便提及了以酒行藥的效用，可見酒可用於醫藥，在我國發明最早。加以就古代文字的構造來說，"醫"字從酉，更是一個旁證。《說文·酉部》"醫"字下說解："酒，所以治病也。"解釋得夠清楚了。

《禮記·月令》："仲冬之月，乃命大酋：秫稻必齊，曲糵必時，湛熾必潔， 水泉必香，陶器必良，火齊必得。兼用六物，大酋監之，毋有差貸。"這裏所提出釀酒必須注意的六項事物，都完備了。大約古人釀酒，大部分是在"十月獲稻"以後，漬米曲至春而為酒，所以《月令》把它列在仲冬之月。這是依照我們祖先的習慣而寫入的。北魏賈思勰《齊民要術》第六十四篇至六十七篇，專論各種造曲釀酒方法，至為詳盡，無異於替過去釀酒術做了總結。但是由於不諳科學原理，對於釀造時之變化，無法瞭解，往往附會以鬼神之說，不免為迷信所籠罩。直到新中國成立之前，人們製曲造酒，還是供祀五方神位，禁忌很多，這當然不是一朝一夕之故。

燒酒釀造法的發明不太早，李時珍《本草綱目》說過："燒酒，非古法也。自元時始創其法。用濃酒和糟入甑蒸，令氣上，用器承取滴露。凡酸壞之酒，

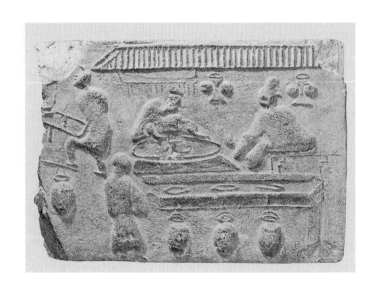

東漢 釀酒畫像磚

東漢　釀酒灶台

皆可蒸燒。近時惟以糯米，或粳米、或黍、或秫、或大麥，蒸熟和曲，釀甕中七日，以甑蒸取，其清如水，味極濃烈，蓋酒露也。”又說：“燒酒，純陽毒物也，面有細花者爲眞。與火同性，得火即燃，同乎焰消，北人四時飲之，南人只暑月飲之。其味辛甘，升陽發散，其氣燥熱，勝濕袪寒，故能開怫鬱而消沉積，通膈噎而散痰飲，治泄瘧而止冷痛也。”而清人梁章鉅《浪跡叢談》以爲：“燒酒之名，古無所考。始見《白香山集》：‘燒酒初開琥珀光。’則係赤色，非如今之白酒也。元人謂之‘汗酒’，李宗表稱‘阿剌古酒’，作詩云：‘年深始得汗酒法，以一當十味且濃。’則眞今之燒酒矣。今人謂之‘氣酒’即‘汗酒’也。今各地皆有燒酒，而以高粱所釀爲正。北方之沛酒、潞酒、汾酒，皆高粱所爲，而水味不同，酒力亦因之各判。嘗聞外番人言中國有一至寶，而人不知服食，即謂高粱燒酒也。”據此，可知燒酒的出現，自然是我國釀酒法的一大進步。稱爲燒酒，便是取其性味濃烈、可以燃燒的意思。

　　近代我國酒業，南北好尚不同，北方以高粱酒取勝，而南方以紹酒爲最馳名。高粱酒的釀造，除先將酒曲製成後，屆時將高粱碾碎，撒水堆積，掩之以席，經一兩晝夜，放在木製大甑內蒸之，約二小時後，攤在地上，俟其稍冷，和以碎曲攪拌。每高粱三份，配以曲一份，兩者充分混合後，倒入磚砌大槽內。每槽約可容二十石上下，槽面覆以高粱稈，蓋以木板，再塗土寸許，使漸漸發酵。

東漢　宴飲圖（漢畫像石拓片）

表面徐徐塌下，逐日用足踏壓一兩次，至八日或十日後，發酵完畢，開始蒸餾，便可得酒。蒸餾時所用器具，頗爲簡樸，即一木製圓甑，放在大鍋上，甑的上面載一錫壺，壺內盛冷水，使蒸氣遇冷凝成水滴溜下。大約每高粱一石，可釀酒七十斤左右。

紹興產酒，有兩千年以上的歷史。相傳越王勾踐，曾經釀造佳酒，獻給夫差。伍子胥的軍隊得之狂飲，積壇成山，嘉善、嘉興的“瓶山”，就是這個來歷。這種傳說，雖無從證實，但足夠說明紹興出產名酒，是有它的歷史根源的。

紹酒的主要原料是糯米，除取用於本地出產者外，又自無錫、丹陽、金壇、溧陽等地購來。米的品質和酒性大有關係，所以多年釀酒的人對於米的優劣，是特別注意的。其次是釀造用水，和酒的品質關係也大。紹酒所以享盛名而他處不易仿製的原因，便在於所取鑒湖的水，清澈無比。再次是霞川、若耶溪等水，皆自群山萬壑而來，經過土砂岩石，不含有害物質，故無論爲浸漬用、洗滌用、發酵用，都汲用這些河水。這種天然有利條件，非他處所有。加上長期累積的釀造經驗，遂使紹酒享有今天的盛名。當地釀酒在全盛時期，年產估計約三十萬缸，每缸可灌十壇酒，一壇酒合米約三十斤。

尚未開封的清宮黃酒

紹酒又有“善釀”、“加飯”、“狀元紅”、“竹葉青”等名稱。“善釀”是以酒代水，以酒釀酒，所以特別醇厚。"加飯"是在一定的水米比例外，再加糯米飯。"狀元紅"裏面放了紅曲，色深而味濃。"竹葉青"色淡而氣清香。還有一種叫"女兒酒"的，則是當女孩出生以後，製酒三缸，埋藏地下，待女孩長大出嫁時，起酒於地下享客，這種陳酒，便叫"女兒酒"。至於市上一般的所謂"花雕"、"太雕"、"耆酒"等等，僅僅是新陳程度上的不同而已。紹酒的保藏，必須用瓦壇泥封，始能越陳越香。如用瓶裝，則雖加密封，也易起沉澱。這是紹酒遠銷的一個障礙，也是它的一個特點。

糖的製造

我國由於農業發達很早，農產物十分豐盛，我們的祖先，便利用剩餘糧食，創造了用米熬糖的方法，來滿足生活上營養的需要。遠在《尚書‧洪范》篇便已提出："稼穡作甘。"可知用穀類熬糖，古人是很看重的。到了漢代，字書裏開始有"糖"一類的字眼出現。史游《急就篇》："梨柿柤桃待露霜，棗杏瓜棣馓飴餳。"馓、飴、餳三者都是糖的別名。《說文》："飴，米糵煎也。""餳，飴和馓者也。""馓"，熬稻糧糆也。"再證以《釋名》所說："餳，洋也。煮米消爛洋洋然也。"《方言》所說："餳謂之粻程。"郭注："即乾飴也。"可知"餳"是糖的共名。"飴"和"馓"，便以柔乾爲別。"餳"字從昜，古讀爲洋，聲讀轉而爲唐。所以《方言》又說："餳謂之鎕。"郭注："江東皆言鎕音唐。"這便是糖字的前身。

古代製糖，是用麥芽或稻芽和米煎熬而成的，到現在農村中還沿用這種方法製糖，叫做麥芽糖。麥芽，古稱爲"糵"。《齊民要術》記載它的培養法："八月中作盆中浸小麥，即傾去水，日曝之，一日一度，著水即去之。腳生，布麥於席上，厚二寸許，一日一度，以水澆之，芽生便止。即散收令乾，勿使餅。餅成則不復任用。此煮白餳糵。若煮黑餳，即待芽生青成餅，然後以刀剗取乾之，欲令餳如琥珀色者，以大麥爲其糵。"用麥芽和米煎熬，便可得糖。其配和比例，照《齊民要術》所載，大約煮白餳則用乾糵末五升，可和米一石；煮黑餳和琥珀餳，則用青芽成餅糵末或大麥糵末一斗，和米一石。這自然是一般的規定。

麥芽糖在漢代的出產量很大，人們除供給自己食用外，還挑到外面出賣。

《詩經・有瞽》篇："簫管備舉。"鄭玄箋云："簫,偏小竹管,如今賣餳者所吹。"鄭氏在《周禮・小師》的注解內,也是這樣說的。可知當時賣餳的行商,確很普遍。至今市面或農村,仍有挑麥芽糖喚賣的,兒童們爭取食之。兩千年來,製糖已成為勞動人民的一種副業。

清人繪《太平歡樂圖》之"賣餳人"

古人除用麥芽熬糖以外,還取用天然的蜂蜜。古代是二者並重。《禮記・內則》說"飴蜜以甘之",便是一個證據。不過蜂蜜的取用,不能像糵米煎熬的普遍罷了。《三國志・吳書・孫亮傳》注引《吳曆》謂:"亮出西苑,食生梅,使黃門至中藏取蜜漬梅。"《南史・梁武帝紀》:"疾久口苦,棠蜜不得,再曰荷荷,遂崩。"又《陶弘景傳》敘述弘景"永明十年,脫朝服掛神武門,上表辭祿。詔許之,賜以束帛。敕所在月給茯苓五斤,白蜜二升,以供服餌"。可見在我國沒有出現蔗糖以前,人們經常食用的是蜂蜜,其甜的程度既高於麥芽糖,而物又以稀為貴。

我國內地自造蔗糖,為時不太早。《齊民要術》的《餳餔》篇載,所用原料,都是穀類。這書末尾有一篇專敘"五穀果蓏菜茹非中國物產者",引《異物志》說:"甘蔗遠近皆有,交趾所產甘蔗特醇好。本末無薄厚,其味至均。圍數寸,長丈餘,頗似竹。斬而食之,既甘迕取汁,如飴餳,名之曰糖,益復珍也。又煎而曝之,既凝如冰,破如磚,其食之,入口消釋,時人謂之石蜜者也。"據此可知,在北魏時我國內地尚不知造蔗糖之法,而只是稱引他書所載,以廣異聞。以前史傳裏雖偶然也有取食甘蔗餳的記載，都是從域外貢獻進來的。

到唐代初年，我國內地才有熬製蔗糖之法。《新唐書·摩揭它傳》記載，貞觀二十一年，太宗遣使至摩揭它國（本中天竺屬國），取熬糖法，"即詔揚州上諸蔗榨沈，如其製，色味愈西域遠甚"。自從熬製蔗糖的方法傳入內地以後，種植甘蔗的風氣漸漸推廣。

蔗的種植，在我國卻很早。不過古人食蔗，在唐以前，只有蔗漿、蔗餳一類的糖汁，而沒有結晶的

肩挑甘蔗的農夫（清末舊影）

沙糖。王灼《糖霜譜》說過："自古食蔗者，始為蔗漿。宋玉作《招魂》，所謂'胹鱉炮羔有柘漿'。其後為蔗餳，孫亮使黃門就中藏吏取交州所獻甘蔗餳是也。其後又為石蜜，《廣志》云'蔗餳為石蜜'，《南中八郡志》'笮甘蔗汁曝成飴，謂之石蜜'，《本草》亦云'煉糖和乳為石蜜'是也。其後又為蔗酒，《通典》'赤土國甘蔗作酒，雜以瓜根'是也。《唐史》載太宗遣使摩揭它國取熬糖法，似是今之沙糖。"由此可見，真正結晶糖的製造，確始自唐初。其法則由印度輸入中土，似無疑義。

製蔗糖法，由印度傳到我國。一方面固由朝廷派專人前往學取；其次則由僧徒往來，為之媒介。《糖霜譜》記載："唐大歷間，有僧號鄒和尚，不知所從來，跨白驢登繖山，結茅以居。須鹽、米、薪、菜之屬，即書寸紙繫錢緡，遣驢負至市區。人知為鄒也，取平直掛物於鞍，縱驢歸。一日，驢患山下黃氏者蔗苗，黃請償於鄒，鄒曰：'汝未知因蔗糖為霜，利當十倍。吾語汝塞責可乎？'

試之果信，自是流傳其法。"在唐代，和尚們知道製造蔗糖的方法，本來不足奇怪。而後人便以神話附會，說什麼鄒和尚係大士化身，造糖人家都把他的畫像高懸供祀，便流於迷信了。

《天工開物》之 "澄結糖霜瓦器" 圖

人們多以為過去所稱 "糖霜"，就是今日的冰糖，其實大錯。一則糖以霜名，是取義於其形色和雪相似。色白而成小沙粒，當指沙糖而言，和質硬成塊的冰糖，絕不相似。二則冰糖是由沙糖進一步加煉製成的，製沙糖的技術沒有高度的改進，也無由製造冰糖。照《本草綱目》所說 "輕白如霜者為糖霜，堅白如冰者為冰糖"，這又區分得很清楚，並沒有混而為一。方以智《通雅》又說 "冰糖，糖霜之凝者"，說得夠明白了。

蔗糖，普通為白糖、紅糖、冰糖三種。在從前沒有使用機器的時代，完全是用手工去壓製的。它的製造過程，不外壓榨和煎熬兩大階段。壓榨器的主要部分，為二石製或木製的圓柱，上緣鑿齒輪，二柱直立，並行置於一石盤內。盤的周圍有小溝，蔗汁可由此流出。一柱固定不動，另一柱的上部有木柄駕於牛身，因而回轉，甘蔗則由人工置於二柱之間，以榨其汁。由於壓力不足，所得蔗汁僅及含量之半，所以必須有二次以上的壓榨，才能取之盡淨。蔗汁榨出以後，乃行煎熬。燃料即用榨過二次以上的蔗渣。煎時不時加入石灰攪拌，浮於上面的汙物，隨時除去。至水分將盡時，乃取糖汁少許滴於冷水中，如見其已凝成脆塊，則斷其火候已透，即將糖汁傾入冷水中，俟其凝固，即成板糖，趁其沒有凝固的時候，時加攪拌，便得砂狀之粗製糖，其色紅黑。

假若要造出白糖，則蒸發之時宜略短，視蔗汁濃縮至滴入冷水中成軟塊時，

《天工開物》之 "軋蔗取漿圖"

便倒入鉢中。二三天後，拔去鉢底的塞栓，而置鉢於甕上，再用黏土漿或草灰密封鉢口，使壓力均勻，則鉢糖不致下陷，糖汁中的色質爲土漿所溶解，滲透糖汁而滴入甕中。如是約十餘日，作用完成，乃括去鉢面的乾土，是時鉢糖的上面，一部已變白色，約占全部十分之二，是爲白糖。餘者爲次白糖，可與甕中之蜜重煮，再行提煉，以得白糖。

冰糖由白糖製成。其法以白糖加水煎熬，調入雞卵一二枚，使與渣滓凝合上浮，得時時除去之，至水分將盡，起淡黃氣泡時，取少許滴入冷水中，若糖已蜿蜒柔韌，即急注入大甕中，把它封固起來，四周圍以麥殼，使其漸冷。甕中預置有竹枝，縱橫雜列，糖汁於結晶時，便凝著其上，成爲冰糖。

茶的普及

茶在我國社會出現的時間不太早。漢代以前，不獨沒有飲茶的習俗，連

"茶"字也不見經傳。古書裏經常遇到的,只有指"苦荼"、"茅莠"或"陸草"而言的" 荼"字,它們都是草本植物,而不是今日茗飲之茶。"荼"字減一筆作"茶",起於中唐以後,這在顧炎武《日知錄》中,早已談到了。但是飲茶的風俗,卻遠在唐代以前便已盛行。究竟始於何時?雖不能確切論定,但是根據史料,可以證明西漢時四川人已有飲茶的習慣,已無疑義了。王褒《僮約》有"烹鱉烹茶"和"武陽買茶"的話,宋章樵注《古文苑》,以前一句為指苦荼,後一句指茗茶。王褒是漢宣帝時人,武陽屬今四川彭山縣。《僮約》雖係一時戲筆,而將買茶列為家奴日常工作,可見西漢時,茶在四川已很普遍。

　　飲茶的風氣,後來由四川傳至江南。三國時,吳已飲茶。《三國志·吳書·韋曜傳》記載孫皓每次宴客,為著韋曜不善飲酒,"常為裁減,或密賜茶荈以當酒"。這說明了那時的茶,江南尚少,僅為貴族享宴之用,而沒有成為普通飲品。其後東晉南朝士大夫,對於飲茶漸成嗜好,而北方飲用的仍不多。一直到唐代,才普及於南北,通行於民間。特別是陸羽《茶經》的出現,使社會普遍注意到這事的仔細講求。從此無論統治者和被統治者,都把它列為日常生活中最重要的資料之一,和柴、米、油、鹽並重。

唐 茶碾子

　　陸羽《茶經》談到製茶,便有採、蒸、搗、拍、焙、穿、封七步手續。大抵唐代製茶的方法:採摘後,先用水蒸(蒸青法);繼搗為末,拍成餅樣;然後穿貫起來,用火烘乾,封藏之以備用。所以唐人稱茶叫多少"片",或多少"串"。宋代製茶的方法和唐相似,不過變杵搗臼舂的手續,改用碾槽碾碎,仍把它製成團餅,而以所謂龍團、鳳團為最名貴。

　　唐、宋時代飲茶,都是用茶末久煮,和菜羹的烹造法差不多,與後世用沸水泡茶的方式有所不同。所以清初劉獻廷《廣陽雜記》便說:"古時之茶,曰煮、曰烹、曰煎，須湯如蟹眼，茶味方中。今之茶惟用沸湯投之，稍著火，即色黃而味澀，不中飲矣。"而明人沈德符《野獲編》復謂："茶加香物，搗爲細餅，已失眞味。宋時又有宮中繡茶之制，尤爲水厄中第一厄。今人惟取初萌之精者，汲泉置鼎，一瀹便啜，遂開千古茗飲之宗。乃不知我太祖實首闢此法。"這種"茗飲"的方式，最初是出於廟宇僧侶，取其輕簡易行。明太祖既採用了此法，加以推廣，後來便爲一般士民所效法。

宋 煮茶畫像磚（拓片）

從明代以來，飲茶的方式既不同於前，而製茶的方法，也就大大地改變了。當採摘嫩葉以後，便放在鍋裏炒，這叫"炒青"；或者放在日光下曬，這叫"曬青"。然後用手搓揉，成爲細條，再加烘焙。而炒、揉手續，最爲重要。茶的色、香、味，都是由炒、揉的得法與否而決定。由這種方法而稍變更，便成爲紅茶、綠茶、烏龍茶的製法。由宋代製造團茶的方法而稍變更，便成爲磚茶的製法。

茶葉每年發芽三次：第一次在穀雨前後二十日，名爲春茶；第二次在六月

清光緒 "雨前龍井" 茶

中，名爲夏茶；第三次在立秋處暑之間，名爲秋茶。秋茶的品質最下，價格又低，所以茶農多不採摘，藉以留蓄樹勢，以便來年多生春茶。趁春天採取的茶葉，特別是穀雨以前的嫩芽，是最名貴的。採摘以後，曝曬於日光下，再用手搓揉，使緊卷成細條，繼將成條之葉，倒入桶中，堆積緊壓，上覆以布，移置於日光下，使其發酵，葉漸變成紅褐色，透出香氣。發酵到

適當程度時，再移放烘籠內烘焙，隨烘隨翻，使水分蒸散，發酵停止。最後加以精製的工夫，經過篩分、揀別等手續，使其勻齊一致、形式美觀，便成銷售市上的紅茶。

綠茶的製造，所不同於紅茶的地方，便是不經過發酵的階段。採摘嫩葉以後，置熱鍋內炒；看到漸凋萎了，便取出篩分；繼用手搓揉，使葉卷成細條；然後或炒或烘，使它乾燥，是為毛茶。此後必須經過篩分、揀別等精製手續，與紅茶同。大約外銷綠茶，皆用炒青；內銷綠茶，除龍井外，多用烘青。蒸青係古法，今已摒棄不用。

在製法方面，介乎紅茶、綠茶之間的，便是烏龍茶，其為半發酵的茶葉。葉的邊緣，雖為紅色；而葉的中部，仍如綠茶。它的製造，是先將嫩葉曝曬於日光下，自半小時至二小時，使葉萎凋，移入室內；候它冷了，再放在竹籠中，使之發酵；時時攪動，使水迅速蒸散。至發酵適中，葉呈微紅色，透出香氣，即入鍋中蒸，使發酵作用停止。發酵作用停止後，再放入鍋內炒乾，便成烏龍茶。葉的邊緣為紅色，如紅茶；葉的中心為綠色，如綠茶，所以通俗又稱為"綠葉紅鑲邊"。

總之，紅茶須適度發酵，烏龍茶須相當發酵，綠茶須避免正規發酵，此乃製茶的唯一原則。至於磚茶，又分紅磚、綠磚、小京磚三種。紅、綠磚茶的製造手續，大約相似。首先在配合原料時，分灑面、灑底、中心三層。面、底各占一成，多取嫩葉；中心占八成，多為老葉，分盛於布袋內。在蒸氣最高的鍋中，約蒸一分鐘即取出，送至壓制處。紅磚一次倒入模型中，綠磚先倒入灑底鋪平後，再倒入中層的老青茶，最後倒入灑面，復將上面撥平、四邊壓緊，然後覆上模型，上蓋放入水壓機中壓緊，經過相當時間後，嵌入鐵栓，即可將模型取下，放置約一百分鐘，使之定型。磚茶出模時，先取去模型上之鐵栓，再放入出磚機中，於是磚茶及模型之底蓋二部，離框而出。以手挖去

清光緒 箬竹葉包普洱茶

底蓋，即得整塊茶磚。

我國種茶和製茶的知識，約在五九三年左右（日本聖德太子時代），與美術、佛教等同時傳至日本。至於日本實際種茶，則由於日本僧侶在中國研究佛教時，習知茶樹的栽培技術，攜帶茶種回國，才開始種植。時在八〇五年，遂為日人飲茶之始。

八五〇年，茶葉消息首次傳至阿拉伯；一五五九年，傳至威尼斯；一五九八年，傳至英國；一六〇〇年，傳至葡萄牙。至於茶葉實際進入歐洲，當從荷蘭人開始，時為一六一〇年。一六一八年，茶葉始見於俄國；一六四八年，到達巴黎；約在一六五〇年，到達英國及美洲。

今日世界茶葉出產，盛稱印度、斯里蘭卡。其實印度雖早有土種茶，但並不足重視。一七八〇年，經由英國東印度公司船主從我國廣州輸入一部分茶子至加爾各答，加以種植，是為印度第一次有茶樹的種植。後經多年不斷改良，大量移植華茶，並傳入我國採製方法，才有今日的成績。

由此可見，世界各國的茶種，都是從我國傳出去的，而我國實為世界茶葉的發源地，確然無疑了。

《水路運茶圖》
（廣州，約一八〇〇年）

植物油的製取

人類最初用來適應物質生活需要的油脂，是從動物體中取得的。後來由於動物油脂供給量有限，而一切食用隨著事物的發展，需要油脂的地方加多，於是我們的祖先，便在自己所收穫的農作物中，創造出榨取植物油脂的方法。這對社會進化，有極重大的意義。動物油脂有在常溫時爲固體狀態，須加熱後方能溶解的，叫做"脂"；而在常溫時爲液體狀態的，便叫做"膏"。在我國古書上，早有這樣的分別，所以《禮記・內則》云："脂用蔥，膏用薤。"鄭玄注："脂，肥凝者；釋者曰膏。"可見"脂"和"膏"分開來講，含義各有不同。至於植物油，也還有這種狀態的區別。如桐油、菜油、豆油、花生油、胡麻油之類，多數爲液體；而椰子油、柏油，則爲凝固之脂肪。

植物油的主要用途，不外食用、滑物用、燃燈、造燭、油漆器具等方面，而致用於舟車尤廣。《天工開物》說過："草木之實，其中蘊藏膏液而不能自流。假媒水火，憑藉木石，而後傾注而出焉。此人巧聰明，不知於何稟度也。人間負重致遠，恃有舟車。乃車得一銖而轄轉，舟得一石而罅完，此物之爲功也大矣。"所謂"車得一銖而轄轉"，指出了它滑物的功效；所謂"舟得一石而罅完"，指出了它油漆的功效。元代馬可・波羅《東來遊記》中便曾經說過："中國木油，可與石灰碎磨混合，填塞船縫。"可知我國植物油的作用，早已在古代爲中外人士所重視了。

油料植物的含油部分，多在種子和果實中。原來是植物本身貯藏起來以供苗苗時生長之用的。各種植物種

《天工開物》之"炒油籽"圖

子，都多少含有若干油量，而以油料植物種子中所含特爲豐富，所以人們便設法採取它，以供種種用途。製油方法，多爲壓榨法。在我國農村中，係用粗糙的機械施壓力於含油體，將油壓出。那種機械，農民稱爲"油榨"。《天工開物》敘述它的形狀和使用法，說過："凡榨木巨者，圍必合抱，而中空之。其木樟爲上，檀與杞次之。此三木者，脈理循環結長，非有縱直文，故竭力揮椎，實尖其中，而兩頭無璺拆之患。他木有縱文者，不可爲也。中土江北，少合抱木者，則取四根合併爲之。鐵箍裹定，橫栓串合，而空其中，以受諸質，則散木有完木之用也。凡開榨空中，其量隨木大小。大者受一石有餘，小者

《天工開物》之"南方榨"圖

受五斗不足。凡開榨：辟中鑿劃平槽一條，以宛鑿入中。削圓上下。下沿鑿一小孔，剷一小槽，使油出之時，流入承藉器中。其平槽約長三四尺，闊三四寸，視其身而爲之，無定式也。實槽尖與枋，唯檀木、柞子木兩者宜爲之，他木無望焉。其尖過斤斧而不過刨，蓋欲其澀，不欲其滑，懼報轉也。撞木與受撞之尖，皆以鐵圈裹首，懼披散也。榨具已整理，則取諸麻菜子入釜，文火慢炒（凡柏桐之類屬樹木生者，皆不炒而碾蒸）透出香氣，然後碾碎受蒸。凡炒諸麻菜子，宜鑄平底鍋深止六寸者。投子仁於內，翻拌最勤。若釜底太深，翻拌疏慢，則火候交傷，減喪油質。炒鍋亦斜安灶上，與蒸鍋大異。凡碾埋槽土內，其上以木竿銜鐵陀，兩人對舉而推之。資本廣者，則砌石爲牛碾，一牛之力，可敵十人。亦有不受碾而受磨者，則棉子之類是也。既碾而篩，擇粗者再碾，細者則入釜甑受蒸。蒸氣騰足，取出以稻秸與麥秸包裹如餅形。其餅外圈箍，或用鐵打成，或破

篾絞刺而成，與榨中則寸相穩合。凡油，原因氣取，有生於無。出甑之時，包裹怠緩，則水火鬱蒸之氣遊走，為此損油。能者疾傾、疾裹而疾箍之。得油之多，訣由於此，榨工有自少至老而不知者。包裹既定，裝入榨中，隨其量滿，揮撞擠軋，而流泉出焉矣。包內油出滓存，名曰枯餅。"這種榨油法，到現在農村中或小市鎮上，還普遍存在。製油的原料，雖多種多樣，而製法總是大同小異的。

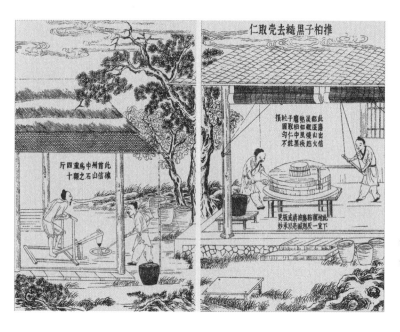

《天工開物》之"磨與碓"圖（表現磨油與腳踏碓油場景）

　　植物油中，以桐油的用途為最廣。其榨取方法，普通在十月及十一月之間。採取桐果後，堆積於陰濕處，任其外殼自行腐爛，然後取其內包之種子，置於大鐵鍋中炒之，去其所含水分，或用焙乾、曬乾的方法亦可。俟桐子乾後，置石臼中搗碎，或石磨中磨碎。磨碎後，置於上圍木欄之大鐵鍋中，加以適量的水，煮成糜漿。再加以乾草或稻草，製成徑尺餘厚約四寸之油餅，將它置榨具內壓榨之，有頭油、二油、三油之別。頭油係第一次榨出之油，呈淡黃色；二油即將第一次榨取後之殘滓，再蒸過而復行壓榨者，色較濃厚，呈深棕色；三油即第三次榨出之油，色與二油同。每百斤桐子，可製油四十五至五十斤。油製成後，貯於篾簍，內外糊以油紙十數層，不使滲漏。簍之大小，各地不等。榨剩之油餅，可作肥料。

　　桐油用途雖廣，但由於內含毒質，不能供食用。而廣大百姓，所苦心種植栽培的油料植物，仍以榨油供自己烹調為主要目的。在油料植物中，如麻油、豆油、菜油、茶油等等，都是農村中日常生活必需品。《天工開物》上說：「凡油供饌食用者，胡麻（一名芝麻）、萊菔子、黃豆、菘菜子（一名白菜）為上，蘇麻、芸苔子次之，茶子次之，莧菜子次之，大麻仁為下。」照各種油料植物所含營養料的多少，以及製成油以後色味的區別，自然有上下之分。但是過去窮苦農民，無米為炊，不得不挑運自己所收穫的榨油原料，入市換米；而自己食用最下劣的油如棉子油之類。甚至無油下鍋的，普遍皆是。

　　植物油的次要用途，在我國過去最普遍的，便是點燈。《天工開物》中也曾說過：「燃燈則桕仁內水油為上，芸苔次之，亞麻子次之，棉花子次之，胡麻次之，桐油與桕混油為下。造燭則桕皮油為上，蓖麻子次之，桕混油每斤入白蠟凍結次之，白蠟結凍諸清油又次之，樟樹子油又次之，冬青子油又次之，北土廣用牛油，則為下矣。」談到所謂「桕仁內水油」和「桕混油」、「桕皮油」，便必須明瞭桕油的製法。桕油即是將烏桕樹子榨製而成，古人直稱為桕，

隋　青釉弦紋燈盞

或作烏臼，梁武帝詩有「門前烏臼樹」句，可知桕的栽培，在我國歷史已很悠久。它在夏季開黃白色小花，至冬季結成黑褐色球形果實。每一果內，有桕子三四粒。桕子外層的白色蠟質，即為桕油的原粒。其內部之仁，則可榨取青油。其榨製法：第一步是去殼；次之，為脫脂；將桕子外面的白蠟擦下，放在炒鍋裏攪炒，或用蒸桶蒸熟，以草包裹成餅，置入榨床內壓榨。桕脂流出後，經過加熱

熔化，倒入桶內攪勻，冷後取出，就成爲白色凝固的柏油。柏子去掉白蠟以後，所留下的青子，取出子仁炒熟後，磨成粉狀，蒸熟取出，包爲餅形，用木榨壓出，經過濾清，即成爲青油。青油用以點燈，光極明亮，便是《天工開物》所謂"柏仁內水油"。柏油凝固，可製蠟燭，亦即所謂"皮油"。

清　雙喜方臘

舊式皮油造燭的方法，實很簡單。據《天工開物》所說："截苦竹筒兩破，水中煮漲，小篾箍勒定。用鷹嘴鐵勺挽油灌入，即成一枝。插心於內，頃刻凍結，挼箍開筒而取之。或削棍爲模，裁紙一方，卷於其上，而成紙筒，灌入亦成一燭。"這種簡單而便捷的方法，自然也是勞動人民創造出來的。我國何時才開始用蠟燭，在史書裏無正式記載可考。俞樾《茶香室續鈔》卷十四："洪亮吉《北江詩話》云：唐韓翃詩：日暮漢宮傳蠟燭。'然燭之用蠟，不知起於何時。古人之燭，或用麻，或用木蓼，或用胡麻，或用脂膏，並無所謂蠟燭，《潛夫論‧遏利篇》始有'脂蠟明燈'之語，蠟燭實起於東漢以後。詩人之詩，固不必責以考據也。《西京雜記》雖有閩越王獻高帝蜜燭事，然雜記所言，本非可據。"此雖論而未定，大約漢以後，蠟燭才開始使用，是比較可靠的。

製鹽方法的改進

鹽是人類日常生活要素之一，我們祖先發明製鹽的方法，爲時很早，到現在已有幾千年的歷史了。最初產鹽區，是在山東沿海一帶，所以《禹貢》一書載青州以鹽爲貢獻之物。春秋時代的齊國，也特別注意到漁鹽之利，以致富強，這自然是我國最原始的產鹽區。

但是離海較遠的地區，爲了滿足物質生活的要求，竟能利用天然有利條件，創造了很多因地制宜的製鹽方法。所以鹽的種類，到後來也就發達增多了。除海鹽外，還有池鹽、井鹽、崖鹽等等，而產區分佈遍於全國。東起遼、沈，南迄台、瓊，西北至新疆、西藏，西南達雲南、四川，除內地少數地區外，幾莫不生產。或因形狀、產地以及日曬、火煎、水淋、挖刮等製法的不同，而有白鹽、黃鹽、紅鹽、花鹽、粒鹽、巴鹽、磚鹽、岩鹽、井鹽、蒙鹽、膏鹽、挖鹽、精鹽之類的不同名目。所以綜合鹽在我國利用之早、產區之廣、種類之多種種情況來說，在全世界是罕與倫比的。

鹽的來源，以海水煎曬的爲大宗。海水所含的鹽量，大約每百斤內有鹽質三斤至三斤半，其餘都是水同雜質。如果要由這許多水來煮乾取鹽，火力太多，燃燒料太費，不得不借天然的蒸發，把沿海的地方，開成場田，引海水入場或田，築堤圍住，使田裏的海水借太陽的熱力自己慢慢蒸發，水質一天一天地濃厚起來，鹽質就可從這濃厚的鹵水中用火煎

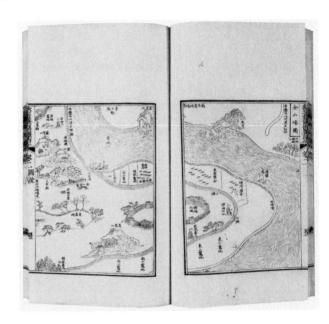

清 阮元等撰《欽定重修兩浙鹽法志》之 "金山鹽場圖"
（嘉慶刻本）

出。或另用木板盛之，繼續曬乾， 也可得鹽的結晶。

由各地直接製成的鹽，不能自由買賣，鹽價也不能自由規定，統須受政府的管轄，另編有保甲的組織，使他們同普通戶口有分別。一般居民，名曰煙戶；鹽場或鹽井的戶口，名曰灶戶。濱湖或濱海之地，由官廳給與灶戶作恆產的統名灶地；其有蕘草的地方，所生的草，可以供給煎鹽燃燒的，名曰草蕩；其不毛之地，可以收集鹽質的，名曰灘地。凡灶地、草蕩、灘地，都有記載及分配，不能由百姓自由侵佔。草蕩，並不得由百姓自由開墾，來耕種他種物品。至於煎鹽攤

灰有停場，淋鹵有坑池，煮鹽有鐵盤、有鍋鐴（piě），曬鹽蓄水有溝井，漬鹵有磚池，凡關於此種的建築、此種的設備，數目形式都有一定。若有損壞，要重新添製或改造，必須先行呈報官廳，取得批准方能添造。所以，防護鹽產，立法很嚴。

鹽民製鹽，不外煎和曬兩種方法。鹽出於鹵，鹵出於海。凡濱海地方取鹵之法，不外乎於近海土地開成土溝，引海潮灌入。溝旁築曬地數層，多至七層或九層，由高趨下，成一斜坡，潮來時用水車打海水入第一層池曬之，再灌入第二層池、第三層池，依次灌曬，至末層，田面起有白花，鹽分已足。此種鹹土，即用鐵耙刮集起來，再用海水淋漬，使鹽分溶成鹵質，以備煎、曬之用。

鹵水在未煎之前，須試鹹質，以免多耗薪料。試鹵時用廣東石蓮十粒，置竹筒中，當作比重器用。將竹筒置在鹵內，沉下的則鹵水太淡，不便於煎；上浮的，則鹵質濃厚，可以入鍋。煎鹽

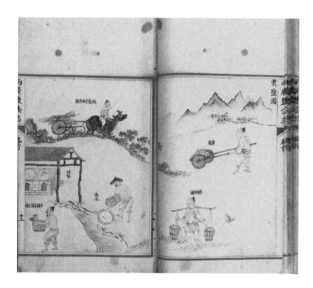

清 盧坤等撰《兩廣鹽法志》之“煮鹽圖”（嘉慶刻本）

清 盧坤等撰《兩廣鹽法志》之“曬鹽圖”（嘉慶刻本）

用鐵盤，由長方形寸厚鐵板三塊至八塊接合成的。盤邊同接合處，用石灰填塞而成，不用釘笥。鹵入鐵盤，下用火煎，使水分化氣，鹽即結晶。再加猛熱燒乾苦鹵，即用鐵鏟鏟入竹籮。每煎一盤鹽，憑鹵質之濃淡，同氣候之寒熱，需時不等，普通在兩小時以上。煎鹽用鍋，有平底、圓底兩種。煎鍋置在灶上火門近處，溫鍋置煎鍋之後。煎時，溫鍋之鹵注入煎鍋，冷鹵加入溫鍋，冷熱交換。鐵盤煎法亦與此相同。每灶置鍋三口或四五口不定，排列亦各場不同。每煎一鍋，約需四五小時。

池鹽，出寧夏及山西解池。池的外面，周圍築有圍牆。池水深處，其色綠沉。土人從事種鹽的，在池旁耕地為畦壟，引清水入畦中，忌濁水參入，即淤澱鹽脈。凡引水種鹽，春間便開始去做，久則水成赤色，成分較差。春間種鹽以後，到了夏秋南風大起，則一宵結成，名曰顆鹽，這便是古書裏所稱大鹽。由於用海水煎成的形狀細碎，而池鹽呈顆粒狀，所以名為大鹽。其鹽凝結以後，掃起即成食味。據《天工開物》所說：“種鹽之人，積掃一石交官，得錢數十文而已。”由此可見鹽戶用自己的勞力苦心製鹽，所受官府的控制和剝削，是極其嚴重的。

井鹽，在我國鹽業中，尤具特色。四川在兩千年前的秦代，就發現了井鹽。一千多年前的唐代，四川就有六十四縣產鹽。三百年來，產區才集中在自流井、貢井一帶。其煎製，與煮海水取鹽的方法略有不同，鹽井在四川地方，銼到一百六十丈左右，發現黃水；到二百丈以下地方，常見黑水。黑水所含的鹽分，比黃水的鹽分為厚，最多的，每十斤黑水可得鹽四十三兩；最淡的，可得十九兩。黃水十斤最濃的，可得鹽二十四兩；最淡的，可得七兩。此專指自流井一帶的鹵水而言。至於犍（為）、樂（山）兩場鹵水已淡，每十斤最

四川自貢鹽井

高鹽分不過二十兩左右。其餘各井，只得二兩左右，此所以川南產鹽特別旺盛。煮鹽的方法，用黃水七成、黑水三成，先煮花水及母子渣。花水的煮法，用鹽水久煮，加豆汁後即停火。母子渣的煮法，用鹽水煮之，加豆汁澄清後，即減火，用微火溫燽。久之，水面鹽質結成片狀，與雪花相似。次煮淨水鹽，即花鹽，亦名母子鹽。行銷市面的煮法，置鍋用土磚圍燒，再用泥圍，鍋口高二寸左右。火炙稍燥，注黑水三成、黃水七成入鍋，使滿但不要溢出。煮一刻，減去火勢。用勺舀水視著，水有鹽花，稍縮再加新水；到不縮的時候，加豆汁澄清；再煮一刻，撈去水面渣滓，又加豆汁；再撈到渣淨水清時候，投入母子渣鹽兩勺左右，使鹽結粒。但不宜多，以免鹽粒過細，再煮乾即成鹽。轉到篾籮內，用花水沃洗數次，洗去鹼質，即得色白粒均勻之鹽，極似梅花冰片。成鹽一鍋的有百斤。井水旺的，一晝夜可煮兩鍋；水不旺的，一晝夜可得一鍋，或二晝夜得一鍋。煮巴鹽法，也用黃水七成、黑水三成，煮時不用豆汁提淨，繼續煮煎，使鹽隨鍋形凝結，厚四五寸，色黑發光，重可五百斤左右，灶丁有用窯煙參入同煮，加熟豬脂融入，使色黑有光彩，此為取巧的辦法。每成巴鹽一鍋，著火力的大小，需二三日或四五日不等。

　　曬鹽有板曬、坦曬兩種。鹽板大號長九尺、寬三尺、深寸半，小號長約七尺、寬約三尺、深約一寸。鹽坦有長方、正方兩種，就地用破碎缸片砌底，四圍用三四寸寬的木板或竹片圍著，用泥敷補，使鹵不外流。大小自一丈二三尺至一丈七八尺不等。曬時用鹵水注入曬板或曬坦，任由日曝風吹，蒸發水氣，鹽即結晶，製鹽成本比煎較廉。

　　《天工開物》說過：「凡鹽產最不一，海、池、井、土、崖、砂石，略分六種。」又說：「凡西省階鳳等州邑，海井交窮，其崖穴自生鹽，色如紅土，恣人刮取，不假煎煉。」這便是崖鹽和他種鹽不同的地方。但產區有限，產量特少，不及井鹽之多。並且出產井鹽的地區，還有一件令人驚異的事：在同一地方，有出鹵水的鹽井，又有噴瓦斯的火井。就用火井的瓦斯，把鹽井的鹵水煮成鹽，這是井鹽的最大特色。《天工開物》談到這事便說：「西川有火井，事奇甚。其井居然冷水，絕無火氣。但以長竹剖開去節，合縫漆布，一頭插入井底，其上曲接以口，　緊對釜臍，注鹵水釜中，只見火意烘烘，水即滾沸。啓竹而視之，絕無半點焦炎意。未見火形而用火神，此世間大奇事也。”這種情況，不獨古人懷疑，到現在世界人士，也還是對之驚詫不已的。

《兩廣鹽法志》之
“煎鹽圖”（清刻本）

房屋的修建

在遠古時代，地曠人稀，林木茂密，我們的祖先，很自然地採用木材來構造房屋。《左傳》引周諺：“山有木，工則度之。”《孟子》也說：“爲巨室，則必使工師求大木。”《禮記・曲禮》中說：“爲宮室，不斬於丘木。”由這一類的話裏，可以想見古代造屋，是以樹木爲主要材料。而“匠”字在《說文》中，但云：“木工也。從匚斤。”斤即斧斤，便是砍伐樹木的工具。從“匠”字的構造來看，可知一切工匠，又開始於木工了。《孟子》又稱：“斧斤以時入山林，材木不可勝用。”《禮

西周　“宗人”銅斧

記·王制》也說：「草木零落，然後入山林。」《月令》也規定：「孟夏之月，毋伐大樹。」這都是綜合古人平日愛護林木的習慣經驗而得出來的結論。我們的祖先，在秋、冬伐取木料以後，並不馬上使用，又必放置多時，等候乾透，才用以架屋。《呂氏春秋·別類》篇記載：「高陽應將爲室家。匠對曰：'未可也。木尙生，加塗其上，必將撓。以生木爲室，今雖善，後將必敗。'」充分說明了遠在幾千年前的勞動人民，對於所採用木材如何才能使之牢固耐久，是十分認眞考究的。

由於木材的不斷取用，在勞動過程中，便創造了骨架結構法。先在地上築土爲臺；臺上安石礎，立木柱；柱上安置樑架；樑架和樑架之間，以枋將它們牽聯，上面架檁；檁上安椽，作成一個骨架，以承托上面的重量。在這構架之上，主要的重量是屋頂與瓦簷，有時也加增上層的樓板和欄杆。柱與柱之間，則依照實際的需要，安裝門窗。屋上部的重量，完全由骨架擔負，牆壁只作間隔之用。這樣，使門窗絕對自由，大小有無，都可以靈活處理。這種用「樑架」來構造房屋的方法，在中國古代社會裏，舉凡宮殿、廟宇、民居、農舍，基本上都是相同的。

當我們祖先創造了骨架結構法以後，經驗使他們也發現了木料性能的弱點，那就是當水平的樑枋將重量轉移到垂直的立柱時，在交換的地方，會發生極強的

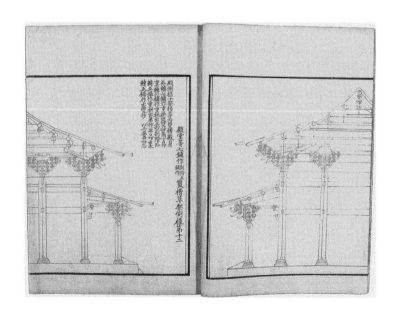

宋 李誡《營造法式》中的宮殿骨架（清寫本）

剪力，邪裹的樑就容易折斷。於是他們就使用一種緩衝的結構，來防止這種可能發生的危險。他們用許多斗形木塊的"斗"和臂形的短木"拱"，在柱頭上重疊而上，愈上一層的拱就愈長，將上面樑枋托住，把它們的重量一層層遞減地集中到柱頭上來。這個樑柱間過渡部分的結構，減少了剪力，消除了斷樑的危險。這種斗和拱的組合物（近代稱爲"斗拱"），是我們祖先在建築技術上最傑出的發明。這種驚人的發明，在周代已普遍應用。它不但可以承托樑枋，還可承托出簷，可以增加屋簷向外挑出的寬度。《詩經》上面所稱"如鳥斯革，如翬斯飛"，便是形容飛簷的好看。《孟子》斥責當時貴族階層的奢侈享受，也有

"榱題數尺"的話，指出簷頭挑出的遠。可見遠在周代，我們祖先的建築技術，已十分精工了。

清代"斗拱"模型

由於我們祖先的房屋，絕大部分是木構的，容易朽折或引起火災，所以不能保存很久遠的時間。國內現存最古的木料建築物，自然要推山西五臺山豆村鎮佛光寺的大殿，爲千年以上的構造。它是唐末會昌年間毀滅佛法以後，在八五七年重建的。柱頭上有雄大的斗拱，在外面挑著屋簷，在內部承托樑架，充分地發揮了中國建築的特長。它屹立一千一百多年，至今完整如初。這就證明了骨架結構法，是一種最科學、最合理的營造形式。

過去很多外國人，認爲中

五臺山佛光寺舊影

西漢 釉陶干欄房屋模型

國建造房屋，千篇一律，表現得很單調：自皇帝宮殿，以至農村茅舍，都是向南；其次，便在結構上，力求左右對稱；無論三間五間，中間總是應對賓客之地，成為死板的格式，而不知這裏面正自有它的道理。我們祖先為著冬天可以避北風，夏日可以延南風，所以在修造房屋的時候，背北面南，最適宜於居住。由於向南造屋，門戶窗牖，照例也都向南，而北方是不多設門窗的。偶然對北開窗，便另外為立一名，叫做“向”。《說文》：“向，北出牖也。”到了冬天，北風大了，便把它用泥塗塞，《詩經》中所謂“塞向墐戶”便是這個意思。由於房屋總是向南，因之“南面”、“北面”之義，由此而起；而“北”又為古之“背”字。《史記》稱秦始皇開疆闢土，無遠弗屆，已云“南至北向戶”，這都足以證明中國自古造屋而皆南向，也就有了幾千年歷史了。

其次談到造屋的結構形式，誠然是講求對稱，左右均齊。我們如果走進一座中國舊式的平民住宅，普通是三間：中間稱為堂屋，較寬大；左右為住房，兩房的門窗，多少和大小是對稱的；堂屋裏陳設的桌椅，是對稱的，這種形式，不獨平民住宅為然，即在統治者的宮殿，亦莫不然。即就北京的“故宮”建築而論，不獨紫禁城內的房屋左右均齊，而整個城垣的形式，東西南北，無一處不對稱。站在景山巔上，是看得很清楚的，由南至北，長達七公里餘，在它的中心，立著一座大建築物，由外城正南的永定門，直穿進城，一線引直，過紫禁城到北面的鐘樓、鼓樓，是一種極其周密的設計。像這樣整齊的部署和龐大的氣魄，在世界上是少有能和它比擬的。

我們祖先在建造房屋方面，似乎早就有了一個牢不可破的傳統。單從外表的組成形式來看，雖頗嫌它太單調和呆板，但是仔細從內部的襯托和裝飾去研究，

從景山望故宮

則又包含有極大的變化和豐富的內容。例如院落的配置，彩色的施用，已經使整
齊的形式添上了好的襯托；其次，像開設一窗，除一般的方形者外，尚有圓形、
壺形、扇形、多角形、花形、水果形、橫披形、心形等，肆意設計，無所不有。
窗間的格子，花樣也至複雜，如方眼、萬字、冰裂紋、金縷絲、金線釣蝦蟆之屬
皆是。此外，磚瓦形式和花紋，亦復變易多端。在物質條件許可下，充分從各方
面講求美化，使得整個房屋結構在極規則的形式中，包含著許多極不規則的因
素，人們居處其中，便從生活感情上得到調劑，不覺枯燥乏味了。這種房屋結構
的舊形式，經歷幾千年的長時期，而沒有拋棄它，自然是有原因的。

衣服材質的改進

　　我國古代用以織成布帛的原料，不外絲、麻。用麻織成的叫“布”，用絲織
成的叫“帛”。絲生於種桑飼蠶，蠶桑之事，在中國起源很早。相傳始於黃帝
的元妃嫘祖，雖無從證實其事，但是根據地下材料的發現，新石器時代的西陰村

《農書》之“蠶神像”（清刻本）

（與仰紹文化同時，在商以前），已有半個經過人工割裂的蠶繭殼（詳李濟所著《西陰村史前的遺存》）。而甲骨文中，已有從糸之字和“帛”字，且有“蠶示”之文，充分說明了殷代以前，已有絲織品，並且那時很重視蠶政了。

至於麻，在我國古代，更是普遍栽種。《詩經·齊風》：“蓺麻如之何？衡從其畝。”又《陳風》：“東門之池，可以漚紵。”可以證明紵、麻之用甚早。而《周南》又稱：“葛之覃兮，施於中谷。……是刈是濩，爲絺爲綌。”那麼周代已早有很細的葛布了。麻和絲比較起來，絲費功多而產量少，非普通一般人所能服。誠如《鹽鐵論》所說：“古者庶人耄老而後衣絲，其餘則麻枲。”由於“庶人”所服悉爲麻布，所以古代又稱“庶人”爲“布衣”。

治絲績麻，在古代都是婦女們的工作。我們祖先從事生產勞動，一般總是男女分工，男子盡力耕耘，來解決食的問題；女子盡力紡績，來解決衣的問題。婦

東漢　紡織畫像石
（拓片）

女們對於這件事，是極其重視的，所以"不績其麻，市也婆娑"的人，照例是爲社會所瞧不起而必拿來諷刺的（見《詩經·陳風·東門之枌》）。《漢書·食貨志》敘述古代風俗說過："冬，民既入，婦女同巷，相從夜績，女工一月得四十五日。必相從者，所以省費燎火，同巧拙而合習俗也。"這卻道出了婦女們工作之苦，夜以繼日，好不容易績成一匹布。至於飼蠶繅絲的工作，比較績麻更煩難多了。

由蠶絲織成的綢帛，自然是細緻、柔軟、光澤好看。但是我們祖先在很早的時候，便已能夠憑藉自己的手工技術，將麻縷弄成和絲一般的細勻。在周代規定的"喪服"裏，有一種頂細的布，叫做"緦"，鄭玄解說道："謂之緦者，治其縷細如絲也。"和它同樣細緻的布，又有一種叫做"錫"，鄭玄解說道："謂之錫者，治其布使之滑易也。"（《說文》作"緆"，即其本字）大約"緦"、"錫"二者的不同，"緦"是在未織以前，從麻縷上加了使之精細的手工；"錫"是織成以後在布匹上加了使之滑易的手工，而布的細軟程度，是相同的。由此可見，我們祖先在二三千年前，對於績麻、治縷、織布，已擁有極高的技術了。由周初到南朝劉宋時代，已有一千五百年的距離，這種技術，自然更向前提高不少。《南史》載劉裕初年："廣州嘗獻入筒細布一端八丈，帝惡其精麗勞人，即付有司彈太守，以布還之，並制嶺南禁作此布。"（《宋武帝本紀》）劉裕當日體味不到這種精麗的織造，是勞動人民的偉大創造和高超技術的自然發展，無怪乎他看同"奇技淫巧"，加以禁止了。其實這種工作，在婦女們是十分重的負擔。江西織造"夏布"，有著歷史性的優良技術，但是《隋書》記載："豫章之俗，頗同吳中。……勤於紡績，亦有夜浣紗而旦成

明 夏厚《摹宋人紡織圖》（局部）

布者，俗呼爲雞鳴布。”（《隋書・地理志下》）由此可見，婦女們努力織造，是如何辛苦而勤勞的工作。

至於絲織，更是名目繁多。在漢代已有多種多樣的品色，根據《說文》糸部所記，便有繒、絹、綺、縠、縛、縑、綈、縞、紬、縈、綾、縵等名稱。那時一般統治階級，特別像西漢昭帝時“尊爲公侯”的權貴之家，也都招致很多男女，從事這些絲織物的紡造。《西京雜記》載：“霍光妻遺淳于衍蒲桃錦二十四匹，散花綾二十五匹。綾出巨鹿陳寶光家，寶光妻傳其法。霍顯召其入第，使作之，機用一百二十鑷，六十日成一匹，匹值萬錢。”像陳寶光妻創造的這種花綾的提花機，眞是驚人的大發明。在二千年前，居然出現這樣優秀的女工程師，是一件了不起的大事。而《漢書・張湯傳》又載，張安世“夫人自紡績。家童七百人，皆有手技作事。內治產業，累積纖微，是以能殖其貨，富於大將軍光”。可見當時一般“達官貴人”簡直以經營紡織爲副業，來射利肥家了。同時，使紡織的技術，經過統治階級的提倡以後，也得到了日益改進和提升。

木棉，不是我國所固有，大約唐以後才輸入中國。其初去子彈花，均極困難，所以應用不能普及。宋末種棉，尚只行於福建，而他處推行不廣。元世祖至元二十六年（1289），置浙東、江東、江西、湖廣、福建木棉提奉司，專管棉政。明太祖立國初，下令強制植棉，“民田五畝至十畝者，栽桑麻棉各半畝；十畝以上者，倍之；稅糧亦准以木棉折米”。這些措施，都直接推進了植棉事業的發展。

元代至元年間，熊磵谷作《木棉詩》云：“秋陽收盡枝頭露，烘綻青囊翻白絮。田婦攜籃採得歸，渾家指作機中布。竹籠旋著活火熏，蠹蟲母子走紛紛。尺鐵碾出瑤空雪，一弓彈破秋江雲。中虛外泛搓成索，晝夜踏車聲落落。”（《皇元風雅後集》）由此可見，軋棉、彈花、紡紗之術，到元初也已大備。而陶宗儀《輟耕錄》復云：“松江府東去五十里許，曰烏泥涇，其地土田磽瘠，民食不給。因謀樹藝以資生業，遂覓木棉之種。初無踏車椎弓之制，率用手剖去子。線弦竹弧置案間，振掉成劑，厥功甚艱。國初時，有嫗名黃道婆者，自崖州來，乃教以作造杆彈紡織之具。至於錯紗配色，綜線挈花，各有其法。以故織成被褥帶帨，其上折枝團鳳棋局字樣，粲然若寫。”可知彈花紡紗的工具和使用方法，也

織布女
（上海，十九世紀七十年代）

還是傑出的勞動婦女創造出來的。自元、明以來，木棉漸漸種植很廣，人們都改用棉布。而過去普遍應用的麻布，除夏天略有採用以外，便完全為棉布所代替了。

交通工具的發明和創造

人們都知道世界上第一輛車子的出現，無疑是在我國的土地上，相傳是黃帝軒轅氏發明的，這並不是誇大或說謊。我們必須認識“軒轅”二字的意義，它和“有巢”、“燧人”、“包犧”、“神農”這些名詞一樣，是用足以代表一個時代的發明創造來命名的。“軒轅”二字，是就車子的發明和使用，而有所取義。不獨這二字的構造都是從“車”，即使把二字分開來講，也都可以代替“車”字來使用。因為在黃帝以前，我們

黃帝軒轅氏像

中華民族都是處於遊牧而無定居的時代。那時交通阻梗，又沒有運載工具，一塊地方的自然產物耗用完了，勢必遷徙到另一地方，以便取到食物，這在當時為環境所限，是一種必然的結果。到了車子發明以後，有了運輸和交通工具，這對於我們祖先由遊牧時代進入有定居的時代，提供了物質條件，在當時影響到人類社會的向前發展，有著絕大的進步意義。所以，後人便拿"軒轅"二字，來表明車子的創始時代。

遠古的事，固已荒邈難稽。但是我們現在能找到的最早證據，是夏代的陶器上，已有車輪的花紋圖畫。根據史書的記載，西元前二二〇〇年的夏禹，曾以"車正"的官職，任命奚仲負責造車。這些事實，都不是偶然的。而在這以前，必然還有一段孕育時期。所以我們承認黃帝時代已經發明了車，並不是誇大或說誑。《史記》又載夏禹治水時，"陸行乘車"，也足說明車子在夏代已成為普遍發展的時期。到了殷代，便更向前推進，而造車的技術，也日益提高。車字在甲骨文中作 、作 、作 ，已有車轅、車箱和車篷。而甲骨文中的"御"字，從馬旁作 ，可知那時已用馬駕車了。"駢"即雙頭馬車，正是當時奴隸主們常坐著打獵或招搖過市的。當時並已有了造車的專門手工業，而製造也特別認真。所以生於周末的孔子，尚讚美殷代車製，而仍願意"乘殷之輅"，這當然是有原因的。

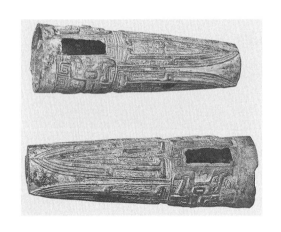

商 青銅車構件

周代對於造車，更進一步地講求精工，在構造和裝飾方面，已達到完美階段。各種車輛的結構，都有一定的尺寸和比例，務使車子堅固耐用，並減少它傾顛的危險。因此在製造過程中，已有精密的分工。照《考工記》所載，第一是"輪人"，製造"輪"和"蓋"。製造輪的時候，先必製成轂、輻、牙等所謂"三材"，然後"三材既具，巧者和之"。第二是"輿人"，製車箱。第三是"輈人",專製車前用以駕馬的曲轅（輈）。可見一車之成,是經過集體勞動而精細分工的結果。《考工記》所謂"一器而工聚焉者,車為多",也足以說明那時對製造車子的重視了。

西周車輪痕跡
（陝西豐鎬遺址墓道出土）

自周代重視製車,便注意它的裝飾,已有極美麗的髹漆和絲綢篷帳以及文席簟子種種設備。我們讀《詩經》的《載驅》、《采芑》等篇,便可想見當日車制之精巧。當時貴族階層根據用途和乘車者的職位,分別有幾十種不同類型的車子,並規定了婚喪、祭祀以及各種場合中,各種車子的使用制度。歷代王朝,也就沿襲下來。在製造和裝飾上,各個時代有所不同,但是"等差制度"大體是不變的。所謂"車服"、"軒冕",在封建統治階級的禮制中,是一件極關重要的事。由於需要多式多型的車子,必然導致在結構和裝飾上,用各種不同的形式來標誌乘車者的身份和地位的高低。

但是周代大量車子的生產,還主要是在為戰爭服務。那時但憑兵車的多少,便可估定國家的強弱,所謂"千乘"、"萬乘",便是當時通行的稱謂。周代兵車的製造,也極其精麗。我們讀《詩經‧小戎》篇,便可想見其盛。一九三六年河南發掘衛墓中,出土的戎車二輛,製造瑰美,更可從實物取得證明了。大約一直到戰國以後,騎兵興起,兵車漸廢。誠如《天工開物》所說:"凡車利行平地。古者秦、晉、燕、齊之交,列國戰爭,必用車。故千乘、萬乘之號,起自戰國。楚、漢血爭而後,日闢南方,則水戰用舟,陸戰用步馬。北膺胡虜,交使鐵騎,戰車遂無所用之。" 可知戰車受到淘汰,是事物發展的必然結果。

其次談到造船,在我國也是起源很早的。不過秦以前,我們的祖先生活活動的區域,大抵都在北方,用船的機會較少。秦、漢以後,開疆闢土,經營南方,

秦　銅車馬（陝西臨
潼秦始皇陵出土）

造船之業，乃隨戰爭而特加發展了。《史記·平准書》稱漢武帝"治樓船，高十
餘丈，旗幟加其上，甚壯"。又說："因南方樓船卒二十餘萬人擊南越。"可知
在西漢中葉，已經能製造很大的樓船。《晉書·王濬傳》說："濬乃作大艦連
舫，方百二十步，受二千餘人。以木爲城，起樓櫓，開四門，其上皆得馳馬來
往。"這卻比漢武帝所特製的船，還要大得多。也由此說明造船技術的提高和大
船的出現，都是和戰爭分不開的。

　　到了唐、宋，更出現了所謂"　輪船"，也是因戰爭而興起的。《舊唐書》
卷一三一載李皋"常運用巧思，爲戰艦挾二輪，踏之翔風，疾若掛帆席"（亦見
《新唐書》卷八十）。《宋史·岳飛傳》稱洞庭湖賊用輪船，"以輪激水，其行
如飛"。這一類的記載，都不是虛構事實，可惜那時用簡單推進機發動的輪船，

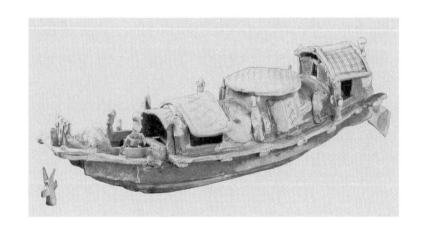

東漢　陶船

應用未能普遍，宋以後也就漸歸消失了。

元代因倡行海運，海船的需要增加。至元十九年（1282），造平底海船六十艘，運糧四萬六千餘石。每艘除坐人外，能容糧八百石。但至元四年命高麗所造海船，比這種運糧的海輪還大得多。元世祖對高麗李藏用說：「當造舟一千艘能涉大海可載四千石者。」這是何等巨大的製造。而明代鄭和下西洋時，據其本傳所記，第一次乘大舶六十二，長四十四丈，廣十六丈，共載士卒二萬七千八百餘人。眞是我國史書中所僅見的大船！當西洋造船技術和機器沒有傳入中國以前，我們祖先爲適應客觀需要，在製造木船的基礎上，設法改進與提升，居然取得這樣的成績，眞不是一件容易的事。

宋 海船紋銅鏡

冶鑄技術的成就

由於殷代青銅器不斷出土，而種類形制非常繁雜。特別像發現的「後母戊鼎」，重達八百七十五公斤，壯麗雄偉；小的如勺、爵、銅鏃，精巧可喜。我們單從製作的精緻，花紋的華美，數量的繁多，可以推知殷代冶銅事業已很發達，冶煉技術業已十分精工。但是這種成功不是「一蹴而就」，而必有相當長的孕育時期。我們的祖先，最初從用石器而進化到用銅器，已經不是一個短時期的轉變。由最初知道冶銅，單純採用黃銅作器，再進

商 後母戊銅鼎

而知道冶錫，又進而發明黃銅和錫化合起來成爲銅錫合金的青銅器，這當然更不是一個短時期所能轉變的。所以我們如果循著人類進化的速率，順序上推，可以肯定我們祖先最初發明冶銅（單純的黃銅），必遠在夏、殷以前。必須要有這樣長的時間，才能經歷若干轉變過程，孕育出殷代青銅器的製作。

周代的冶銅術，是在殷代的基礎上發展起來的，比之殷代，又提高了一大步。所以一個銅器上，有多至幾百字的銘文，而製造的技術、雕刻的花紋都比殷代有進步。對於銅錫合金的成分，也有一般的規定，合金的多少分量，在當時便叫做"齊"。《周禮·考工記》稱合金的配和，有六種不同的分量："六分其金，而錫居一，謂之鐘鼎之齊；五分其金，而錫居一，謂之斧斤之齊；四分其金，而錫居一，謂之戈戟之齊；三分其金，而錫居一，謂之大刃之齊；五分其金，而錫居二，謂之削殺矢之齊；金錫半，謂之鑒燧之齊。"大約鑄造笨重的東西，想它堅牢不易剝蝕，銅的成分爲多。鑄造輕便的東西，想它鋒利不易折斷，錫的成分漸加重了。《考工記》雖係晚出之書，但是這種記載，必然也是總結殷、周以來鑄銅的成法寫出來的。

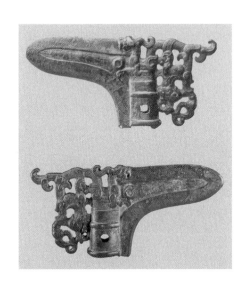

春秋 青銅戈

"鼎"在遠古時代，原來是烹飪飲食之器（後來爲統治者所利用，看成有政治意義的重寶）。後世這種器皿，卻多方面的使用別的材料和形制代替了它，所以後人不必再去鑄鼎。加以春秋以後，普遍用鐵，舉凡斧、斤、戈、戟，都用鐵代替了銅，而合金之術，也就衰退了。但是由於佛法傳入中國，致使鑄像鑄鐘的工作，一直沒有間斷。《魏書》稱："天安二年，帝建釋迦牟尼像，用銅十萬斤，外鍍黃金六百斤。"這是何等巨大的工程！歷代鑄造大鐘，史不絕書，至今北京大鐘寺的大鐘，更是遠近馳名。這鐘高達丈餘，鐘口徑也有五尺，鐘的內外，分鑄《華嚴經》及《金剛經》各一部，字係凸出，秀麗雄壯，一點也不模糊，可以想見其鑄造技術的精工。

明 大鐘寺永樂大鐘

鐘的鑄造方法，係用油蠟法。據《天工開物》說："鑄鐘者，高者銅質，低者鐵質。掘坑深大，使乾燥，用泥土及石灰作牆壁。乾燥之後，以牛油、黃蠟數寸附其上。蠟居什二，油居什八。泊蠟壙結定，然後雕鏤書文物象，絲髮成就，然後舂篩絕細土與炭末爲泥，塗壙以漸，而加厚至數寸。使其內外透體乾堅，外施火力，炙化其中油蠟，從口上空隙熔流淨盡，則其中空處，即鐘鼎托體之區也。"我國古代冶鑄成器，大半是採用這種方法。

一九七八年三月，在湖北隨州發掘的曾侯乙墓中出土了一批古樂器。特別是其中青銅器群的出土，爲研究先秦青銅冶鑄技術提供了極豐富和珍貴的實物資料。墓中出土楚惠王五十六年（前433）所鑄鎛鐘，是可靠的斷代依據，鑄作年代和墓葬時間相去不遠，可據以判斷該時期青銅冶鑄的生產規模和工藝水平。這次出土的青銅器數量之多、體型之大，都是驚人的，集中地反映了戰國初期青銅冶鑄業的生產能力。單就曾侯乙墓出土的編鐘而論，有三層八組六十四鐘，還完整地保存了原來的懸掛安置形式。加上楚惠王五十六年所造鎛鐘，共六十五種，總重達二五〇〇多公斤。其中最大的一件甬鐘通高一五三點四釐米，重二〇三點六公斤，器形大小和重量都超過以往的編鐘。如果將此次同時

《天工開物》之 "塑鐘模圖"

出土的其他青銅器件合起來統計一下，則總的重量達十噸左右，鑄造這些器物，需要銅、錫、鉛等金屬料約十二噸。一個不大的諸侯國能製造這許多巨大的鑄

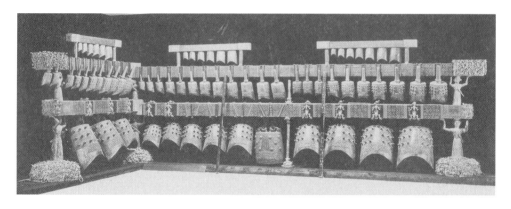

戰國　青銅編鐘（湖北隨州曾侯乙墓出土）

件，說明我們祖先在戰國初期，對青銅冶鑄技術的推廣和提升，已有飛躍的進步了。我國生鐵冶鐵鑄術是在青銅冶鑄術的基礎上產生的，因此，我們看到了曾侯乙墓銅器群的冶鑄術，便可進一步認識到戰國時期冶鐵的發展，而當時的楚文化，已經是光輝燦爛的了。

　　其次像日常需要的用具，如鍋釜一類，大部分是用生鐵鑄造的。而鑄造方法，必用硬模。先用泥沙混合起來，做一件饅頭形的底層模子，再做一件飯碗形的上層模子，中間開一個洞，上下層模子扣在一起，中間的空隙，便是鍋的

浇鑄鐵鍋

樣式。燒熔的鐵水以洞口澆進去，一個鍋子便馬上鑄成了。這個模子，一天可鑄幾十個鍋，而且可以用得很久。更特別的是，這種方法鑄的鍋子，可以很薄，也不致發生什麼毛病，是在中國普遍應用的一種良好器物。

中國人應知的 文明歷程

The knowledge
of Civilization

藝術的進步

人類一切藝術的起源，都是從勞動群眾中來的，為集體的經驗智慧所創造的。特別是進入第一個階級社會——奴隸社會以後，勞動開始有了分工，一部分人脫離了直接生產，專門從事製造工具；並且進一步發展成為工藝美術，豐富而美化了人類生活的內容。恩格斯把奴隸社會當作人類文明的開始，便是這個緣故。我國在西元前二十二世紀，便已進入了奴隸社會，那時正是歷史上的夏代。雖然今天所能看到的遠古工藝遺品除彩陶、黑陶以外，還只有殷、周的石雕和銅器，但是夏代無疑是這些藝術成就的孕育時期。從殷、周以下，伴隨著生產技術的進步、生活資料的豐富，藝術也就從低級向高級發展而臻於成熟。特別是進入封建社會以後，使用了鐵器農具，使社會生產更向前推進一步。表現在藝術方面，也在不斷前進，一直發展到漢代，無論在染帛、刺繡、壁畫、塑像、鏤金、琢玉、刻石、雕木、漆飾等方面，都達到了光輝燦爛、極其成功的地步。

但是我們祖先，決不故步自封，局限於自己的成就。相反地努力吸取外來文化以提高自己，所以從漢代佛教傳入中國以後，我們祖先接受了印度的藝術成就，有選擇地融會了自己固有的東西，而成為一種有創造性的新的形式出現。單就藝術來說，表現在雕刻、繪畫方面，十分明顯。這種重視文化交流的傳統精神，是值得我們永遠學習並發揚光大的。

印染藝術

顏色，是藝術的主要因素。任何東西塗上了很好的顏色，使人看起來便增加了美感。本來在自然界中，有各種各樣不同的色彩。仰觀天象，便有“朝霞晚暾”、“雨過天青”等極其美麗的景色；在地面上，更可看到各種動物的羽毛、各種植物的花葉，都發出不同的異彩；乃至埋藏在地下的礦物，也有多種異樣的顏色。所以就整個天地來說，便是一幅大的圖畫，它早在沒有人類以前，便替人類預備好了藝術的摹本和材料。

人類是最善於摹仿自然和利用自然的，當我們祖先最初想用各種好看的顏色來裝飾自己衣服的時候，便發明了染絲、染帛的方法，而採用草木為主要染料。

新石器時代馬家窯文化　雙格陶調色盒

其次，才推及到礦物。根據古書所載，大約，"藍"可以染青，"蓂（li）"可以染綠，"茜"可以染絳，"象斗"可以染黑，"梔子"可以染黃。各以入染次數的多少，而又有淺深不同的顏色。但就《說文》糸部所載，已有各種各樣的色名。例如，帛：青黃色叫做"綠"，青白色叫做"縹"，純赤叫做"絑"，淺絳叫做"纁"，大赤叫做"絳"，丹黃叫做"緹"，赤黃叫做"纁"，青赤叫做"紫"，赤白叫做"紅"，深青揚赤叫做"紺"，名目繁多，不可盡舉。但在《說文》以前，史游所作《急就章》中，更有"春草"、"雞翹"、"鳧翁"、"蒸栗"等名稱，也還是形容染色的好看，不能用一字去概括，只好取實物來比擬它。從這些地方，可以證明在漢以前，我國染色的藝術，已經十分工致而複雜。

在沒有施染以前，首先要有一種漂白的工作，必使絲、帛洗濯到潔白無色為止，然後才能染上好看的顏色，古人所謂"白受采"，便是這個意思。至於漂白的方法，最初是用稻稿灰把它捶洗，《鹽鐵論·貧貢》篇所謂"浣布以灰"，大約是古人沿用的成法。再用清水洗乾淨後，白天放在太陽光下曬，晚間便浸在井中，這樣連續幾天，布帛便自然潔白了。《周禮·考工記·㡛氏》所稱："畫

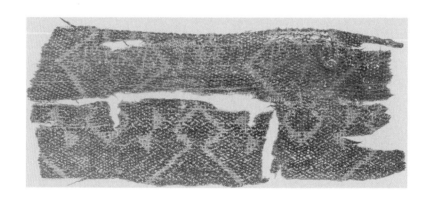

戰國楚　紡織物殘片

暴諸日，夜宿諸井，七日七夜。"自然是一種必須耐心的工作。施染以白爲質，而染工所至，又以不露白質爲成就，所以有一入、二入、三入、四入、五入、六入、七入的不同。布帛大半都以草染爲主。《史記·貨殖列傳》敘述到擁有"千畝巵茜"的人家，他的富裕，便可"與千戶侯等"，可以考見兩千年前的中國社會，對染料需求的殷切和染色工業發達的一斑了。

至於石染所用的染料，就《說文》考之，丹部："丹，越之赤石也。""䵸，善丹也"。赤部："赭，赤土也。"《周禮·職金》："掌凡金、玉、錫、石丹青之戒令。"注："青，空青也。"此即今日所謂朱砂、紅土、石青、石藍、石綠等物，黃色亦有雌黃之屬。這些原料，都是礦質，不用膠黏，不能固著於他物。我們祖先常常就近採用農產物中的黏粟，代替了膠，來施之石染。例如古代旌旗和皇后之車，用彩羽作裝飾。而《考工記·鐘氏》："染羽以朱，湛丹秫三月而熾之。"這是說明用朱砂染羽，必須和丹秫（糯粟）同浸三月而後可研，便是一個證明。

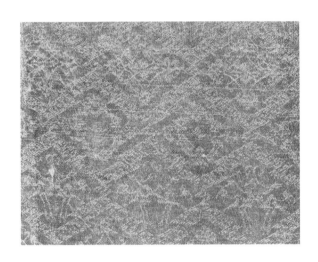

西漢 黃色菱紋綺

清代學者孫詒讓有《石染草染鄭義述》一篇，考證古代貴族階層冠服用色的制度，至爲精審。他認爲："古禮經冠服，以色辨等，淺深正間，衰次秩然。而同色又以石染、草染爲尊卑隆殺之別。""石染之色尊，以爲祭服：其他褻服及純緣之屬，則多用草染"。"凡用木葉實以染，古通謂之草染。故《周禮》掌染草，止云斂染草，不云木，明草可該木也"（《籀廎述林》卷二）。由此可見，我國古代勞動人民從事染帛的工作， 是至爲細緻而繁雜的。

我國古代，雖然有草染、木染、石染等方法，卻仍容易褪色。並且那時沒有

唐 聯珠鹿紋錦

印花的技術，更不能在一塊布帛上由染色而成紋采。要彌補這兩種缺陷，必然是倚靠著"繪"、"繡"。由於染帛的工作，古代定為"婦功"，進一步而為"繪"、"繡"，自然也是勞動婦女們的職事了。自從七世紀雕版印刷術發明以後，我們祖先便把這種技術移用於織物印花，並且創造了多種多樣的圖案和花紋，這卻比"繪"、"繡"省功省費，為大眾所歡迎。所以後來"繪"、"繡"雖極發達，但是農村普遍應用的，還以印花為最多。這種印花術，最初由我國傳到印度，一六七六年始由印度傳入英國，為歐洲有印花術的開端，這時已是我國清代初葉了。

民間印花布的顏色，通常以深藍色為最多，其次才是紅色。它的花樣，大半是各種珍禽奇獸如龍、鳳、麒麟、獅子等，名花異草如梅、蘭、竹、菊、牡丹等，有的還用諧音或隱喻來表現廣大人民的願望。例如用磬和魚來體現"吉慶有餘"的意義，用佛手、蟠桃、石榴來象徵多福、多壽、多子的意思。這些題材，都具體反映了人們的生活情趣和思想情況。在每幅印花布上，都有極整齊的花邊，圖案十分美麗而樸素，發揮了我們祖先高度的藝術天才。

像這種顏色單純、花樣樸素的印花布，是一般農村普遍使用著的。至於有些地區，特別是絲織手工業極其發達的省、縣，由於絲織物的花樣多彩，以及刺繡方面的各種成就，便直接豐富了印花布的內容，改進了印染技術，於是彩色印花布也就由熟練的工匠製造成功。這在過去，出現於浙江省錢塘江流域一帶的，最為精緻美觀，它同樣是用木刻花版多色套印而成。但花版圖案的內容，除採取那些象徵吉祥喜慶的動植物外，更雕刻了人民群眾所喜愛的歷史故事，如《西廂記》、《沉香扇》之類。按照不同用途，組織成適合於衣服、包袱、被面、門簾、桌圍、枕衣等類的裝飾圖案。顏色通常是紅、黃、藍，以及用黃、藍調配出來的綠等四種色彩，來渲染套印。由於印製過程比較複雜，所以不如藍印花布流行得那樣普遍而久遠。但是從圖案的構成、變化以及印染技術的改進和提升上來看，它確繼承了我國印染工藝的優良傳統，並向前發展推進了。雖然近百年來，由於帝國主義的經濟侵略，印花洋布大量傾銷，農村手工業生產受到打擊，彩色印花布漸漸斷絕生產，但它在藝術上的巨大成就，仍然是值得我們重視的。

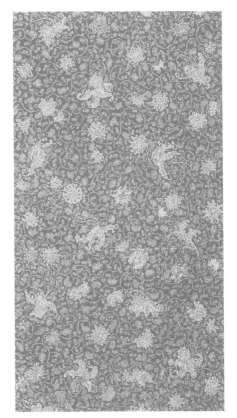

清　紅地纏枝紋絹

刺繡與挑花

　　"繡"與"繪"在中國古代，相因而有不同。徒然畫在布帛，便是"繪"；繪後再加針刺之功，才是"繡"。封建初期，貴族階層加彩色於衣裳上以增美觀，衣用繪而裳用繡。少數統治階級為了滿足自己窮奢極欲的需求，便很嚴重地剝奪了廣大人民的生活資料。特別在周末，一般士大夫都認識了這個病根。所以《管子》說："女以巧矣，而天下寒者，其悅在文繡。"《墨子》也說："當今之王，暴奪民衣食之財，以為錦繡文采靡曼之衣。"這些言論，具體反映了當時勞動人民沒有衣穿而統治階級身著刺繡衣服的情況。並且，統治階級更進一步用文繡施之牛馬。《莊子》所謂："子不見夫犧牛乎？衣以文繡，入於太廟，雖欲為

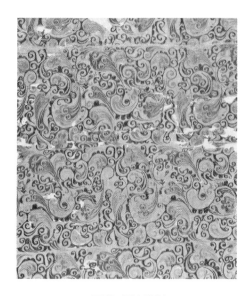

西漢 絹地繡料

孤犢，其可得乎！"《史記》也說："楚莊王有所愛馬，衣以文繡，置華屋之下。"到了漢代，文繡之用更推廣到屋壁，班固《西都賦》所謂："昭陽特盛，隆於孝成。屋不呈材，牆不露形。裹以藻繡，絡以綸連。"這固然是指天子之宮，但在西漢初年，賈誼《除政事疏》早就說過："白縠之表，薄紈之裏，緁以偏諸，美者黼繡，是古天子之服，今富人大賈嘉會召客者以被牆。"可知漢代地主階級以及巨商大賈，已用文繡普遍地被之土木了。

由於封建統治階級使用繡品的地方愈廣，從事刺繡的人也愈多，刺繡技術也就精益求精、更向前發展了，便出現不少技藝精工的婦功。三國時，吳宮有趙夫人，便以善繡得名。王嘉《拾遺記》稱："孫權常歎魏、蜀未夷，軍旅之隙，思得善畫者使圖山川、地形、軍陣之象。趙夫人曰：'丹青之色，甚易歇滅，不可久寶。妾能刺繡，作列國於方帛之上，寫以五岳、河海、城邑、行陣之形。'既成，乃進於吳主。時人謂之針絕。"前秦苻堅時，一個名叫蘇蕙的女子，曾在八寸見方的帛上，繡成縱橫反復都能讀的詩二百多首，送給她薄情的丈夫，這就是我國有名的"回文織錦"的故事。而唐陸龜蒙所作《錦裙記》，敘述他所見古錦裙一幅，長四尺，下闊六寸，上減三寸半，左有鶴二十，勢若飛起；右有鸚鵡聳肩舒尾，數與鶴同；中間隔以花卉，界道分明。斷定它是齊、梁時代的東西，論其技藝，真是巧奪天工了。

唐、宋之時，是我國刺繡極其昌盛的時代，奇技異能，更是指不勝屈。蘇鶚《杜陽雜編》載："永貞元年，南海貢奇女盧眉娘，幼而慧悟，工巧無比。能於一尺絹上，繡《法華經》七卷。字之大小，不逾粟粒，而點畫分明，細於毛髮。其品題章句，無有遺闕。"又載："同昌公主出降，有神絲繡被，繡三千鴛鴦，仍間以奇花異葉。"這是何等超軼的奇技！而清初姚際恒《好古堂家藏書畫記》復載："唐繡大士像，妙相天然。其布色施采，用線凡三四層疊起，洵神針也。簽標曰：神針大士。"由此可知，刺繡到唐代，不特技術已登峰造極，而其所繡的範圍，凡文字、花卉、翎毛、人物，也就無所不該了。

宋代文學藝術，一切繼唐人之後，而續有推進，刺繡也自然不能例外。由於宋人繪畫的精進，刺繡便隨繪畫而大大提高，特別表現在刺繡山水樓臺，是其所長。明人高濂《燕閑清賞箋》說過："宋人繡畫山水、人物、樓臺、花鳥，針線細密，不露邊縫。設色開染，較畫更佳，以其絨色光彩奪目，豐神生意，望之宛然，三趣悉備。"大約唐繡以精細勝，宋繡以生動勝。繡事演進至此，蓋已極其工巧， 遠在千多年前，真是難能可貴了。

但是宋代在刺繡技術的高度發展下，又出現了一種刻絲，也稱緙絲，它是由用針黹刺繡的技術，變為用木機織造的工藝。這種方法，在唐初便很流行，許多有名的書畫，多由刻絲織造。到宋宣和年間，乃大盛。根據莊季裕《雞肋編》所載："定州織刻絲，不用大機，以熟色絲經於木梓上，隨所欲作花草禽獸狀。

以小梭織緯時，先留其處，方以雜色線綴於經緯之上，合以成文，若不相連。承空視之，如雕鏤之象，故名刻絲。"可知這種工藝，雖由刺繡發展而成，而實際和刺繡有所不同。所以雖有了織造的辦法，而刺繡仍不能廢。

明代除刻絲之外，最馳名的為"顧繡"。顧氏名世，為明嘉靖三十八年進士，曾在上海築一花園，叫露香園。一門子

南宋 緙絲百花攢龍紋包首

女，都長於繪畫和刺繡。特別是他的一位孫兒顧壽潛，是明末書畫名家董其昌的學生，書、畫都很擅長。壽潛之妻韓希孟，金陵人，善繪花卉，刺繡尤爲精絕，當時稱爲“韓媛繡”。名世的曾孫女嫁後早寡，也以刺繡維持生活，技術更爲卓越。於是“顧繡”和“露香園繡”的聲名，幾乎遠近皆知。後來人們一談到蘇繡，便以“顧繡”爲代表。明、清以來，刺繡精品除蘇繡外，便以湘繡爲最。其次如粵繡、京繡、蜀繡，也都名噪一時。

明　韓希孟《顧繡宋元名跡冊》（之一）

　　我國刺繡工藝，由於積累了長期的經驗，掌握了豐富的表現方法，採用了寫實而又富於裝飾性的風格，因此它能生動活潑地來表現各種內容，裝飾各種用品。但是它究竟花費的成本昂貴，不是普通百姓所能普遍享用的。於是農村婦女，便根據自己的物質條件，創造出挑花和補花技藝來代替繡花。挑花，是根據織物的經緯線來挑出各種花紋。農村婦女，用它來裝飾自己的衣裙衾枕，在農村中，普遍流行。尤其在少數民族地區，有著相當高的挑花技藝。它所以能廣泛發展，主要是因爲它適用於粗糙的土布，同時又經久耐洗的緣故。補花，是利用各種顏色的布片，剪成花樣，然後縫在單色布上作爲裝飾。最初在西南少數民族地區流行較廣，現在通都大邑的婦女們，也都學會了這一省功而又實用的技藝，來裝飾自己的衣服了。

壁畫

　　繪畫，是藝術的重要部門，如果從我國歷
史上去探究它的淵源，就今日所已知道的，可
以追溯到四千多年之前新石器時代的彩色陶器
上所繪的圖案，已表現勻稱而繁複的美。殷代
青銅器上的圖案，已極爲細緻而秀麗。周代繪
畫表現在青銅器上的，更富有現實主義的傾
向。至於繪在絲織物上的畫面，截至目前止，
以出土於長沙近郊的晚周繪書和帛畫爲最古。
繪書，是一九四三年在長沙東郊杜家坡出土
的。上面用紅、藍、黑三色繪出神話的人物。
帛畫，是一九四九年在長沙東南郊陳家大山周
代墓葬內發現的。上面繪著一個細腰的女子，
神態極爲生動活潑。它的年代，距離現在已兩
千多年。這不獨是在中國，恐怕也是全世界遺
留到今天的最早的絹畫。

西漢　帛畫《升天圖》（長
沙馬王堆一號漢墓出土）

　　但是畫在繪帛上的，究竟不容易保存到很
久遠。畫在陶器、漆器或刻在青銅器上的，最
初也不過是作爲器物上的一種裝飾，而不能考
見繪畫藝術的全面。我們祖先在繪畫藝術上發
揮了高度的現實主義精神，到今天還保存了極豐富作品的，自以壁畫爲大宗。

　　壁畫起源很早，相傳周代盛時，襃賞功德，往往形之圖畫。而屈原生於周
末，曾經有一次走進楚先王廟及公卿祠堂，看到壁上畫著古代賢聖和其他怪物行
事，便呵壁問天。可知畫壁的事實，在兩千多年前，便已有了。到了漢代，更爲
發達，特別像西漢宣帝時畫功臣十一人於麒麟閣，東漢光武時圖二十八將於凌煙
閣，史書上都顯著地記載著，這些都是描繪在封建統治者宮殿建築上面的。從漢
代以來，佛教行於中國，廟宇林立，壁畫便同時爲宗教服務。歷魏、晉、六朝、

隋、唐各代，都是我國壁畫藝術的中心。我們祖先，都曾在宮廷廟宇或住宅的牆壁上，留下了他們最傑出的作品。但那些重要作品，除極少數還存留在偏僻的岩洞石窟之外，全部隨著建築物的毀滅而永遠失去了。幸而另一部分用在死人方面的墓室壁畫，因藏在地下，幸得保存。漢代壁畫遺留到今天已被發現的，多在墓室裏面。

壁畫的描繪方式，是先用粉塗壁做好界線，再用筆墨和其他色彩在上面繪畫。漢墓的壁畫，也是如此。不過除畫壁外，也還有畫像石和畫像磚。畫像石的刻製方法：一種是陰刻線條，畫出人物形象；一種是先將人物形象以外的部分鏟去，使之成為平面的浮雕，而面部和衣褶仍用陰刻線條來刻畫。畫像磚也可歸納為兩種：一

北齊 出行圖壁畫（太原婁叡墓出土）

種是用模型壓造的；一種是直接刻出的畫面。畫像石和畫像磚，是漢代壁畫的重大發展，目前已經發現的漢畫遺物，又以這兩類為最多。

墓室壁畫（包括畫像石、畫像磚）的內容， 主要是圖繪死者生前的生活享用。在死後能夠有這樣一些設備的，大半是統治階級內部的大官僚、大地主。統治階級是歡喜遊獵的，在漢畫中就有不少騎馬田獵的畫面。騎馬的是他們，隨從在後的，是被壓迫的僕役。統治階級是歡喜宴飲的，在漢畫中就有不少賓客歡宴的畫面。坐而飲酒的是他們，在旁奔走操作、忙個不休的，也是被壓迫的僕役。這一類的圖像，具體描繪了統治者的日常生活；而另一方面，有些地區發現的漢畫中，也

東漢 觀舞畫像石（拓片）

反映了廣大勞動人民的生產活動。例如四川成都鳳凰山出土的畫像磚中，便已包含了農民收割莊稼以及打獵、煮鹽這一類的生產活動。可知漢代壁畫的題材，已具有豐富的生活內容，反映了當時的社會面貌，高度發揮了現實主義精神。

在漢代繪畫藝術取得偉大成就的基礎上，我們祖先曾經繼續進一步地發展它、提高它，表現在畫壁方面也特別顯著。目前已經發現古代壁畫保存最多的地方，要算是敦煌的莫高窟（亦稱千佛洞）。敦煌是甘肅西部一個小縣，縣的東南有一座鳴沙山，山上有四百六十九個石窟，石窟裏保存了豐富而宏偉的壁畫。它的創作年代，包括由四世紀的北魏，一直到十四世紀的元朝，前後一千多年的長時期。這四百六十九個洞窟，上下蜿蜒，長達四公里，假若把四百六十九個洞窟內的壁畫聯接起來，可以長達二十五公里，敦煌無疑是世界上最偉大、最豐富的藝術館和畫廊。

東漢　收穫漁獵畫像磚

敦煌石窟壁畫的題材大部分以宗教故事為主，顯然這是由於佛教傳入我國以後，我們祖先吸取了印度藝術的形式和內容來創作的結果。但是另一方面，它還具有多種多樣的題材和各式各樣的風格。我們祖先高度發揮了我國民族藝術一脈相傳的寫實創作精神。那裏面所保留的無數壁畫，完全出於一千多年間歷代"畫工"或"畫匠"之手，是古代勞動人民高度智慧和無限創造力的集體結晶。在繪畫內容上，表現著形形色色的人們，表現著喜怒哀樂的面相，表現著歷代的衣冠制度，表現著歷代的舟車和耕種方式，可使人們根據壁畫上的描繪，去研究當時社會的情況。這些石

敦煌莫高窟佛本生
故事壁畫

窟，以唐代所造為最多。我們看到唐代壁畫中關於"修建"、"宴會"、"樂隊"、"舞技" 這一類的圖影，便可想見當時統治階級的奢侈享受。但一看到所繪"縴夫"、"雨中耕作"等形象，又可想見當時壓在金字塔下的窮苦百姓，如何過著牛馬一般的生活。在中國封建社會裏，統治者與被統治者之間，竟有這樣強烈的對比，我們祖先都把這種真實情況，用畫壁的方法保存下來了。

我們祖先在繪畫藝術上，最初是以畫人像和描繪社會生活為主要題材和內容的。證之歷代壁畫，更為明顯。那些優秀的古代畫家，重在創作，重在寫實，和唐以下"文人學士畫"專以山水、翎毛、花卉為主題的作風，截然不同。大抵唐代以前，繪畫的內容以人為主，以山水、花卉、翎毛為賓，後來便變為以物為主，以人為賓了。所以繪畫初興，是寫實的、唯物的。自從它脫離了社會生活，而皆出於士大夫之手，大都變為空虛而唯心的作品。唐、宋以下，所謂"文人畫"占了藝壇的主要地位以後，徒重筆墨形式，寫實變為想像，創作降為摹擬，於是繪畫乃長期與現實社會脫了節。雖然唐、宋以來千餘年間，文人學士中也有不少寫實的作家，但是精神氣魄卻逐漸衰落下去了。

儘管如此，然而我國古代勞動人民在繪畫藝術上所發揮的寫實精神和在工作中所表現的認真嚴肅的創作態度，終究為唐、宋以下的畫工們或畫匠們繼承了這一傳統。我們只看山西趙城縣廣勝寺裏明應王殿內的四周壁畫，不以宗教為題材，而以各種各樣的現實生活爲描繪的內容，且都極精工，其上並有元泰定二年（1325）題字，無疑是元代畫工們的傑出創作，也就說明了當"文人畫"在中國藝術界占了統治地位的時期，古代人民創作的優良傳統，永遠爲勞動人民繼承著，並且從而發揚光大了。即在今天社會裏，還有許多年老的泥水工人或畫匠，能在大建築物上，圖繪歷史人物故事，便是很好的例證。

廣勝寺戲劇壁畫

雕塑

人們一走進佛堂廟宇，便看見很多用泥土塑成而塗上金黃色的佛像，大家便認爲這種塑像的辦法，或者是隨佛法一道從外國傳來的。其實，遠在三千年前，我國歷史上，已出現了這一類的手工藝術作品。《史記‧殷本紀》說過："帝武乙無道，爲偶人，謂之天神，與之博。"《正義》："偶，對也。以土木爲人。"據此可知遠在殷代，便已有了用土木做成人形的辦法，成爲塑像的前驅了。到了周末，更極普遍。《戰國策》裏有這樣一段記載："孟嘗君將入秦，蘇代止之曰：土偶與桃梗相遇。桃梗曰：'子，西岸之土也。埏子以爲人，歲八月雨降，則汝殘矣。'土偶曰：'吾西岸之土，土殘則復西岸耳。今子，東國之桃梗也。削子以爲人，雨下水至，漂子而流，吾不知所稅駕也。'"正由於那時候土偶木人，隨處皆有，所以常常在交談的人與人之間，可以隨時舉來作比喻。《韓非子》記載桓赫的話："刻削之道，鼻莫如大，目莫如小。鼻大可小，小不

戰國 黑陶俑

可大也；目小可大，大不可小也。"這又是
塑像的秘訣。假若當時的塑像技術，不是已
經達到很精工的地步，是不能說出這些話來
的。至於佛像，在沒有傳入中國以前，本用
金鑄（銅製而塗之以金），到中國後，才改
用塑像之法。

　　過去一般學者考證塑像的起源，像葉昌
熾《語石》，便以爲始於隋、唐以後，這
是極其錯誤的。不過塑像的技術，到了隋、
唐，已經特別達到輝煌精美的境地罷了。這
一境地的形成，也還是有外來因素刺激它而
發展的。由於自漢末歷魏、晉、南北朝以至
於隋、唐，是印度佛教美術輸入的時代，我
國的古典藝術，自然受到了很大的影響。
特別是壁畫和塑像，關係更大。而敦煌莫

敦煌莫高窟唐代菩薩塑像

高窟，實集壁畫、塑像之大成，成爲世界上最偉大的一座藝術寶庫。那個地方，在地質學上，稱爲玉門系的礫岩層。礫層中含有無數的小石粒，石粒中間，含有一點點的石灰質，互相黏結，質極疏鬆，不能雕刻，所有四百多個洞，沒有一個佛像是石造的。雖然修建後，經歷了一千多年的時間，創作風格和技術又各有不同。但是，我們祖先發揮了高度的智慧，接受了印度健陀羅式①的佛教藝術，有選擇地融合了中國固有的藝術，而成爲一種嶄新的創作塑像藝術。在這時期，也達到了光輝燦爛的階段。

麥積山石窟北魏佛像

在甘肅境內，還有天水的麥積山石窟，也是我國歷代保存塑像最多的地方。此山爲極粗的紅砂石，同樣不能雕刻。全山現存石窟一百九十多個，共有塑像千餘個之多（無數的小影塑在外），保存了從北魏到宋代的塑造藝術。這些豐富的作品，不專爲宗教服務，更廣泛地反映了每一時期的現實生活，一直發展到宋代，塑造藝術更有進一步的提升。我們只看麥積山保存下來的幾個宋塑供養人像，無論在身段尺度、衣紋轉折、眉目表情、雙手動作等方面，都達到了高度的藝術水準。這種成功，自然不是短期內可以一蹴而就的。

敦煌石窟和麥積山石窟，都保存了從四世紀到十四世紀千餘年間的塑造作品，雖找不到作者主名，但無疑是無數優秀的人民藝術家們的集體創作，成爲我國目前已經發現的歷時最長、作品最多的兩

---

① 健陀羅，是古代中亞細亞的佛教國名。西元前四世紀時，希臘亞力山大侵入中亞細亞，在文化藝術上也帶給西北印度以深厚的影響。至一世紀半時，月氏（即今阿富汗地方）國王迦膩色伽振興佛教，當時印度佛教教義和希臘的藝術形式相結合，成爲一種具有獨特風格的佛教藝術，後世稱之爲健陀羅式。

大塑像館。那裏面早期塑品中，還保存著無數的小"影塑"，幾乎每一洞的四壁，都有很多影塑的小千佛。它是用一塊泥放在佛像的模子裏，取出後一個個貼在壁上，和內地石窟鑿的千佛，是同樣的功用。這一技藝，便發展爲後世所謂的"塑壁"方法。

　　人們都知道唐代的楊惠之是塑像的聖手，並且是世界藝術史上最傑出的彩塑專家。他除塑像以外，還能將山水畫塑之壁上，其技介乎平面、立體之間，與完全立體的塑像固然不同，而又與畫壁有別。與其說這一技巧是楊惠之將塑像和畫壁的藝術融會起來的結合體，毋寧說他是根據影塑的法子稍加變化而成功的。

清晚期　泥人持花仕女像

　　楊惠之其他出色的作品，相傳以千手千眼觀世音菩薩的塑像爲最有名，爲後世塑工們所取法。他又善於描繪當時人物的現實生活，把每個人的個性和不同特徵都惟妙惟肖地塑造出來。他是唐代開元年間的人，相傳曾經替一位有名的戲子留杯亭塑了一個像，故意把它擺在熱鬧的大街上，有人真以爲是留杯亭出遊，直走上前去打招呼。這故事可能有些誇大，卻也反映出他在創作方面，確實保存了中國傳統繪畫藝術中寫實的優良傳統。所以他的作品，保存在江蘇昆山的慧聚寺和甪直鎭（一名甫里，離昆山不遠）的保聖寺，一直爲廣大百姓所重視和熱愛。

　　由塑像的技術，衍變而爲做泥人，捏小像，窮極工巧，人物器用，都可用泥塑製成。這一手工藝，從宋代便很盛行。陸游《老學庵筆記》便有這樣一段記載："承平時，鄜州田氏作泥孩兒，名天下，態度無窮，雖京師工效之，莫能及。……予家舊藏一對臥者，有小字云：田玘制。"而清人筆記如《蘿窗小牘》也曾敘述："泥人張，天津人。以善塑泥人得名。予嘗見其《鍾馗嫁妹》一事，人馬凡二十餘，旌旗鎧仗之屬稱是。鍾之威猛，妹之娟秀，群鬼之猙獰奇譎，雖兩峰無以過，洵奇技也。亦善捏人小像。"這都是極其卓越而精工的民間藝術。

泥人張在中國藝術界，已擁有一百三十多年的悠久歷史和榮譽。從清代張萬全開始用泥塑營生，子孫五代，都擅長這一技藝。特別是萬全的兒子張明山（長林），成就更大，並且傳下了寫實的手法。他經常說："做泥人，要多看、多做，熟能生巧。"多看，就是仔細深入地觀察，從實際生活中取得藝術創作的源泉，這便是他一生最成功的地方。他從小到老，從來就沒間斷過創作。他晚年又說："泥到我手，我叫它怎麼樣，它就得怎麼樣。"假若他對這一門技藝沒有做到極有把握，自然不會有這樣的成就。

鏤金藝術

我國在商朝，已進入青銅器時代。據那些已經發現的青銅器來看，製作極其精工，花紋極其美麗，並且刻上了整齊好看的文字。到了周朝，青銅器上所刻文字，更為繁多。像"毛公鼎"、"盂鼎"、"散氏盤"、"虢季子盤"這類的東西，多至幾百字的銘文，它的史料價值，自可與《尚書》、《詩經》比重，有時還要可靠些。但是人們每每懷疑到三代青銅器上的花紋和文字，究竟是用

西周 毛公鼎

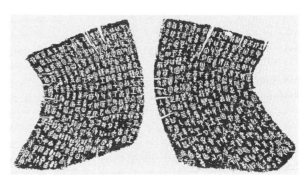

毛公鼎銘文拓片

西周　大盂鼎

大盂鼎銘文拓片（記載周康王
二十三年九月冊命貴族盂的史實）

西周　散氏盤

什麼東西刻的？難道那時便早已有了鋒利的鋼刀嗎？一般金石考古家，便認爲是用模子（古人叫做範）鑄成的。清代阮元便說過：“鐘鼎文字，其製法有四：一則刻字於木範爲陰文，以泥抑之，則成陽文；然後以銅鑄之，則成陰文。一則調細泥以筆書之於土範之上，一次書之不高，則俟其燥而再加書之，使成陽文；以銅鑄之，則成陰文矣。一則刻土範爲陰文，以銅鑄之，則成陽文矣。一則鑄銅成後，摹爲篆銘，亦陰文也。”阮氏這段話，大半是他個人的主觀判斷，而找不到切實證明。並且照他所講鑄銅使成陽文，實較鑄成陰文容易，他所說的第二法，實較第一法爲難。但是爲什麼今天所看到的鐘鼎刻辭，大半凹文（陰文）多而凸文（陽文）少？顯然是刻而非鑄了。古代刻鏤的工作，

散氏盤銘文拓片

西周 虢季子盤

是很普遍而精工的。《爾雅‧釋器》：
"金謂之鏤，木謂之刻。" "鏤" 自然
是刻金的專用名詞了。《墨子》書中，
不止一次地拿 "鏤之於金石" 和 "書之
於竹帛" 相提並論（如《魯問》篇）。
《荀子》中也說："鍥而不捨，金石可
鏤。" （《勸學》篇）可知鏤金的技
術，在古代是極其普遍的。從前一般金
石家，大半拿後世鑄錢的辦法去推測鐘鼎上的花紋和文字，這就錯誤了。鐘鼎的
形體，方圓大小，固非模子不能鑄成，這是人們所公認的。但是那上面的精細花
紋和文字，卻是這器物鑄成以後，再加人工雕鏤而成的。分明是兩件事，不可
並爲一談。近人劉師培《左盦外集》卷十二《古代鏤金學發微》一篇，說得很
清楚："古代美術，以刻鏤爲最著。其鏤金之法，刻鏤物象與刻鏤文字略同。
《說文》：'鏤，剛鐵也。可以刻鏤。'《夏書》曰：'梁州貢鏤。'蓋鏤本剛鐵
之名。而剛鐵可以鏤金，故鏤金亦謂之鏤。
古人之鏤金也，其製法有二：一爲陽文。鑄
器既成，書之以漆。凡漆書所未加者，悉施
饞削之工，使所書之字隆起於其間，其形爲
凸。即《詩經‧旱麓》所謂 '追琢其章' 也。
追與敦同。《爾雅》：'丘一成爲敦丘。'郭
注云：'今江東呼地高堆者爲敦。'蓋敦爲
隆起之形，追亦爲隆起之形，故曰追琢。此
古人製陽文之法也。一爲陰文。鑄器既成，
亦書之以漆。復於所書之文，鑿之使深，與
近世刻石之法略同，其形爲凹，此古人製陰
文之法也。夫文字之勒於金者，其製法既有
二端，則物象勒於金者，其製法大抵相同，
此固不言可喻矣。特古人之勒文於金也，雖

春秋 立鶴方壺

文有陰陽之殊，總名曰鏤。《禮記·少儀》云：'國家靡弊，則車不雕几，甲不組縢，食器不刻鏤。'《左傳·哀公元年》云：'昔闔閭食無二味，居不重席，室不重壇，器不彤鏤，宮室不觀，舟車不飾。'《國語·周語》云：'器無彤鏤。'足證古器之有紋者，均由鏤刻而成。《禮運》言範金爲器，不聞範金爲金器之紋也。"劉氏這段話是比較精當的，這不但說明了我們祖先在兩三千年前，已擅長高度的雕金技術，而青銅器也自然是隨著雕刻術逐漸發展起來的。三代青銅器，自然是世界上最早的雕刻成品。

就今天所保存的殷周青銅來看，那上面刻紋鑲嵌的藝術，已經有了卓越的成就，刻紋大半是鳥獸蟲魚等形象的圖案和不連續的回文。後來宋代研究金石學的學者們，才替它們加上什麼饕餮紋、蟠龍紋、蟠螭紋、蟠鳳紋、雲雷紋等等一類的名目，刻工都是很細緻的。至於鑲上別的東西在青銅器上以增加美觀，在商、周遺器中，已有綠松石的鑲嵌。到春秋戰國時，又有"金銀錯"的裝飾。這"錯金"和"錯銀"的做法，是用很細的金絲或銀絲鑲嵌在青銅器內，也有構成花紋圖案的，也有嵌作鳥書蟲篆的。戰國時代的銅劍，便

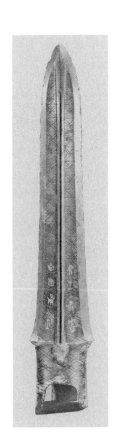

春秋　"吳王夫差"錯金銅劍

漢　十二辰四神紋銅鏡（方形鈕座內篆書十二地支，外飾青龍、白虎、朱雀、玄武四神）

有很多是這樣做的。這種極精工的技藝，都與雕刻密不可分。必須有極好的鏤金術，才能進一步從事鑲嵌和金銀錯，將青銅器上面的花紋裝飾豐富起來。

從戰國以下，由於陶器、鐵器、漆器的高度發展和普遍應用，便很自然地代替了鑄造繁難的青銅器。許多大官僚、大地主們，對於鐘鼎彝器的製作不大感興趣了，只有日常生活所必需的銅鏡，仍為社會所重視。一般工匠們，便轉移他們的目標，大量地向鑄造銅鏡方面發展。特別是漢鏡和唐鏡的製造，達到了登峰造極的地步。它的花紋和文字，固然是用模子鑄造出來的。但是出模以後，還得採用鑴刻的加工，使花紋更深密而清晰。並且漢代以前的銅鏡，便已有了錯金或錯銀的製作，更非精於鏤金不可。此外如漢代以來遺留到今天的古代銅印，那上面的文字，有出於鑄造的，也有出於鑴刻的。也足以說明我們祖先的鏤金技藝，早已普遍施用到各方面了。

陶器與瓷器

虞舜像

遠在西元前三千年左右，世界上大多數人類還生活在野蠻蒙昧狀態中的時候，我們祖先便已經能製造花紋繁複、圖案整齊的陶器。從前法國考古學家安特生，考定甘肅、青海出土的彩陶時代，相當於夏代，而古書所載常常被孔子稱道的虞舜，便是陶器工人出身（陶於河濱），可知製造陶器，在我國是具有很悠長的歷史了。其後逐步改進，精益求精，由粗糙變為細緻，由暗淡變為透明，由無釉變為有釉。到了漢代，便進入瓷的階段，所以瓷器是由陶器發展而來的。

瓷器的製造，極其繁雜，須經過取土、煉泥、鍍匣、修模、洗料、做坯、印坯、鏇坯、畫坯、蕩泑、滿窯、開窯、彩器、燒爐等步驟。最後的燒爐，是因

唐 三彩馬

白瓷加上彩色，仍須燒煉來鞏固顏色。而製造過程中，分工極細，圖案制型，各有專門。施釉一人一色，書畫多係名手。一件小器的製成，也須經過幾十人之手。這種集體創作的工藝品，成爲中國歷史上極其珍貴的文化遺產。

全世界馳名的中國瓷器，像漢之"綠瓷"、晉之"縹瓷"、唐之"三彩"、五代柴窯中之"雨過天青"，都是極其名貴的產品。到了宋代，更集歷朝瓷業之大成，幾於無美不備，瓷業便已達於極盛時期。單就刻劃裝飾來說，便有劃花（即凹雕）、繡花（用針刺成）、印花（用版印成）、錐花（用錐鑿成）、堆花（用筆蘸泥成凸堆之形）、暗花（即平雕）、法花（即凸堆）、嵌花（另刻花紋嵌入）、釉裏紅（釉之下有紅花紋）、釉裏青（釉之下有青花紋）、兩面彩（器之內外有同樣花紋，持向月光照之始見）等名目。而施釉之際，復有塗釉、淋釉、吹釉等不同方法。大約瓷胎較厚的，便宜塗釉；而胎薄的，只宜吹釉，運用之妙，變化無窮。西洋人稱宋代爲中國瓷業的成功時代，不是偶然的。

宋 定窯白釉蓮瓣紋蓋罐

宋瓷的精美，在前代已有評價。明末謝肇淛《五雜組》卷十二說過："陶器柴窯最古，今人得其碎片，亦與金、翠同價矣。蓋色既鮮碧，而質復瑩薄，可以妝飾玩具。而成器者，杳不可復見矣。世傳柴世宗時燒造，所司請其色，御批云：'雨過天青雲破處，這般顏色作將來。'然唐時已有秘色，陸龜蒙詩：'九天風露越窯開，奪得千峰秘色來。'惜今人無見之耳。余謂洛中人有掘得漢、唐時墓者，其中多有陶器，色但淨白，而形質甚粗。蓋至宋而後，其制始精也。柴窯之外，有定、汝、官、哥四種，皆宋器也。流傳至今者，惟哥窯稍易得，蓋其質厚，頗耐藏耳。定、汝白如玉，難於完璧。"此雖寥寥數十語，卻將源流說得很清楚。大約瓷器愈精細質薄者，愈不容易傳久遠。當日柴窯所燒的瓷，所謂"青如天，明如鏡，薄如紙，聲如磬"，自然不耐久藏，保存於後世的絕少，致使宋瓷獨步千古，沒有和它媲美的了。

宋瓷品類很多，而要以定、汝、官、哥四者為最有名。所謂"定窯"，是指北宋在定州（今屬河北）所建窯，燒造的瓷器，以白瓷為主。南渡後，景德鎮仿造的稱"南定"（一名"粉定"），於是稱舊有的定窯為"北定"。北宋時，又在河南汝州建窯燒器，色主淡青，世稱"汝窯"。北宋末年，又曾建官窯於汴京（開封），所造器以月白為最上，粉青、大綠次之，後隨朝廷南遷，在杭州也建官窯，所造器遠遠趕不上汴京的出品。"哥窯"與"龍泉窯"都是民窯，在浙江的龍泉縣，為兄弟二人所設。其兄章生一所燒造的，稱為哥窯，或琉田窯；其弟章生二所燒造的，稱龍泉窯，或稱弟窯，又稱章窯。哥窯頗似官窯，而略有不及，而以碎紋著名。見之有同裂痕百條，號"百圾碎"。龍泉窯與哥窯不同之處，則為無斷紋，色以粉青、翠青為上。此外如宋代以彩釉著名之"鈞窯"（宋鈞州即今河南禹縣），以黑釉著名之"磁州窯"（磁州今屬河北），在瓷業中，也極負盛名。因質地頗厚，留存於後世的尚多。

江西景德鎮，是我國著名的產瓷中心。追

宋 汝窯青釉三足洗

宋 官窯青釉盤

宋 哥窯雙耳三足爐

宋 鈞窯玫瑰紫釉海棠式花盆

宋 磁州窯白釉黑花獅紋枕

宋 景德鎮窯清白瓷菊瓣盒

溯它在瓷業上的成就，也有兩千多年歷史了。《浮梁縣誌》載："新平瓷場，創於漢代。"新平便是景德鎮的舊名。不過那時不甚精，名也不顯。宋景德年間（1004—1007）燒造的瓷，比較堅實好看，眞宗便採爲御用品，器底書"景德年制"四字，一時海內爭相仿效，於是天下競稱景德鎮瓷器。從宋以來，歷元、明、清各代封建王朝，都以景德鎮爲"御窯"所在地，設專官監理其事。羅致有名的工技，集於一處，有製模型的專家、畫圖案的專家、上釉彩的專家、寫字繪畫的專家，共同從事於集體勞動。由於不斷地總結經驗，努力改進與提高，使製瓷技術乃日臻精美了。

明 宜興窯紫砂雕漆四方壺

其次如蘇南宜興縣出產的陶器，也具有悠久的歷史和高超的藝術，差不多和景德鎮的瓷器同負盛名。宜興舊號陽羨，所以又稱"陽羨名陶"。它極盛於明代，而以所製紫砂茶壺爲最有名。茶壺的形式，大半取象於蟲魚花果，隨意描摹，不拘定式。其精細作品，如魚化龍、松鼠偷葡萄、歲寒三友等，都是名手用泥逐塊塑上，絲毫不可草率。他如各種山水花翎的繪刻，也有專門技師分任其事，充分發揮了工匠們的高度智慧。

陶瓷的製造，是我們祖先在工業上開闢出的一條大路，而且是一項科學的大創造。在製造技術方面，第一就是要有很高溫度的窯，才能成功。西洋人認爲我們古代能造出那麼好的瓷器，主要的就是創造了高溫度的窯，而且能夠很好地控制溫度的高低。因爲坯子做好了，拿去烘乾的時候，只要溫火就可以了。但是坯子燒成的時候，一定要很高的熱度，使那些做成坯子的粉末，完全燒熔了結合在一起，這樣才不會像普通陶器那樣粗糙。不過太熱了，卻又會使坯子燒走了樣，所以還要想辦法控制溫度。

要使窯的溫度高，先民們在一千多年前發明了聯窯。這種一級一級的窯，可以不浪費一點熱，同時可以任意調節熱度。宜興的窯，也有採用這種聯窯的。除了聯窯，景德鎮又創造了高煙囱來造成高溫，這就是現在工廠採用高煙囱的道理。景德鎮的煙囱，有二丈多高，可使燃燒猛烈產生高溫，所以能造出最好的瓷器。

瓷器流傳到外國很早，由China的譯名上，就可知道西洋人最初簡直是以瓷器來代表中國的。宋代日本的左衛門景正，曾在中國學習陶法六年，歸國後，在瀨戶村發現陶土，加以仿製，日本便稱瓷器爲“瀨戶物”。而“高麗瓷”、“安南瓷”，也都是從中國傳過去的。十六世紀，中國瓷器傳到義大利，到十九世紀初期，歐洲各國才陸續發現陶土。所以在明、清時代，景德鎮附近的高嶺陶土，曾經成爲出口品。

歐洲人很熱心學習我國陶瓷的知識，他們搜集名瓷，印成圖譜，不斷進行研究。所以近數十年來，對瓷器多所仿造。但是遠遠抵不上我國的精巧，甚至根本不能與我國精美的瓷器相提並論。

玉器

商　龍形玉玦

我國是用玉最早和產玉最多的國家，遠在三千年前，玉的應用就盛行了。《周書》載：“武王俘商寶玉，萬有四千；佩玉，億有八萬。”由此可見商代玉器之多。到了周朝，更設立專官，掌管其事。就工藝

西周 龍紋玉璜

西周 雙獸紋玉璧

春秋 虎面紋玉飾

方面來說，商代的土、金、石、木、獸、草等六工，到這時一變而爲珠、象、玉、石、木、金、草、羽等八材，其中以玉工尤爲重要。一切玉器的制度，到了周代，已臻完備。大要說來，那時玉在一般社會生活中所代表的意義有三方面，所以製作玉器也不外三大類，而皆必施以雕琢之工，琢玉自然成爲當時極其重要的工作了。

玉的第一個用途，在階級社會中，明確規定了它用在人事儀節上，是一種身份的代表，即用所謂"六瑞"來區別爵位的高低。《周禮·大宗伯》"以玉作六瑞以等邦國。王執鎮圭，公執桓圭，侯執信圭，伯執躬圭，子執穀璧，男執蒲璧"，便是這種作用。這六瑞上面的雕琢，各有不同：鎮圭，則雕琢四鎮之山；桓圭，則雕琢宮室之象；信圭、躬圭，則雕琢人形；穀

戰國 龍首鳥形玉佩

璧，則雕琢米粒；蒲璧，則雕琢編爲網目之蒲席文。大約這幾件東西，能夠代表身份的具體作用。一方面固然關係於形制的長短大小，而另一方面在雕琢的花紋上，也是寓意很深的。

玉的第二個用途，又成爲古代祭祀時的禮器。《周禮·大宗伯》："以玉作六器，以禮天地四方。以蒼璧禮天，以黃琮禮地，以青圭禮東方，以赤璋禮南方，以白琥禮西方，以玄璜禮北方。"這又顯然表示出玉在古代有時是含有極重大的宗教意義的。不獨統治階級用以禮祀天地四方，就是一般巫覡，也還以

玉事神。《說文》："靈，巫也。以玉事神。從玉，靈聲。"那時既用玉爲事神之物，名類很多，上面自然都雕琢了好看的花紋。即就各種玉器的形制而論，方圓大小各有不同，也非有極精工的雕琢技術，不能做成各種名副其實的成品。

在中國傳統社會裏，還有一種"以玉比德"的心理，便用玉爲日常佩用之物。《禮記・玉藻》所謂："君子無故，玉不去身。"差不多幾千年間，統治階級以及一般知識份子，都很重視這種服飾。而最大原因，是由於玉的色澤光潤，使人一見而增加美感。所以《詩經》中比擬一個人的品格，便有"言念君子，溫其如玉"（《秦風・小戎》）"有斐君子，如圭如璧"（《衛風・淇奧》）這一類的詞句。《說文》解釋"玉"字，稱它有五種美德，可爲人所取法（許慎也是根據《禮記》所載孔子答子貢一段話的意思說的），這便說明了玉的第三個用途——日常佩玉的重要意義了。佩玉的種類很多，如：瑀、琚、璜、衡牙、珩、瓏、環、觽，髮上的笄，帶上的鉤、璲，劍上的琫、珌、瓅都是。這些小的器物，都有一定規制，上面還刻了極美麗的花紋。假若沒有精細的琢工，是很難製成的。

琢玉到了漢代，更加發展和提高了。首先由於漢代已通西域，崑崙美材，輸入不少。所以僅就質料而論，也自然勝於周朝。加以周朝玉器，全帶有禮器的意味，而漢玉則漸趨實用一途，而雕琢精美，與三代古玉之僅以簡單渾樸取勝者不同。而其特徵，尤在於一種雙鉤碾法。玉上的線畫，宛如游絲，細如秋毫，明淨勻整。愈在小件的帶鉤環玦上，愈可表現其技藝之精。吳大澂《古玉圖考》所載漢玉釾、玉鐓、玉印之類，凡數十器，所鑴文字，亦皆精美，所以漢玉在中國古代藝術遺產中，是極其名貴的。

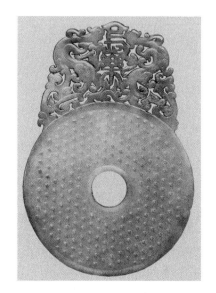

漢　長樂穀紋玉璧

宋代對於玉的雕琢，也很重視，在宮廷中設有玉院，製作各種古禮器服玩等物。當時的玉工，能就玉材的色澤而施以適宜的雕琢，叫做巧色玉。孝宗時的甘黃玉葵花杯，中央有天生的紫心黑色處，作爲人物的頭髮，白色處作爲他的身體，斑斑爲他的衣紋。又有黑首黃胸的蜩蟬，它的雙翅是渾白的。當時玉琢之巧合自然，眞是精妙極了。還有宋玉摹仿周、漢的六瑞、六器（漢代的六瑞、六器、法器等，全從周制，惟花紋更華美了）。印璽上刻著獅子、蟠螭、天祿、辟邪等紐的，也不少。又有杖頭、壓尺、笛

宋 玉魚

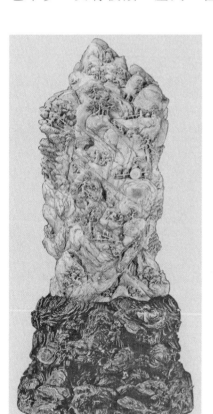

清乾隆 大禹治水玉山（反映當年
大禹治水場面，重約五千三百多
公斤，堪稱“中國玉器之王”）

管、鳳釵、杯盂、簪珥等物，都有絕妙的雕琢。

十八世紀中葉到十九世紀初期（清代乾隆、嘉慶年間），是我國歷史上琢玉工藝最發達的時期。一則由於那時玉材的來源較廣，可以大興製作；二則憑藉漢、宋琢玉技藝的舊有基礎，不斷加以改進和提高。一塊大的玉材到手，經過鋸鑿以後，再施以旋車、鐵鑽、解玉砂等精細工作，即成瓶、爐、杯、碗、如意、筆筒、筆格、墨床、水壺、書鎮、印章、印色池，以及仿造古器物等件，大大地豐富了玉器的內容。在雕琢方面，肖形花紋，取材設色，無不巧驚神鬼，技奪天工，因此當時玉器之盛，自然超越往代。

在傳統社會裏，一般官僚和大地主們死了，照例是講求厚葬的。首先將死者生前喜好的器物作爲殉葬品；並且恪守舊說，認爲

多放玉器於屍旁，有防腐作用，因此大量玉器便被帶進了棺材。後世發掘古墓，往往得到大批玉器，便是這個原因。我們祖先辛勤勞動所創造出來的工藝精品，除由收藏保存的以外，也由地下發掘而取得了一部分。

石刻藝術

在幾千年前，鏤金的技術已經那樣精工，談到刻石，當然不成問題了。照事物發展的程序來說，人類使用石器，在使用銅器之前，必然刻石也遠在鏤金之前。不過石頭的壽命，趕不上青銅器，所以遠古石刻保存下來的卻很少。幾十年前，雖在殷墟發現過古代石磬，已有雕刻花紋的，但是殘缺不完（見羅振玉所印《殷墟古器物圖錄》）。直到一九五〇年春，中國科學院考古研究所再往殷墟發掘，在武官村大墓內，發現殷代大石磬一個，高四十二公分，長八十四公分，面刻虎形花紋，製作精美，線條圓熟剛勁，反映了我們祖先在刻石藝術上所取得的輝煌成果。截至目前，我們所看到的石刻，以這件東西為最早和最完整。

其次，便是今天還保存著的"石鼓"。石鼓上面，刻有徑方二寸以上的文字。每篇都有七十多字的長詩。一共有十個石鼓，這無疑是我國歷史上最煊赫的刻石。從隋代在天興縣的三時原發現以後，當時人們徒以字跡和大篆相似，認為是史籀寫的，而定為周宣王時物。一直到南宋鄭樵，才從文字證明它是秦刻石，並且出土的地方，本屬秦境，確是西元前八世紀的遺物。可從那石鼓上看出我們祖先在石頭上刻字的技術，是如何的細緻而精良了。

這種技術，到後來更加提高了。秦始皇周遊天下，每到一地，必勒石記功，令人把歌頌他的話刻

秦　石鼓

在石碑上。現在尚可看到"嶧山刻石"、"琅玡台刻石"、"泰山刻石"的文字。大約這一類石碑上面的文字，都是紀念性的，或者紀念功績，或者紀念行蹤，或者紀念一種建設事業，或者紀念一個人的一生，這種做法在漢代更是普遍盛行。有的碑文刻在壁立萬仞的山岩上面，叫做"摩崖"。後世想去捶取拓本，已經感覺十分困難，想到我們祖先當日刻字的時候，是如何的艱苦和危險！例如後漢建寧四年（271）所立李翕《西狹頌》，便是在山道險峻、懸崖壁立的環境下刻石的。不獨刻上了成篇的碑文，還附刻了黃龍、白鹿、嘉禾、木連理、甘露降五種祥瑞的圖畫。刻畫的左方，題字二行："君昔在黽池，修崤嶔之道，德治精通，致黃龍、白鹿之瑞，故圖畫其像。"這便把文字和繪畫在石刻上結合為一了。

可是漢代石刻圖畫，又有兩種刻法：一種是陰刻的線畫，可以山東濟南長清的孝堂山石刻為代表（129）；一種是陽刻的浮雕，可以山東嘉祥縣南紫雲山下的武梁祠石刻為代表（147—149）。它大半取材於歷史事實，從它所圖繪的車騎、服飾、器用等方面來看，很可作為研究古代社會情況的資料。由於古代畫跡不可得見，除殷、周青銅器尚保存一部分繪畫技術於雕鏤之間以外，自然要推這兩處石刻為我國最古的繪畫了。後來一直到唐昭陵（太宗陵墓）的"六駿"，在石上所刻六匹健馬的形狀，或奔馳，或駐立，神采奕奕，活躍如生，都是和漢代雕刻技術一脈相承的。

把古代經典刻在石碑上供人閱讀，也以東漢熹平三年（174）所立石經為最早，它是由蔡邕用當時隸書寫付雕刻的。後來魏明帝正始年間（三世紀初），

山東嘉祥武梁祠石刻《水陸攻戰圖》（拓片）

在洛陽太學用古文、篆文、隸書三種字體把儒家經典重刻了幾種，稱爲“三體石
經”。唐文宗開成年間（九世紀中葉），又在長安太學用楷書刻了十二經（十三
經中沒有《孟子》）。在中國沒有發明雕版印刷術以前，熹平石經和三體石經在
傳播文化方面確實起了很大的作用。雖然開成石經刻成時，已經出現了雕版印刷
術，在學術上所起作用不十分大；但是到現在，還可根據它作校勘文字之用，仍
然是極其寶貴的文化遺產。

唐 昭陵六駿之“拳毛騧”

唐 昭陵六駿之“颯露紫”

從佛教傳入中國以後，我國的藝術起了
很大的變化。它的偉大成就，一種是壁畫，
一種是石刻。壁畫以敦煌莫高窟爲代表，石
刻則以雲岡和龍門爲代表。“雲岡石窟”在
山西大同武州山麓，亦創始於北魏，較之
莫高窟略後百年。其工程開始在神瑞初年
（414），終止於正光初年（520），前後
費時百餘年之久。《魏書・釋老志》稱：
“鑿山石壁，開窟五所，鐫建佛像各一。高
者七十尺，次六十尺，雕飾奇偉，冠於一
世。”又《續高僧傳・曇曜傳》云：“武州
山谷，北面石崖，就而鐫之，建立佛寺，名

雲岡石窟北魏二十窟

龍門石窟奉先寺

名曰靈巖。龕之大者，舉高二十餘丈，可受三千餘人。面別鐫像，窮諸巧麗。龕別異狀，駭動人神。櫛比相連，三十餘里。"從這些簡短的敘述中，便可想見當時工程之大。

北魏太和十七年（493）遷都洛陽，於洛陽南四十里伊水兩岸，更營石窟造像。其地斷崖如門，號稱伊闕，又名龍門。自東魏、北齊、隋、唐，次第繼續開鑿，至唐高宗武后時，經營達於最高點。北魏時專開左岸（西），隋、唐時重要的製作，也多開於左岸，右岸（東）則專為唐代的作品。左岸最重要的有二十一窟，其餘小窟甚多。《魏書·釋老志》曾記造窟三所，即已費人工八十萬有奇。談到全部石窟，那就更無法估計了。

至於歷代大興土木，每每組織很多技術水準較高的石工，參加大建築物的修造，如宮殿、廟宇、園館、亭塔等工程，更發揮了他們刻石的本領。表現在臺基、欄杆、拱券、柱礎等方面的成就，是極其輝煌而偉大的。有些巨大工程，更非通過集體勞動，分工合作，簡直無從下手。在古代建築物中，只有石刻的部分，比較耐久，所以保存到今天的也就特別多。

木雕藝術

木材隨地都有，取用又很容易，所以雕木的技術，更遠在金石雕刻之前。不過甚易朽壞，無法保存數千年罷了。雕木和建築，是有密切聯繫的。《論語·公冶長》篇："子曰：'臧文仲居蔡，山節藻梲，何如其知也！'"這是孔子批評魯國大夫臧文仲不應奢侈過度，在屋樑上施雕琢之工時而說的。可見當時建

故宮太和殿內的金
漆雕龍寶座與屏風

築物的木雕，統治階級內部已普遍施用。但是照《禮記·玉藻》所說："山節藻
　……天子之廟飾也。"注云："山節，刻欂盧爲山也；藻梲，畫侏儒柱爲藻文
也。"這種裝飾，仍然是周代遺制。那麼在古代社會，只有最高統治者才能在房
屋上有這種裝飾，孔子斥責臧文仲，自然是根據這種禮制來說話的。但是到了後
代，奢侈逾制，凡是統治階級內部，皇帝、貴族、外戚、官僚，以及大地主、大
商人的住宅，照例是雕樑畫棟，極盡琢飾之能事。凡到過北京的人，便可知道，
不獨城內的故宮三海以及西郊的頤和園是當日皇帝、太后寢居遊息之地，到處可
見極精工的木雕；就是走進比較大的舊式"公館"或昔日王公大臣的"園邸"，
也還可以欣賞那客堂、炕几、窗欄、屏風的雕刻藝術。

　　從佛教盛行於中國以後，木雕也時爲宗教服務。由於吸取了外來美術和工藝
的優長，雕刻水準便大大提高了，這特別表現在木雕佛像方面。像北京雍和宮
內用楠木雕成的佛像，高達七丈，莊嚴雄偉，又一變向來佛像雕刻的結構，由此
可以想見當日雕木工人氣魄之大。但是木雕和石刻畢竟有所不同，石刻以高大爲
貴，木雕以精細爲難，所以小的工藝品在木雕中佔有極重要的地位。

高達二十六米的雍和宮木雕佛像

木雕的技術，到宋代已是發展驚人。相傳眞宗時，曾經用“技巧夫人”的榮譽徽號，賞給一位姓嚴的婦女。她能在檀香木上造瑞蓮山，透雕五百羅漢及其侍者，刻劃十分精細。高宗時，又有著名雕竹家詹成，能刻宮室、山水、人物、花鳥於竹板上，纖毫都備，玲瓏可愛。明人謝肇淛《五雜俎》卷七記載：“閩人尙有以刻木爲小像者，召之至，草草審視，不移時即去，殊不見其審度經營。越一日而像成，大小惟命，色澤、姿態，毫髮不爽。置之座右，宛然如生。”這種技藝，實比畫像、捏像還要難能可貴了。此外小如桃核和橄欖核，也成了雕刻的材料。在明代宣德年間，有個名叫夏白眼的藝人，能在橄欖核上雕成十六個嬰兒，眉目之間，喜怒俱備。又刻著荷花九禽，各有不同的姿態，稱爲一代絕技。其他像明末魏學洢所作《核舟記》，清初宋起鳳所作《核工記》，都記載著雕工在幾分或徑寸大的桃核上，刻著山水、人物、服飾、舟車和成套成件的歷史故事，眞是巧奪天工、造詣極深了。

其次談到由木刻而發展的版畫，不獨是中國文化史上稀有的傑作，也是國際美術界中極其珍貴的東西。魯迅說過：“鏤象於木，印之素紙，以行遠而及衆，蓋實始於中國。”（《北平箋譜序》）由此可以想見它在世界藝術史上的地位了。如果溯流而上，那麼三代時青銅器、玉器上的圖案，以及漢、魏、六朝碑板墓磚上的花飾，便都是版畫的源頭。從我國雕版印刷術開始採用時，刻書的技術和版畫的技術便是緊密聯繫著的。唐咸通九年的《金剛經》刊本，就是一個很好的例證。這不僅說明了中國的書從古就是實物與敍說並重，並且也說明了雕版印書術和雕版圖畫是分不開的。一般說來，敍述故事的書籍，很多都附刻了圖畫。例如宋本《列女傳》，上半是圖，下半是文

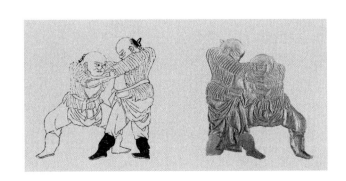

清 木版《摔跤圖》

字，很像今日通行的連環畫。明版《三國志演義》，也有二百四十幅精美的圖，
活潑生動，極其感人。其次，工藝方面的書籍也有很精緻的工程畫和寫實畫。宋
版《營造法式》和明人宋應星所著《天工開物》，都有極其清楚明晰的圖片，
對於幫助讀者瞭解書中的意旨，作
用很大。此外像宋、元以下應用書
和通俗書的插圖，明朝的《義烈
記》、《大雅堂雜劇》和《十竹齋
箋譜》，以及陳老蓮《水滸葉子》
（黃肇初刊）、《博古葉子》（湯
復刊），清初的《太平山水圖畫》
（劉榮刊），都是精雅絕倫的作
品。就技巧而言，刻工和印工，實
已超過了畫家的能事，而尤以《十
竹齋畫譜》及《箋譜》之彩色套版
木刻爲最名貴。

明 《十竹齋箋譜》五色套印本

漆器製造

當我們祖先最初發現漆樹的汁液可以鬃飾器具、增加美觀的時候，便竭力地利
用它。舊日學者相傳「上古以竹挺點漆而書」，又以爲虞舜時代已開始作漆器，

東周楚 漆豆

這些推斷，今天雖無從證實，然而髹漆在中國應用極早，這是可以肯定的。"漆"字本來作"桼"。《說文》："桼，木汁可以髹物。從木，象形。桼如水滴而下也。"這是漆的本字。單從它的結構來看，便可知道古人最初取漆的方法，是在漆樹身上穿穴，穴中置一竹筒，漆液由竹筒流下到桶中，直到沒有漆液流下時為止。生漆在太陽下曬過後，利用熱力驅出水分，就成了可以應用的熟漆。

我國周代，便已大量栽植漆樹，當時有所謂"漆林"、"漆園"這一類的種樹區。《周禮·地官·載師》："凡任地，國宅，無徵；園廛，二十而一；近郊，十一；遠郊，二十而三；甸、稍、縣、都，皆無過十二；唯其漆林之徵，二十而五。"即使《周禮》是戰國時的寫作，但也反映了當時規定漆林的稅率特別重。其中有些漆林，是由貴族直接經營的，又設專官掌管其事。《史記·老莊申韓列傳》載莊周"嘗為蒙漆園吏"，便是一個明證。

漆的取用，在古代最初是用以髹飾飲食之器。後來漸漸推廣到祭祀用具，以及舟車、宮室、樂器、兵器等一切什物。在周代由於漆林、漆園的發達，施用之途已廣，近年在長沙近郊發掘的古墓中，出現了不少的古代漆器。粉彩髹飾的技術，已十分精美，而漆飾的範圍，已普遍到一般日用品。除飲食用的杯盤、化妝用的奩盒外，還有居室用的几案、作戰用的木盾和矛柄，也都用髹漆製繪。至於製作方法，更是多種多樣。器胎方面，除了木胎與夾紵外，有的還用皮胎。圖案方面，除了彩畫雲龍紋外，還有極生動的人物車馬畫。常以現實

西漢 雲紋漆圓壺

生活爲描寫對象，體現了我們祖先在藝術創造上的現實主義精神。這些在長沙出土的古代漆器，時代有的早到戰國時期的楚國，有的晚到漢代，都是兩千多年前的珍貴工藝品。

西漢 彩繪雙層九子漆奩

漢代的髹漆技術，早已極其精工，而從事這種工藝的人，也特別多。像後漢負有盛名的學者申屠蟠，便是由漆工出身的人。近幾十年間，除長沙出土的古代漆器中保存了一部分漢代遺物外，從我國西部的新疆，到東鄰的朝鮮，也都有漢代漆器的發現。一九一六年，在平壤大同江西樂浪古墳中，發現的漢代漆器，花紋精美，彩色若新，器物以盤、碗、羽觴、奩篋爲主，還有盂、匕、勺、壺、枕、屐之類，以黑器紅花或紅器黑花爲最多，並常用淡黃、淡綠點綴其間。花紋有人物，有雲龍，筆法纖麗流動。在製作風格上和彩畫技藝上，都和長沙出土的漢器是一致的。特別是一九二四、一九二五年兩次發掘，所得遺物甚多，漆器上並保存了精美的書法。有年代可考的，從前漢到後漢建武、永平爲止。銘文上有素工、髹工、上工、塗工、畫工、雕工等字樣。可見當時製造一器，是經過了許多工匠的共同勞動而後成功的。

在中國內地發現漢代漆器，自以一九三○年在新疆羅布淖爾出土的漆杯爲最早。它是在漢燧亭遺址同數十枚漢代木簡同時出土的。木簡有黃龍元年年號，漆杯也自然是西漢遺物。漆器不獨飾畫精美，彩色鮮豔，而其胎質完全以麻布作地，不雜木料，堅固耐久，尤爲難得，更足以說明漆飾工藝到漢代已有驚人的輝煌成就。

西漢元帝時（前48—前3），諫大夫貢禹所上的奏疏，指出當時宮中所用漆器“盡文畫金銀飾”。這種工藝，差不多已經替宋代的“剔紅”、元代的“戧金”打下了基礎。貢禹又稱當時蜀郡廣漢都設了專管制器的工官，歲各用五百萬。可

宋漆奩

以想見，當時統治階級監造漆器正和宋代造瓷專設官窯一樣。由於集中了無數手工匠人的智慧，不斷地精益求精，因而漆器的美術和工藝，也就日益發展和提高。

我國漆器，大約可分兩大類：一種是畫漆，一種是雕漆。唐以前，畫漆之風盛行；唐以後，雕漆之術特精。所謂"剔紅"，便是雕漆中的一種。始於唐代，至宋便特別發達。塗朱漆於木胎之上，重至數十層，便在其上雕刻人物、樓臺、花草等，刀法奇巧，鐫鏤極妙。而最高統治者所謂"御用"之器，多以金銀爲胎，或以錫爲胎，製造更爲堅實。近世製造雕漆的中心地在北京、蘇州，畫漆的中心地在廣東、福建。而福建沈紹安所製脫胎漆器，其輕如紙，尤爲精美。因此，閩漆遂馳名於世界。

至於脫胎漆的製作，則是一種極其精細的工藝。它的做法，是先預備好一個木或土做成的模子，把薄綢或絹蓋在模子上，然後塗上漆料。乾好後，再將模子取出來，留下的綢裏漆面的器物，就成爲輕巧的脫胎器。模子的造型越複雜，脫胎取模也就越困難，非具有高度技術水準，是不容易製成一件東西的。這種技藝，在我國開始甚早，從新疆羅布淖爾的考古發掘中，我們已看到西漢時以麻布爲胎的類似脫胎器。六朝以後，大小佛像多採用這種方法，當時叫做"夾紵"。五代最有名的花鳥畫家滕昌祐，同時也擅長這一技藝，他所做的脫胎漆水果，在藝術史上極負盛名（見《益州名畫錄》及《宣和畫譜》）。這種精巧技藝，有著很悠久的歷史，到今天還沒有失傳，是值得我們欣幸的。

漆器上面的修飾，除繪畫或雕刻外，還有用鑲嵌的方法做成更美麗的圖案花

元　剔紅花卉尊

明　戧金彩漆龍鳳紋銀錠式盒

紋，在我國也是一種早已為工匠們嫻熟的技藝，到唐代特別盛行。白居易的詩中
所云"綴珠陷鈿貼雲母，五金七寶相玲瓏"，具體地說明瞭當時鑲嵌的材料已有
珠寶、金、銀、螺鈿等物。漆器本身，原自有其華麗的光澤，再加上這些好看
的東西，更顯出了它的高度藝術。其次，便是用金銀薄片刻上花紋，用膠黏在漆
器上，然後再塗上幾重漆，漆乾了，把它細細打磨，便露出金銀圖案來，這種圖
案和漆面平滑相同，十分光潤，其做法叫"金銀平脫"，也稱"戧金"、"戧
銀"。這種技藝較之繪畫、雕刻、鑲嵌，加倍煩難而複雜。我們祖先竟成功了這
一創作，自然是工藝史上的奇蹟。

中國人應知的 文明歷程

The knowledge
of Civilization

工程的修建

　　人類最初只能利用自然，生活活動，當然受到了局限。等到後來進化了，工具也增多了，經驗和知識也豐富了，於是便進一步來改造自然。有了改造自然的本領，生活活動的範圍便擴大了。就交通方面來說，陸地修平了道路，水上架設了橋樑，沒有水運的地區，又開掘了運河，這樣人與人之間，便密切了聯繫。就防禦災害來說，有了治水的工程，內地便免除或減少了氾濫成災的現象；有了海塘的修築，沿海便抵抗了怒潮的侵襲。這些對保障生產，作用極大。至於高築城垣，更防禦了人為的災害；深鑿井、渠，解決了用水問題。這些都替生活帶來了幸福。我們祖先在這些方面，都盡了最大的努力，保留下來許多巨大的工程。有些已完成了它的歷史使命，失去了存在的價值；有些直到今天還在不斷發揮它的作用。就當日集體創業的艱巨而論，仍然是值得我們重視的。茲就各項工程，分別談談。

道路的修治

　　交通是人類社會由野蠻進入文明時期的重要因素之一，而道路又是交通的先決條件。我們祖先在幾千年前，對於修治道路即已特別注意。《詩經・小雅》已稱：「周道如砥，其直如矢。」這便指出宗周道路的平坦和正直了。《左傳・襄公三十一年》記載子產稱述晉文公時：「司空以時平易道路。」而《國語・周語中》也曾援引周制：「列樹以表道，立鄙食以守路。」可見周末便已具備了良好、適宜的養路制度和路旁種樹的規畫了。

　　在平坦的地面上修治道路，自然是容易的。遇著高山險阻、懸崖萬仞的地方，要想開闢一條通行大道，簡直無從下手。但是我們勤勞的祖先，卻能克服困難，創造條件，在戰國時，即已發明一種開闢山路的新方法，即相傳至今的棧道。棧道是「險絕之處，傍鑿山巖，而施板梁為閣」的辦法（見《史記・高祖本紀》索隱）。現在由陝西寶雞經漢中轉沔縣以入四川廣元、劍閣而達成都的川陝公路，其中有一段是戰國時所開金牛道的遺址。至今沿途還可看見古時棧道在山巖上所鑿用以架設行車板樑的小方洞，以及在峭壁上開鑿出來的行車通道。這是

戰國 金牛道遺址

一種何等艱險奇特的工程！就年代論，金牛道是秦伐蜀時所開，約當西元前三〇〇年左右。我們祖先，卻能依憑那些簡陋的工具和簡單的技術完成了任務。

秦始皇兼併六國、統一天下以後，雷厲風行地做到"車同軌，書同文"，這不是一件簡單的事情。但就"車同軌"的字面來說，雖只是規定各地車轍度數相等，輪間的距離劃一，但實際上也就告訴了我們，如果當時四海之內沒有統一寬闊的道路系統提供條件，根本是談不上"車同軌"的。由這一點，便可證明那時交通如何的發達！特別是始皇二十七年（前220）開始修築"馳道"，這是我國歷史上的一件大事。馳道所採取的路線，都是按最近的距離規定的，沒有什麼迂回曲折，所以又叫做"直道"。它的通達區域，據漢初賈山說："東窮燕、齊，南極吳、楚，江湖之上，瀕海之觀，畢至。"它的建築情形是："道廣五十步，三丈而樹，厚築其外，隱以金椎，樹以青松。"（見《漢書·賈山傳》）這說明了當時馳道通達地區很廣，將路的兩旁築得很厚，更用鐵椎將路築得很堅實，路面很寬，兩旁還栽植了四季常綠的樹木，這真是一件有計劃、有規模、前古無匹的大工程。

封建統治階級徵發民工、修治馳道的主要原因，雖在於便利自己巡行天下，縱游觀之樂；其次在能傳遞消息，以便於一人之統治。但是這一工程客觀上對於發展生產、繁榮經濟，有著極大的作用。從秦以後二千多年間，我們祖先在修路方面做出了巨大的努力，並取得了極其光輝的成就。

道路修好以後，由於傳遞消息的需要，便出現了郵傳制度。《孟子·公孫丑上》稱引孔子的話："德之流行，速於置郵而傳命。"可見置郵傳命的辦法，在周末已盛行了。到秦、漢時代，更加擴大，分爲"亭"、"郵"、"驛"、"傳"四種形式。大約當時規定五里一郵，十里一亭，三十里置一驛和傳，視地勢夷險和居民多少而定。據《漢書·百官公卿表》說，西漢共有亭二萬九千六百三十五。《風俗通》上講過："漢家因秦，大率十里一亭。亭，留也。今語有亭留、亭待，蓋行旅宿食之所館也。"《釋名》也說："亭，停也，人所停集也。"

清　宣化雞鳴驛遺址

古人所謂"逆旅"、"傳舍"、"蓬廬"，今人所謂"客棧"、"伙鋪"，大半設在交通要道，給予遠道行人許多方便。

橋樑的架設

　　修造橋樑，是中國古代勞動人民特別擅長的技術。《孟子·離婁下》中說過："歲十一月，徒杠成；十二月，輿樑成。"大約我們祖先都是趁冬季農閒而天氣少雨的時候，來做這種工作的。以中國地域之廣，河流之多，自然需要成千成萬的橋樑，便利廣大人民的交通。現在但舉工程最巨大、技術最精良、歷史最悠久的趙州橋，來說明我們祖先的高度智慧和卓越天才。

　　趙州橋是橫跨在河北趙縣洨水上的一座橋樑，有十二丈多長。中間那個大橋洞，在建築上叫做"弧券"。這座橋沒有多用橋腳，而只有最大的一個弧券，已是很偉大的創造了。然而它的偉大，還不在跨度之大，而在大券兩端各背著兩小券的做法（在大橋洞的兩頭，各開兩個小洞），一則可以避免發大水的時候，急流沖橋的危險；二則可以減少大橋洞的負擔。這種聰明無比的創造，竟出於

趙州橋龍
紋石欄板

一千三百多年前隋代匠人李春之手。趙州橋一直屹立到今天，仍然繼續便利行人和車馬。橋上原有唐代碑文，特別讚揚李春"兩涯穿四穴"的智巧。橋的小券內面，還有無數宋、金、元、明以來的銘刻，載著歷代人們對他的頌辭。李春真不愧為中國歷史上勞動人民群眾中傑出的人物。

其次，像宋代建造的福建泉州的洛陽橋，長達三百七十多丈，有四十七個橋洞，是我國古代所造最長而橋洞最多的橋。橋上用的石塊，有二百噸重的大石，當時搬運，真不是一件容易的事情。何況設計後動工，往往需要許多的時間和人力，無疑這是成千成萬的工匠集體勞動的結晶。

但是遇著地理條件不好或江面太寬，水流太急，不利於架橋的環境，我們祖先便因地制宜，創造性地發明了"索橋"。在工程史上，索橋又是我們祖先對人類文化的一個偉大貢獻，這在我國西南各省，是一個為人們所最熟悉的名稱。例如四川西部的瀘定橋，便是世界歷史上第一座百公尺跨度的鐵索橋。它位於瀘定縣城西，橫跨大渡河。清康熙四十五年（1706）建成。橋臺高八丈，橋長三百一十一尺，寬九尺。係用十三根粗鐵鏈組成，中九根

泉州洛陽橋

平列，承托橋板，其餘四根，作兩邊扶欄。橋的兩端，有堅固的橋亭。所有鐵鏈，都繫在亭下數重大木軸上，強力卷緊。每根鐵鏈重一噸半，張力至巨，當時只用人力，便能絞緊，可以想見工人們的技巧。索橋在中國，已有一千多年的歷史，雲、貴、川的河流中隨處可見，不過瀘定橋是其中工程最大而技術最高的一座。

瀘定橋

四川灌縣橫跨岷江的竹索橋（清末舊影）

西南各省索橋，多數用鐵鏈做成。但是遇著水面太寬，鐵索的重量和數量都發生問題時，我們祖先便就地取材，用竹索代替鐵鏈。四川灌縣的竹索橋，居然在寬到三百二十餘公尺的岷江面上，聯繫了兩岸行人，又一次證明了中國古代勞動人民的智慧是無窮無盡的。

城垣的修築

我們祖先在遠古時代，為著保衛自己部族的安全，防禦敵人的侵犯，對於修築城垣的工作和技術，是很重視而精熟的。所以到周代初期，中國的城邑就有了制度。不過那時規模狹小，保存著每個部族相聚相保的簡單形式，周末才漸漸擴大。《戰國策‧趙策三》有云：“古者四海之內，分為萬國。城雖大，無過三百丈者；人雖眾，無過三千家者。……今千丈之城、萬家之邑相望也。”這種規制，比較後世城垣的建築，仍然是簡陋的。大約到秦始皇統一天下以後，在中央集權專制政府之下，中國才出現大規模的都城。漢承秦制，並且向前發展了。即以長安建都的規制而論，已經是十分宏闊。《玉海》卷一百七十三引《三輔決錄》：“長安城，面三門；四面，十二門。皆通達九逵，以相經緯。衢路平正，可並列車軌十二。三途同辟，隱以金椎，周以林木，左右出入，為往來之徑，行者升降，有上下之別。”據此，可以證明班固所作《兩都賦》、張衡所作《二京賦》，都不是形容過分，而確是當時實錄。到了隋、唐時代的長安，更不同於漢代，已達到古代的最高水準，成為有計畫、有區域的都城建設。

明南京城牆

國內現存的舊城垣，以南京城為最大，北京城為最古（歷元、明、清三代）。南京城周長六十一里（舊稱九十六里不確），建築宏偉，不僅全國第一，也可算世界第一。城的修築，是從明洪武二年（1369）九月開始的，到洪武六年八月完成。東連鐘山，西據石頭，南阻長干，北帶後湖。城高有逾六十尺的，最低亦有二十尺，平均逾四十尺。垣頂之闊，除一小段外，皆在二十五尺以外，最廣處達四十尺。城以花崗石為基，巨磚為牆。這些巨磚，乃全國各府所造，每磚都有府縣官職和年月。相傳築城時，係用石灰、秫米凝固其外，所以不容易損壞，歷數百年而巍然無恙。這種浩大繁難的工程，是無數勞動人民寒暑無間，經過四年的長時間修築而成的。

至於北京城，更是經過元、明、清三代，總結了築城的經驗，加以改進提高

而建成的。北京本來是遼、
金、元三代的古都。一四○
七年（明永樂五年），明成
祖朱棣開始就元代舊城的基
礎上加以擴充，大規模地營
建城垣。到一四二一年（永
樂十九年），才將全國政治
中心從南京遷移到北京來。
北京城牆在元代還是土築，

北京西直門城牆舊影

明初才在外面砌磚，內仍土築。明英宗正統年間（1436—1449），內面才普遍加
磚，成爲今日的形式。永樂年間修築的只有內城，周四十里，下石上磚，高三丈
五尺五寸，址厚六丈二尺，頂闊五丈。後來到嘉靖三十二年（1553），才開始就
城的南面加築外城，計長二十八里，下石上磚，高二丈，址厚二丈，頂闊一丈四
尺，內城平面近正方形。合之外城，形爲凸字。

　　其次談到舉世聞名的“萬里長城”，更是驚人的奇跡。它雄峙在中國的北
方，自西徂東，橫亙於嘉峪關與山海關
之間。全長五千餘公里，城高三丈，寬
一丈五到兩丈。單就築城的磚石計算，
據說可以築成環繞地球一周，高八尺、
寬三尺的城垣。那麼所費人工，更難以
估計了。

　　長城是在戰國的時候開始建築的。
那時秦、趙、燕等國分別在國境之北築
城，抵禦北方的遊牧民族。到秦始皇統
一天下以後，又動員了三十萬人，經過
了二十年，才把它聯成一氣。此後歷代
都加以增修，而尤以北魏時動員了一百
萬人，北齊時動員了一百八十萬人，隋

內蒙古秦漢長城遺址

149

朝時動員了百餘萬人的幾次大的修造，工程實為最大。最後到明朝永樂年間，才完成了像今日規模的偉大長城。

運河的開掘

中國的先民在很早的時候，就具備了改變自然的能力，掌握了人工開鑿河道的技術。當西元前四八五年（周敬王三十五年），《左傳·哀公九年》便記載：“吳城邗，溝通江淮。”杜預注云：“於邗江築城穿溝，東北通射陽湖，西北至末口入淮，通糧道也。今廣陵韓江是。”這是由於那時吳國漸漸強大起來，想離開原有東南一隅之地，北上和當時黃河流域的大國互爭雄長，感於運兵運糧十分困難，於是在長江和淮河之間，用人工開鑿了一條運河，把江、淮連接起來，便出現了中國歷史上最早的一條人工運河。

自此以後，為了適應交通的需要，用人工開鑿的河流很多。而尤以隋朝開河的工程為最大。當六世紀末期，楊堅（隋文帝）統一了天下以後，政治重心雖仍舊設在北方，但經濟中心，卻早已轉移到南方了。就當日北方而論，像黃河中游的山西、河南一帶，還是比較富庶的。隋代為著要抵抗西北邊境的外族，建都仍不得不選擇在陝西長安。為著從山西、河南運輸糧食接濟關中的需要，便在渭水南面，用人工開鑿了一條三百多里長的運河，從長安直達潼關，叫做“廣通渠”，使山西、河南的糧食可以由船運直送當時的京城。

隋文帝的兒子楊廣（煬帝），卻是窮奢極欲、荒淫無度的統治者。他認為長安窮，不能供他無限的揮霍，於是營建洛陽為東京，大興土木，並且強迫人民從洛陽開鑿一條大運河，直達當時最富庶的長江流域。一則可使江南物資源源而來，滿足他享樂的欲望；二則便於他自己坐船出遊，可以常常欣賞江南佳麗的山水。史書上記載：他前後所開“通濟渠”（即北運河）、“永濟渠”（即衛河）、“江南河”（即南運河）等巨大工程，每次所發諸郡男女多至百餘萬人，後共費了六年工夫。在無數役夫的不斷努力下，竟完成了北起洛陽、南到杭州的開河工作，把原來互不相通的黃河、淮河、長江、錢塘江都連在了一起。

後來元朝建都北京，感到江南物資送到北京困難，而隋朝所開僅達洛陽的運河，大部分不適用了，於是從北京向東，又開鑿了一條"通惠河"，流到通州附近，和白河相匯合。白河向東南流到天津附近，又和衛河相匯合。衛河是發源於河南境內的，它和黃河相通。假如從衛河坐船進入黃河，然後由黃河進入淮河，再進入原有的運河，本來也可以到達江南的。但是這樣要繞一個很大的圈子，因此，元朝統治者又叫人民開鑿了一條"會通河"，來縮短航行的路線。這條會通河，是從衛河中游向東南開鑿，到達蘇北的淮陰地方，和原有的運河相通。這兩部分巨大的工程完成以後，今天地圖上的運河，便開始出現了。它從北京開始，經過通惠河、白河，到天津；然後由天津經過衛河、會通河，到達淮陰；再經過原有的運河，到達揚州；渡過長江，經過原有的江南河，最後到達杭州。南北長度達二千七百多公里，成為中國歷史上足與長城媲美的偉大工程。

明、清兩代的政治中心，也在北京，需要江南的糧食來供應。這樣，運河就一直發揮了它的作用。在漕運時代，自北京至通州、淮陰至臨清、鎮江至武進三段，已具備了純粹的航渠雛形，都是由人工挖成的。渠內設有跨河閘，以調和比降及調節水量，並設有水櫃，以備隨時供給水量。這和近代的航渠，沒有多大區別。這說明了我們的祖先，在水利事業上，是有其悠久的科學傳統的。除此三段外，都是利用天然河道，所以形成運河與天然河道相混的形式。天然河流一部分

清人繪《潞河督運圖》局部（描繪大運河通州段的繁忙景況）

洪水，都借運河宣洩，以致運堤免不了常受損害。尤其是當黃、淮爲災之年，運道危險特甚。兩千多年來，我國人民在修治這條貫通南北的運河系統上所付出的勞動，眞是難以估計。直至鴉片戰爭以後，我國開始出現了新式的輪船，於是南方物資逐漸改由海道運向北方，運河一天天失去了它的作用。到一九〇〇年（光緒二十六年），清政府正式廢止了利用運河運輸糧米的制度。不久，中國大陸出現了鐵路，代替了運河，發揮了溝通南北的作用。我們祖先所開鑿的世界上最長的運河系統，在這時雖已完成了它偉大的歷史任務，變成了一條普通的河流，但是這一巨大的工程，永遠值得我們尊重。

井渠的鑿造

《孟子》說過：「民非水火不生活。」水火自然是日常生活中極重要的因素，而水的來源，大半是憑藉自然界的雨水、河流而取用。但是我們祖先，最初是居處在黃河上游，氣候乾燥，終年不多下雨，離開河流較遠的人，不獨灌溉農田很艱難，連每天生活所需要的水，也成了大問題。在這種情況下，我們祖先竟能克服困難，改變自然，摸索出了鑿井的方法。

井的發明，在中國歷史上的記載是很早的。相傳伯益作井，雖無確證，但在極早的一首歌謠——《擊壤歌》就說過：「日出而作，日入而息，鑿井而飲，耕田而食。」出土的殷墟甲骨文裏，也早有了「井」字，可見遠在商代以前，便出現了井。井在古代社會，是極其重視的，所以在文詞方面，每以「鄉井」、「市井」連言。這些也可證明，我們祖先在古代是圍繞著井而生活而交易的。特別是我國的西北，雨水稀少，氣候十分乾燥，非施行灌溉，無法農耕。在新疆東部吐魯番和哈密一帶荒原上，更出現了規模浩大的「坎兒井」工程。它的開鑿方法：先試鑿一井，見了水，再續向潛水的上游開鑿。大約每隔十公尺，鑿一直井。然後把井的底部挖通，掘成高約兩公尺、寬一公尺許的隧洞。上游直井的數目，視隧洞裏積水的深度而定。於是再轉向下游開鑿，同樣以隧洞貫通，一直到水流能暢達地面爲止。因爲坎兒井是順著地勢傾斜坡度挖掘的，所以愈向上游，直井愈深，最深的直井，可達一百公尺。愈向下游愈淺，最後達平地。當水從隧洞內流出平地，然後再開平漕，把水引到田地裏灌溉。一道坎兒井，是由很多的直井和貫穿直井間的隧洞所構成的。若從空中看去，只見圓形的井口排成行列，每一個井口四周，堆著石子，狀若小丘。在行列的盡頭，便是田園樹木和村落。

坎兒井

這種方法也是我們祖先最優良的水利工程技術之一，在我國古書裏，也還是可考的。《史記・河渠書》記載：武帝初年“發卒萬餘人穿渠，自徵引洛水至商顏下（舊注：徵，縣名，在馮翊。商顏，山名）。岸善崩，乃鑿井深者四十餘丈，往往爲井，井下相通行水。水頹以絕商顏，東至山嶺，十餘里間，井渠之生自此始”。由此可見，這種有計畫、有規模的鑿井，所費人力是很大的。所謂“井下相通行水”，便和今日坎兒井的辦法一樣。我們祖先兩千年前，在西北地帶，便早已發明了這種改變自然的方法。

爲著適應我國西北的實際需要，這種鑿井通渠的辦法，歷代都有人行過。明人陸容《菽園雜記》裏記載：“陝西城中，舊無水道，井亦不多。居民日汲水西門外，參政余公子俊知西安府時，以爲關中險要之地，使城閉數日，民何以生。始鑿渠城中，引灞滻水從東入西出，環甃其下，以通水。其上仍爲平地，迤邐作井口，使民得就以汲，此永世之利也。”可見鑿井通渠之法，自漢以來兩千餘年間，都有人認眞地推廣它。

其次談到鑿井取鹽，更是極其艱巨的工作。人們都知道四川的井鹽，是全世界馳名的特產，但是我們卻難以推想到鑿井之初是怎樣的艱難困苦。據《天工開物》上說：“凡蜀中石山去河不遠者，多可造井取鹽。鹽井周圍不過數寸，其上口一小盂覆之有餘。深必十丈以外，乃得鹵信，故造井功費甚難。其器冶鐵錐，

舊時四川開鑿鹽井場景

如碓嘴形，其尖使極剛利，向石山舂鑿成孔，其身破竹纏繩，夾懸此錐，每舂深入數尺，則又以竹接其身，使引而長。初入丈許，或以足踏碓，稍如舂米形。太深則用手捧持頓下，所舂石成碎粉，隨以長竹接引，懸鐵盞挖之而上。大抵深者半載，淺者月餘，乃得一井成就。蓋井中空闊，則鹵氣游散，不克結鹽故也。井及泉後，擇美竹長丈者，鑿淨其中節，留底不去，其喉下安消息，吸水入筒，用長絚繫竹沉下，其中水滿，井上懸桔槹轆轤諸具，製盤駕牛，牛拽盤轉，轆轤絞絚汲水而上，入於釜中煎煉，頃刻結鹽，色成至白。”這種記載，充分表現了我們祖先和自然鬥爭的堅忍不拔的精神。後來取鹽的方法和技術雖逐步改進，但那是我們祖先經歷了千辛萬苦才取得的豐碩成果。

治水工程

在遠古時代，我們祖先遭受過一次時間較長、地域較廣的大水災，經過堅毅勇敢的鬥爭，才生存了下來。這種與水搏鬥的事實，我們祖先在造字時，留下了痕跡。所以甲骨文中的 巛（災）字，便直接寫作 ≋，像洪水橫流氾濫的樣子。而“昔”字，便直作，從 ≋ 從日，便取義於洪水之日，標誌著那是不容忘卻的“過去”，便用為一切“過去”的統稱。這些都說明了我們祖先對洪水的為災，在腦海中是打上了深刻烙印的。後來我們祖先中，出現了一位治水大工程師禹，他在這方面貢獻了自己的力量，取得了成功，便成為後世歌頌不衰的人物。《孟子・滕文公上》所謂："當堯之時，天下猶未平，洪水橫流，氾濫於中國。……禹疏九河，瀹濟、漯而注諸海，決汝、漢，排淮、泗，而注之江，然後中國可得而食也。"他的工作精神，乃至"八年於外，三過其門而不入"。禹的一生，不一定像傳說中的那樣偉大，《孟子》記載也顯然有些誇張失實，卻反映了我們祖先對水患的痛恨和仰望治水功臣的迫切心理了。

由於我國耕植之業發達最早，在很古的時候，已經脫離遊牧生活而進入農業社會，人們愛護農作物，是看得如同生命一樣的重要，所以我們祖先，為了保障和發展農業生產，一直與水鬥爭。在不斷地改變自然的過程中，自然積累了很豐富的經驗，出現了很多優秀的工程師。他們都是圍繞著保障農業生產的總目標工作著。對於農田灌

大禹像

溉事業，更擁有極優長的技術，在春秋戰國時期，我國已有水利工程的偉大成就。像魏國西門豹引漳水灌鄴，使河內一帶地域富庶起來；楚相孫叔敖在廬江起芍陂稻田，陂長百里，灌田萬頃；秦國修"鄭國渠"，溉地至四萬多頃，都是成績顯著的幾件事。但是若論規模之浩大，效力之宏遠，都還趕不上四川的都江堰。

都江堰，原名"都安堰"。是西元前三〇〇年左右（秦昭襄王時），由蜀郡太守李冰和他的兒子二郎領導勞動大眾集體修成的。興築這個工程的動機，是由於四川西部的岷江流到成都西面灌縣地方，分為外江和內江兩條支流。但是內江灘淺口狹，水流不進去，江水只能外流，以致內江一帶農田，常常苦旱；而外江一帶土地，卻嫌水多。李冰於是相度地勢，觀察水情，便選定灌縣為堰址。他就地取材，採用"竹籠裝卵石"的辦法，編砌成分水堤堰，使外江之水量十分之六

都江堰

引入內江；廣開支渠，用以灌田；並還附帶起了分洪的作用。其所作堰堤，計內江一百三十一處，外江一百五十一處，合計二百八十二處。而灌溉區域就今日而論，包括了十四縣，面積達五百二十萬畝。這一偉大的水利工程，一直利用了兩千多年，至今完好。每歲淘江修堰，也還是遵循著李冰"深淘灘，低作堰"的六字遺教而施工的。

其次在水運交通方面，遇著水位高低不平、船難上行時，我們祖先便在兩千年前，也想出了極聰明的辦法：用水閘把水一級一級積成樓梯那樣，每一級的水，都是平的，所以船用人工拉上一級以後，就可以航行了。這樣一級一級地拉上去，便可爬到高地，往來無阻。這種方法具體表現為秦朝史祿所鑿的"靈渠"，它連接湘、漓二水，溝通南北航行。本來湘、漓二水是不相通的，特別是居其間的"分水臺"，地勢最高，二水遠不相謀。自從史祿在"分水臺"（位於今廣西興安）那裏開鑿了一條運河（即靈渠）後，湘、桂可以通運。但是"分水臺"那裏的地形比較特別，流入湘水的一面，是由高而下；而六十里長的靈渠，河床原來比湘水高，以後迤邐而北，地勢也逐漸高起來。因此，怎樣使分出來的水經過靈渠流入漓水，這是一個偉大的水利工程面臨的課題。其辦法是：在"分水臺"前面，造一條攔江壩，使水位提高到靈渠河床之上，以便分別溢入湘水和靈渠。這個攔江壩名叫"天坪"，北面的叫"大天坪"，長四百四十公尺，坪下便是湘水；南面的叫"小天坪"，長一百二十公尺，坪下即靈渠。渠深數尺，寬丈餘。上下共置陡門三十六道，壅水分成階級。舟船循著一道一道地盤過陡門上來，到了最高處，又可循級而下。這種方法，在水利工程上叫做"累級加水閘"。我們祖先居然在兩千多年前創造出這種不朽的奇蹟，真是使我們感到自豪和驕傲。

沿海地區築堤防潮

杭州灣六和塔（此塔係北宋開寶三年〔九七○〕，為鎮錢塘江潮而修建）

我國版圖遼闊，東南濱海。濱海地區，容易遭受海潮的侵襲，引起自然災害。特別是浙江省錢塘江口杭州灣，海潮之大，是全世界聞名的。它所引起的災害，首先是侵蝕海岸，使陸地淪為大海，自然要漂沒許多廬舍，淹斃許多人畜。其次，鹹潮湧入耕地以後，敗壞禾稼，從此田畝不可種植，妨害生產極大。加以濱海地區，鹽場為多，海潮泛漲以後，往往淹沒鹽灶，對鹽產損失尤屬。這樣的自然災害，對沿海地區的生產和生活無疑是一種嚴重的威脅。但是我們祖先，卻在十分艱難的環境和條件下，創造出全世界聞名的海塘工程來，抵擋住錢塘江口杭州灣洶湧的海潮，保衛著長江三角洲一帶富庶的農產區域。

在錢塘江口築堤以防海潮的侵襲，起源很早。雖不能確定始於何時，但據北魏酈道元《水經注》所引《錢塘記》的記載〔見《水經注》卷四十浙江水注〕，可知遠在五世紀以前，便已有人興築過了。不過那只是片段的修築，到唐代才有大規模重築海塘的記載。《唐書·地理志》寫道："鹽官有捍海塘堤，長二百二十四里，開元元年重築。"後來《兩浙鹽法志》根據這段敘述，加以注釋說："重築云者，知不始於開元間也。然始築無考。"唐代開元元年，是七一三年。由此可知，大規模修築海塘，至少也有一千二百多年的歷史了。

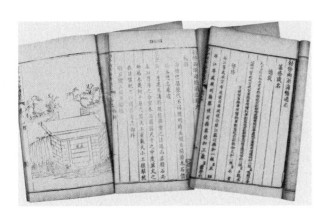

《兩浙海塘通志》（清乾隆刻本）

海塘的修築，較任何工程都要艱難。首先由於海潮晝夜衝擊，來勢兇猛，沿襲通常築塘的方法，採用夾板築塘（板築），是無法成功的。在這種困難的情形之下，我們祖先只得把大石頭裝在竹籠中，一個一個倚壘起來，再打下大木椿，使它們牢固，這種做法和四川修都江堰的辦法是一致的。但是竹木浸在水中，年久腐爛，失去了它的作用，必然非經常修理不可，不但勞民傷財，還時時發生危險。所以從十一世紀以後，改用巨石砌成海塘。並且在石堤之內，加築一道土塘，阻止鹹潮的侵入，以確保農業生產。然而用石壘砌，其勢太陡，當海潮激發時，仍易崩潰。到了十五世紀，便改舊塘為坡陀形，壘石如階梯狀，斜向海底，以殺潮勢，而堤身又比較穩固，且能耐久。後來，海塘工程都採取了這一方法。

這些築塘方法的逐步改進，是經過無數勞動人民的集體創造，迭經失敗和成功，逐漸發展起來的。有了這些好的辦法，所以到了十七世紀和十八世紀，清代康熙、雍正、乾隆三朝，才可以徵發無數的人力，耗費巨大的財資，大舉修建長達三百多里的海塘，從而奠定了一勞永逸的基礎。

長達三百多里的海塘工程，東北起自江蘇省金山衛，西南到浙江省的杭州市。中間經歷了錢塘、仁和、海寧、海鹽、平湖、金山六縣。海塘的塘身，全

海寧海神廟

以整塊大石條砌成。有的長六尺，寬厚各二尺；有的長五尺，寬厚各一尺六寸。最高的到十八層至二十層，最低的五六層或六七層不等。石塘的壘砌法，外縱內橫，略仿坡陀形。所以人們可以從塘頂一級一級走下去，一直降到海水處。

　　海塘的後面，是備塘河，寬一丈至二丈，一方面可以通航，一方面對於鹹潮起一種消納和防範作用。河的內側，更有"內土備塘"，和海塘平行，高四五尺至一丈一二尺不等，對於抵擋鹹潮內侵，保護農作物，實起很大作用。像這樣精密的設計和繁複的工程，都是我們祖先集體創造的成果。

對保健養生的重視

人的壽命，本來是很長的。在《尚書‧洪范》裏所提出的"五福"，第一便是"壽"。舊注解釋道："百二十年。"可知我們祖先對人生壽命所提出的指標是很高的。歷史證明，遠古時期的人類，活到百多歲的，並不稀奇。這也足以說明活到一百多歲後才夠得上稱一個"壽"，並不誇大。後來許多人所提："五十不為夭"，"六十曰壽"，"人生七十古來稀"，這都大大地降低了壽命的指標，在生命史上，不可算成正常的現象。後世人命短淺的原因，一方面固由於階級社會中廣大勞動人民受盡剝削階級的剝削和壓迫，身體、精神飽經摧殘，沒有人生的愉快，常致夭折天年；而最主要的，還在於沒有注意衛生和身體的鍛煉，以致未老先衰，像草木一樣的枯槁、凋零，以至於死亡。我們祖先，為了挽救這一可以避免的損失，很早便創造出一套保健的方法，散在群書中，到今天還有供我們參考的價值。

飲食起居的清潔和衛生

人們談到保健，便首先提出"衛生"二字。然而我們仔細考究這兩個字的來歷，發現很早就出現在古籍之中。《莊子‧庚桑楚》引老子的話，便有所謂"衛生之經"（這四個字在《莊子》中不止一次地出現）。這足以證明我們這個文化悠久的民族，從來就是注意衛生、講求清潔的。

首先，注重人身體的清潔，是一切強身保健的先決條件。甲骨文中很早就有了𣬈字，像人散髮就皿洗面之形（即《說文》中的"沬"字），可見古人是十分注意面部的清潔的。此外像描寫人在皿中的𥁍（浴）字，手在水中的𣵽（澡）字，足在水中的𣲗（洗）字，爪在皿中的

東漢 青銅洗（日常盥洗用具，相當今之洗臉盆）

（鹽）字，都是具體的狀物象形，並不止一次地保留在甲骨文中。可見我們祖先，是怎樣在注意自身的清潔。年老的人，如果精力衰退，不易振作，家裏年輕的人，必須加以及時照顧。《禮記·內則》記載："五日則燂湯請浴，三日具沐。其間面垢，燂潘請靧；足垢，燂湯清洗。"這自然是長期以來古人養成的愛清潔的良好習慣，到了漢代，記禮的先生們才把它記錄下來。年老的人尚且五日一浴（洗身）、三日一沐（洗頭），少年、壯年，更可想見了。

日常生活中影響身體健康最大的便是飲食，古人早就提出"病從口入"的口號，以期人們警惕。所以注意衛生，無疑地要從飲食入手。我們祖先，早在五十萬年以前已經知道用火，發明了熟食。這不獨對人類的進化推進了一大步，對於飲食衛生，也自然提高了不少。但在還沒有發明冶鑄銅器的石器時代，雖有熟食，而方法還很簡單。《禮記·禮運》所謂"燔黍捭豚"，漢代學者鄭玄注云："中古未有釜、甑，釋米捭肉，加於燒石之上而食之耳。今北狄猶然。"可知後世一切烹飪之法，實是在釜、甑出現以後勞動人民陸續發明出來的。

戰國 三足銅釜

到了階級社會以後，禮文大備，對於飲食的衛生，也就十分注重了。我們祖先首先便提出吃東西不宜過飽的原則。《管子·內業》中說過："凡食之道：大充（大充，謂過於飽），傷形而不臧；大攝（大攝，謂過於饑），骨枯而血沍；充、攝之間，此謂和成。"《論語》中也曾經提出"食無求飽"、"不時不食"的話。《呂氏春秋·盡數》更明確指出："食能以時，身必無災。凡食之道，無饑無飽，是之謂五藏之葆（葆，安也）。"這都是極其合於保健原則的見解。這種見解，極有見地，直到現在，北方廣大地區還保存著這種好的保健傳統。所以每當食畢的時候，便問人："吃好沒有？"而並不問人："吃飽沒有？"

大凡食物變了味、變了色以後，都是不宜去吃的，吃了，容易生病。所以孔子平日，"食饐而餲。魚餒而肉敗，不食；色惡，不食；臭惡，不食"（《論語・鄉黨》）。這並不是孔老夫子個人故意擺架子，而是我們祖先早就形成的講究飲食衛生的優良傳統。漢代名醫張仲景在所著《傷寒論》中寫道："穢飯、餒肉、臭魚，食之皆傷人。六畜自死，則有毒，不可食。"這個原則的提出，顯然是十分正確的。

我們祖先，又常常告誡人們少喝酒，少吃肉。《論語》上記載孔子平日的生活："肉雖多，不使勝食氣。"又說："不爲酒困。"這都說明喝酒吃肉過多，對於健康是有損害的。《呂氏春秋・本生》乃至鄭重地提出："肥肉厚酒，務以自強，命之曰'爛腸之食'。"《盡數》又說："凡食，無強厚味，無以烈味重酒，是以謂之疾首（疾首，猶言致疾之端）。"意思更爲明白。所以古人書中，總是提倡多吃蔬菜，是極合衛生保健原則的。

在三千多年前，甲骨文上已經出現了 𥁕（盡）字，或作 𥁊，從又持𣏾從皿，表示吃完了食物以後洗滌器皿的意思，因之這字便引申爲終盡之意（羅振玉說）。由此可見，我們祖先對於飲食器具，也是十分講清潔的。當洗滌飲食器具的時候，又須注意手的清潔。《禮記・少儀》中說："凡洗必盥。"孔穎達正義云："洗，洗爵也。盥，洗手也。凡飲酒必洗爵，洗爵必宜先洗手也。"據此可知，在講求清潔的過程中，又已注意到各方面的聯繫了。在傳統社會的禮制中，特別規定在兄親姊妹間，"弗與同器而食"。《禮記・曲禮上》明確指出了各人

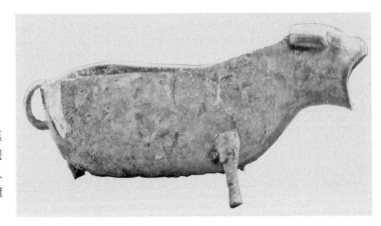

春秋 立獸形銅匜（匜為盥器，古代貴族餐前飯後洗手時，一人執匜澆水，一人捧盤承接）

用的食器應該有分別。在會食的時候，有些食物，還應轉移到自己的食器中而後去吃。這種轉移的辦法，古人叫做"寫"。《禮記·曲禮上》："器之溉者不寫。"鄭玄注："寫者，傳己器中乃食之也。"這都說明我們祖先在吃飯的時候，已早有注意公共衛生的習慣。

假若單在飲食方面講究衛生，而忽略了房屋的清潔，也還是妨害健康的。所以我們祖先在很早的時候，便注意到住室的掃除。掃地時，恐灰塵揚起，必先灑水。"灑掃"二字，成爲固定的聯綿字，也有幾千年歷史了。掃地又是十分審慎、慢慢進行的工作，所以"侵"字在《說文》中作償："漸進也。從又持帚，若掃之進。又，手也。"這樣慢慢地進行工作，也無非防止灰塵的揚起。不獨地面隨時灑掃，連屋壁也是經常洗刷的。"刷"字在《說文》中作刷："飾也。從又持巾，在尸下。""尸"便是代表著"屋"（"屋"字下云：尸

西晉 清釉唾壺

象屋形）。可見房屋的上下四周，也還是經常注意它的清潔。既已弄得很清潔，不獨不容許隨地便溺，連痰液鼻涕，也不能任意吐唾。《禮記·內則》明白規定："在父母舅姑之所……不敢唾洟。"這說明孩子們在幼小時，便養成了不隨地吐痰的習慣了。老年人雖痰液鼻涕較多，怎麼辦？《內則》又說："父母唾洟不見。"注云："輒刷去之。"可見一家之中，便經常有人照料清潔，隨時將唾洟掃刷乾淨了。

環境衛生的講求

我們祖先對於環境衛生，從來是十分重視的。首先從選擇住宅建築地來說，漢代劉熙《釋名》已云："宅，擇也。擇吉處而營之也。"晉代張華《博物志》

又說：“居無近絕溪、群塚、狐蠱之所，近此則死氣陰匿之處也。”都已指出在建造房屋以前，必須重視周圍環境，並且要遠離不合衛生要求的地區。其次，便須注意到房屋內外的清潔。凡可以引致疾病的東西，都要力求從根本上予以消滅。而除鼠，便成爲最要緊的一件事。遠在幾千年前，

三國吳 陶院落

《詩經·豳風·七月》裏已有“穹窒熏鼠”的話，這便是說發現房子裏有窟窿的地方，就用土把它塞住；如果有鼠藏匿在內，就用火把它熏出。我們再考之其他古書，像《韓詩外傳》記載晏子對齊景公說過：“社鼠出竄於外，入託於社。灌之恐壞牆，熏之恐燒木。”可知古代消滅鼠患，除用火熏以外，還有用水灌的法子。

其次對於藏匿在屋壁牆隙的害蟲，也要不遺餘力設法消除之。《周禮·赤友氏》：“掌除牆屋。以蜃炭攻之，以灰灑毒之。”鄭注：“除牆屋者，除蟲豸藏逃其中者。蜃，大蛤也。搗其炭以坋之，則走；淳之以灑之，則死。”當古人尚未發明用石灰的時候，便只知採用蜃灰以塗牆，以灑地。蜃灰寓有消毒和殺蟲的作用，和今日施用石灰正同。

蠅、蚊、蝨子，是傳染疾病的媒介，對人類健康是有害的。我們祖先在很早時候，就設法驅避和消滅它。北宋劉延世所著《孫公談圃》中便記載：“泰州西溪多蚊，使者行按左右，以艾熏之。”足以證明在十世紀時，已經發明了焚燒藥物來驅蚊的方法，爲後世殺蟲藥物的應用和改進，奠定了一定的基礎。

我們祖先平日對於屎尿，是特別注意清潔的。古人很重視廁所的乾淨，古

書中直接稱"廁"爲"清"或作"圊"字。《說文》："廁，清也。"《釋
名》："廁或曰圊，言至穢之處，宜常修治使潔清也。"大約就它的必需清潔
言，便叫做"圊"；就它的必需以屏障掩蔽言，便叫做"屏"或"匽"（亦作
"偃"）。《莊子·庚桑楚》："觀室者周於寢廟，又適其偃焉。"注云：
"偃，謂屏廁。"可知古人參觀人家的房屋，必到廁所裏去看看，這無疑說是
檢查清潔的好辦法。幾千年前，我們祖先便已注意到這點了。《墨子·旗幟》
說："於道之外爲屏，三十步而爲之圊，高丈。爲民圂，垣高十二尺以上。"
由此證明幾千年前，我們祖先不獨重視住宅以內廁所的清潔，而且還重視公共
廁所的設置。

新石器時代 陶下水管道

古人除注意到廁所的清
潔以外，又很重視住宅內外
水溝的修浚和打掃。如果水
溝積汙太多，最容易引起疾
病，所以《周禮·宮人》中
云："爲其井匽，除其不
蠲（潔），去其惡臭。"
鄭注："井，漏井，所以受
水潦。匽者，謂霤下之池，
受畜水而流之者。"後世建
造房屋，有天井，有水溝，即《周禮》所謂井匽。這種水溝，也有陰溝與陽溝
的區別。陰溝是修建在地下的，即今日所稱下水道。從近年在河北易縣燕下都
出土的戰國時代陶質陰溝管來看，不僅設計合理，而且堅固耐用，可知我們祖
先在二千多年前，已有了很完備的下水道設備了。至於陽溝，顯露在地面，更
容易變爲藏汙納垢之地，所以古人很注意保持它的清潔。至於繞屋溝渠，也必
須經常加以修浚。漢代王褒《僮約》，規定他的家奴日常勞動，便有"浚渠縛
落"一項。"浚渠"，即是修治水溝的工作。

　　甲骨文中，早已有"牢"、"圂"等字，可見那時已經牛有欄、豬有圈，實
行人畜分居了。古人不獨必使家畜和自己隔離，連日常生活最關重要的廚房，

也儘量使之離開住室較遠。
《孟子》中說"是以君子遠庖
廚也"，就是例證。這是由於
廚房是比較骯髒的地方，所以
必須把它隔遠一些。而孟子卻
將這原因推定爲"聞其聲不
忍食其肉"，則未免過於牽
強了。

東漢 陶豬舍

人們都知道中國有句舊話：
"千里不唾井。"這充分表明
我國人民從來便有愛護水源、
注意公德的良好習慣。但是這
種習慣，斷不是短時期所能養成；而必然
由於長期修養訓練，以至如此。考古人造
字的時候，"**斯**"字便是從刀守井。有了
井，而必持刀守之，分明是愛護水源，恐
人不講公德，而把它弄髒了，於大眾衛生
有害，所以必須有人在旁監護。又爲了防
止地下汙物滲入井內，便用瓦甓修井，叫
做"井甃"（二字始見《周易》）。爲了
攔阻地面汙物流入井內，便在井口安設木
闌，叫做"井韓"（見《說文》）。這都
具體說明了古人對飲水清潔的重視。《周
易·井》卦《象》辭中更提出："井泥不
食，舊井無禽。"王弼注云："井泥而不
可食，則是久井不見漯治者也。久井不見
漯治，禽所不向，而況人乎？一時所共棄

漢 灰陶井

舍也。"這裏既指出井中積有污泥、不可飲用的緣故，又從反面顯示了淘井工作

的重要。《後漢書・禮儀志》曾經有夏至日"浚井改水"的記載，這自然是我們祖先幾千年間每年一次的經常工作。修史的先生們，不過把它總結下來罷了。

我們祖先對於道路的清潔，也是十分重視的。《漢書・五行志》說："秦連相坐之法，棄灰於道者黥。"顏師古注引孟康說："商鞅為政，以棄灰於道必溓人，溓人必鬥，故設黥刑以絕其源。"這分明是一件維護公共衛生、保持環境清潔最認真最具體的辦法，原來希望人們不忽略這件事，所以定法不得不嚴。然而後世一般學者，談到秦代一切政法總是有成見，對這件事常加引用，以為痛罵秦代"網密而刑虐"的一個鐵證，豈不可笑！在秦代既明令禁止在大路上傾倒灰屑，到了漢代更進一步規定路旁居民以水灑道，來防止灰塵的揚起。這雖然沒有正面史料可以證明，但是《後漢書・張讓傳》中曾經記載："作翻車渴烏施於橋西，用灑南北郊路，以省百姓灑道之費。"這是漢靈帝中平三年（186）張讓吩咐當時掖庭令畢嵐製作成功的，自然是一種傑出的創造。由《後漢書》所載"以省百姓灑道之費"一語來看，可見在沒有發明翻車渴烏以前，百姓是經常用自己的勞力去灑道的。在一千七八百年前的漢靈帝時代，居然有這灑水機器的創造，真是一件了不起的奇蹟，也正反映了當時對道路清潔的重視了。

身心的保養方法

過去很多學者都強調保養身體的重要，認為平日保養得好，便可卻病延年；平日不善保養，便易發生疾病，不可能長壽。這種論斷，是合乎生理衛生原則的。而保養的具體所在，不外飲食、男女、起居、勞逸以及喜、怒、哀、樂等方面。我們仔細翻檢古書有關養生的理論確實不少，但都一致提出"中和"二字做保養身心的指導原則。西漢學者董仲舒《春秋繁露・循天之道》說過："中者，天下之終始也；而和者，天地之所生成也。夫德莫大於和，而道莫正於中。……能以中和養其身者，其壽極命。"他所說的"中和"，便是不"太過"也無"不及"的意思。他在同篇又提出具體保養的方法時說過："男女體其盛，臭味取其勝，居處就其和，勞佚居其中，寒暖無失適，饑飽無失平，欲惡度禮，動靜順性，喜怒止於中，憂懼反之正。此中和常在乎其身，謂之大得天地泰。大得天地泰者，其壽引而長；不得天地泰者，其壽傷而短。”現在根據他所提出的這些方面，參考其他書籍，總括成三大部分加以說明。

第一，關於男女情欲方面的節制。我們祖先，從來便反對早婚。所以“男三十而娶，女二十而嫁”的婚年，是比較合理的制度。結婚以後，又經常提倡“血氣方剛，戒之在色”的教育。董仲舒在他所著書裏，又曾提出根本的原理和具體的辦法：“天地之氣，不致盛滿，不交陰陽。是故君子甚愛氣而遊於房，以體天也。氣不傷於以盛通，而傷於不時。是故新牡，十日而一遊於房；中年者，倍新牡；始衰者，倍中年；中衰者，倍始衰；大氣者，以月當新牡之日，而上與天地同節矣。此其大略也。”（《循天之道》）這和他在《通國身》篇所說“治身者，以積精為寶”的原理是一致的。《韓詩外傳》卷五也說：“存其精神，以補其中。”都是推本窮源的話。《呂氏春秋·盡數》更進一步提出：“大寒、大熱、大燥、大濕、大風、大霖、大霧，七者動精，則生害。”那麼對於天氣寒暖，也應加以注意，更值得人們警惕了。《漢書·藝文志·諸子略》敘述到房中一事便說：“樂而有節，則和平壽考；及迷者弗顧，以生疾而隕性命。”由此可

男女擁抱圖（漢畫像石拓片）

見，我們祖先對於男女情欲方面的衛生是極其重視的。

第二，關於飲食起居方面的節制。董仲舒對於這方面，也是十分強調的。他在《循天之道》裏說過：「春襲葛，夏居密陰，秋避殺風，冬避重漯，就其和也。衣欲常漂，食欲常饑，體欲常勞，而無常佚居多也。」他同時又引公孫養氣之說道：「裏藏泰實則氣不通，泰虛則氣不足，熱勝則氣寒，泰勞則氣不入，泰佚則氣宛至。」這種理論，遠在周、秦之際，修輯《呂氏春秋》的學者們，早就提出來說過：「凡生之長也，順之也。使生不順者，欲也。故聖人必先適欲。室大則多陰，臺高則多陽；多陰則躄，多陽則痿。此陰陽不適之患也。是故先王不處大室，不爲高臺，味不眾珍，衣不燀熱。燀熱則理塞，理塞則氣不達；味眾珍則胃充，胃充則中大鞔，中大鞔則氣不達。以此長生，可得乎？」（見《重己》篇）又說：「大甘、大酸、大苦、大辛、大鹹，五者充形，則生害矣。」（見《盡數》篇）而《孔子家語》載孔子之言：「人有三死，而非其命也，己自取也。夫寢處不時，飲食不節，逸勞過度者，疾共殺之。」這些言論，都指出了疾病的根源，值得人們重視。但是古人更注意在飲食方面的調節，它和男女情欲的必須節制，是同樣的重要，所以古人說話常拿「飲食」、「男女」並舉。而造字的時候，甘匹爲「甚」，更寓有警戒世人對於「飲食之味」、「男女之好」，不宜貪嗜太過的意思。《莊子》所謂：「人之所畏者，衽席之上，飲食之間，而不知戒者過也。」由此可見，日常生活方面的保養方法，首宜從飲食的調節入手，爲最不可忽略了。《天隱子·養生》談到齋戒便說：「齋乃潔淨之務，戒乃節約之稱。有饑即食，食勿令飽，此所謂調中也。百味未成熟，勿食；五味太多，勿食；腐敗閉氣之物，勿食。此皆宜戒也。」

戰國 雙耳銅豆（豆除禮器功能外，其用途是專備盛放醃菜、肉醬等調味品）

而《保生要錄》引青牛道士的話："凡食：太熱則傷骨，太冷則傷筋。雖熱不得灼唇，雖冷不得凍齒，冷熱相攻而為患。凡食：熱勝冷，少勝多，熟勝生，淡勝鹹。"這些話，雖方外之士所傳，卻也是養生秘訣。

第三，關於喜怒哀樂方面的節制。一個人用情太過，也必然損害身體。所以《呂氏春秋·盡數》篇說："大喜、大怒、大憂、大恐、大哀，五者接神，則生害矣。"《淮南子·精神訓》也說："人大怒，破陰；大喜，墜陽；大憂，內崩；大怖，生狂。"這都指出了用情太過，必然損害身體的原理。董仲舒在《循天之道》中，便提出了一些補救的辦法。他說："怒則氣高，喜則氣散，憂則氣狂，懼則氣懾，凡此十者，氣之害也，而皆生於不中和。故君子怒則反中而自說以和，喜則反中而收之以正，憂則反中而舒之以意，懼則反中而實之以精。"又說："和樂者，生之外泰也；精神者，生之內充也。外泰不若內充，而況外傷乎？忿恤憂恨者，生之傷也；和說勸善者，生之養也；君子慎小物而無大敗也。行中正，聲向榮，氣意和平，居處虞樂，可謂養生矣。"由此可見，喜、怒、哀、樂的情感，不可用之太偏，更不可用之太過，務必使之合乎中和之道。而平日養生之術，更宜注意經常保持著喜悅和樂的心情，自然不會走入偏激，以致影響身心的健康了。

以上所舉，不過條列幾點大的養生原則和方法。這些方法，都是從日常生活實際中體會出來，又經過若干時期的經驗證明而後取得的結論，是很合乎生理衛生保健原理的，是接近科學的。它既不同於魏晉以下道家方外之士所謂服藥煉丹之說，和一般佛教徒靜坐養性的道理，也有天淵之別。這便是我們祖先在靜的方面，努力保健的具體方法。至於從動的方面，用鍛煉體魄的方式來保持身心健康，我們將在下節敘述。

運動健身

我們有豐富的歷史資料足以說明古人對於衛生保健的方法，是以愛好運動、提倡身體鍛煉、從根本上做起的。在最早的一部經典《周易》中，列舉六十四卦，頭一卦便是《乾》卦。而《乾》卦的《象》辭便說："天行健，君子以自

《周易》（清乾隆仿宋刻本）

強不息。"王弼注云："行者，運動之稱。健者，強壯之名。……萬物壯健，皆有衰怠。……唯天運動，未曾休息。"我國古代一切養生修身的理論基礎，大半都是取法自然。《周易·乾》卦《象》辭明白地指示著人們必須學習自然界運動不息的精神，鍛煉自己，雖然那些話的含義不止於此。

周、秦之際的學者們，對這個問題提得更為顯豁。《呂氏春秋·盡數》說："流水不腐，戶樞不螻，動也。形氣亦然：形不動，則精不流；精不流，則氣鬱。鬱處頭，則為腫為風；處耳，則為挶為聾；處目，則為矇為盲；處鼻，則為鼽為窒；處腹，則為張為疛；處足，則為痿為蹷。"因此對於那些常坐車而不愛運動的人，也是極力反對的。所以《本生》篇又指出："出則以車，入則以輦，務以自佚，命之曰招蹷之機。"這是何等值得人們警惕的話！古代醫書，像《內經·素問》便很早提出"聖人不治已病，治未病"的原理，已經充分說明預防疾病比治療更為重要。而預防疾病的要訣，便不外"常常運動"四字。所以後漢末年最負盛名的大醫生華佗平日教人也只說："人體欲得勞動，但不當使極耳。動搖，則谷氣得銷，血脈流通，病不得生。譬如戶樞，終不朽也。"（見《後漢書·華佗傳》）這真是推本窮原的至理名言。

我們祖先，既認定運動為強身之本，所以在很早的時候，便有所謂"導引"之術。《淮南子·精神訓》說過："是故真人之所游，若吹呴呼吸、吐故內新，熊經、鳥伸、鳧浴、蝯躩、鴟視、虎顧，是養形之人也。"華佗也說："是以古之仙者，為導引之事。熊經鴟顧，引挽要體，動諸關節，以求難老。吾有一術，名五禽之戲：一曰虎，二曰鹿，三曰熊，四曰猿，五曰鳥，亦以除疾，兼利蹄足，以當導引。"（見本傳）李賢《後漢書》注："熊經，若熊之攀枝自懸也；鴟顧，身不動而回顧也。"大約這種運動的方式和方法起源很早（導引之說，最初見於《莊子》），到漢代便已不知其由來，所以一般學者，便認爲是出於"眞人"、"仙者"。其實這些辦法，無疑是古代勞動人民的創造發明，他們在勞動過程中觀察到自然界飛禽走獸某些運動的姿態，人可以仿效之，用來活動人身的血脈，促進身心健康。經過長時期的摸索、改進，使之最後成爲有系統、有步驟的運動方式。這便是後世"拳術"的起源，也是最適宜於個體運動的一種方法。

華佗五禽戲之一 "虎"

還遠在漁獵時代，我們祖先便早已精熟射箭的技術。幾千年間，還一直保存著這種本領。在古代一個男孩子剛從母胎生下地的時候，便在門外懸著弧，表示這個孩子將來是能操弧矢以講習武事的。等他長大以後，入小學習六藝，"射"便是其中重要的學科（周制如此）。這都具體說明了古人對於射的重視，也正說明了對於運動的重視。《漢書‧藝文志‧諸子略‧兵家》著錄了《逢門射法》二篇，《陰通成射法》十一篇，《李將軍射法》三篇，《魏氏射法》六篇，《強弩將軍王圍射法》五篇，《望遠連弩射法》十五篇，《護軍射師王賀射書》五篇，《蒲苴子射法》四篇，可惜這些書都已散佚，不可得見了。其次擊劍，也是最好的運動方式之一。古人也十分重視，特別是漢代史料中，經

唐 陶畫彩女子射獵俑

宋 蹴鞠紋銅鏡

常拿"讀書"、"學劍"二事對舉,表示它是一般知識分子經常性的業餘運動。

至於集體運動,古人也十分重視,並且創造了很多好的方法。《漢書·藝文志·諸子略·兵家》有《蹴鞠》二十五篇。蹴鞠,即是後世的足球運動。顏師古注:"鞠,以韋爲之,中實以物,蹴蹋爲戲樂也。"可知那時候所用的球,雖也是用皮韋做成的,但沒有發明充氣的方法,還只得用一些柔軟的東西充塞其中(《漢書·霍去病傳》顏注云:實以毛)。《漢志》既著錄其書有二十五篇之多,可以想見當時踢蹴方法和技術,以及比賽時的規則一定很多。可惜其書不傳,無由考見其概略了。不過考之《漢書·霍去病傳》曾言"去病尚穿域蹋鞠",注引服虔曰"穿地作鞠室也",可知古代蹴鞠,也必事先分地爲界,和今日先設球場一樣。

"球場"二字,在唐代文獻中,是數見不鮮的。《隋唐嘉話》卷一記載:"景龍(中宗年號)中,妃主家競爲奢侈,駙馬楊愼交武崇訓,至用油灑地,以築球場。"可知當時重視這種運動,一般貴族不惜重資從事於球場的修築了。但在唐代,"打球"又與"蹴球"有別。蹴球是人在地上,球用腳踏;打球是人在

唐 彩繪女子馬球俑

馬上，而球用杖擊，二者截然不同。《唐語林》卷一記載：“宣宗弧矢擊鞠，皆盡其妙。所御馬，銜勒之外，不事雕飾。而馬尤矯捷，每持鞠杖乘勢奔躍，運鞠於空中，連擊至數百，而馬馳不止，迅若流電，三軍老手，咸服其能。”

其次像“拔河”這種運動，在唐代也極其盛行。《封氏聞見記》說：“拔河，古謂之牽鉤。襄漢風俗，常以正月望日爲之。相傳楚將伐吳，以是爲教戰。梁簡文臨雍禁之，而不能絕。古用篾纜，今（唐）民則以大麻絚長四五十丈，兩頭分繫小繫數百條，掛於前；分二朋兩勾齊挽，當大絚之中，立大旗爲界。震鼓叫噪，便相牽引，以卻者爲輸，名曰‘拔河’。”這種遊戲，在我國起源很早，後來便成爲統治階級觀覽取樂之事。《唐書·則天本紀》載她“幸玄武門，觀宮女拔河”。《唐語林》又載：“中宗曾以清明日御梨園球場，命侍臣爲拔河之戲。”

健身術的豐富

我國很多事物，到了漢代以後，便受到宗教的影響。特別是南北朝時代佛、道盛行，一切原有文化，不可避免地受到它們的影響，在形式甚至內容上或多或少地發生了變化。即拿“健身術”來談，也自然不能例外。人們都知道，今日社會還很流行的“八段錦”是一種很好的健身術，但是它的具體內容和運動姿態，竟和佛、道二家所提倡的調氣煉身之法是分不開的。後世稱調氣爲“內功”，煉身爲“外功”，內功主靜，外功主動，二者又成爲有機聯繫的整體。而我國過去各種健身運動，都是動靜

東漢 格鬥圖（漢畫像石拓片）

交養、內外兼顧。所以表現在運動時的姿態方面，總是先凝神而後動作。動作之時，也注意神到意達，務使意志專一，做到"意以使氣，氣以行血"的功效，這都是參和了佛、道二教健身之術的精華而形成的。這些在"八段錦"運動的方式上，充分地表現出來了。

道家是以"調氣"為健身的中心環節的，這卻和近世由歐美傳入的深呼吸法有所不同。因為深呼吸法的目的，只在吸氣入肺；而道家則主張吸氣入腹，且主張充實腹力，而提出"氣納丹田"之說。據《黃庭外景經》言："丹田之中精氣微。"《抱樸子》也說："丹田有三：在臍下者，為下丹田；在心下者，為中丹田；在兩眉間者，為上丹田。"但是一般醫書、道書所稱"丹田"是指"下丹田"，大約在臍下三寸以內之地，即普通所謂"小肚"，為小腸盤居之所，為人體營養之源，是一切精神氣力之本。所以無論道家、武術家、修養家，甚而至於名伶歌唱家，如果腹力不充、丹田不實，斷斷難望成功。道家調氣的功夫，便首先注意它的充實。

宋代洪邁《夷堅志》載："政和七年，李似矩為起居郎。……素於聲色簡薄，多獨止外舍，仿方士熊經鳥申之術，嘗以夜半時起坐，噓吸按摩，行所謂八段錦者。"據此，可知八段錦在宋代，已坐行於床上，而專事"噓吸按摩"。這和道家講求內功，提倡調氣，息息相關。《天壤閣叢書》中，收有《內功圖說》，其內容前為十二段錦，後為八段錦。這些足以證明，學者們從來都是認定八段錦是道家修煉內功的一種運動。

釋家雖一切主靜，但是禪宗卻特別注意健身之術，今日所傳"羅漢功"和"易筋經"，都成為了一切拳術的基礎功夫。相傳達摩住嵩山少林寺，感到僧徒精神萎靡，筋肉駑緩，因為之創造出強身的方法，使僧徒們趁晨起時練習之，以為強精壯骨之用，這便是少林拳術的起源。後世有所謂"達摩十八手"（見尊我齋主人所著《少林拳術秘訣》）和"《易筋經》十二勢"（清光緒間，福山王祖源取其十二勢圖與十二段錦合刻，統名《內功圖說》），便是他們師徒相傳的健身術。其動作名目"達摩十八手"：一、朝天直舉（二手）；二、排山運掌（四手）；三、黑虎伸腰（四手）；四、雁翼舒展（一手）；五、揖肘鉤胸（一手）；六、挽弓開膈（一手）；七、金豹露爪（一手）；八、腿力跌盪（四手）。"《易筋經》十二勢"
則為：一、韋馱獻杵，第一
勢；二、韋馱獻杵，第二
勢；三、韋馱獻杵，第三勢；四、
摘星換斗勢；五、倒拽九牛尾
勢；六、出爪亮翅勢；七、九
鬼拔馬刀勢；八、三盤落地
勢；九、青龍探爪勢；十、臥
虎撲食勢；十一、打躬勢；
十二、掉尾勢。

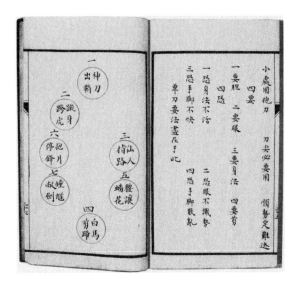

《單刀譜》（清道光抄本）

八段錦的動作姿態，根據
《天壤閣叢書》本《內功圖
說》所載：一、兩手托天理三

焦；二、左右開弓似射雕；三、調理脾胃須單舉；四、五勞七傷往後瞧；五、搖
頭擺尾去心火；六、背後七顛百病消；七、攢拳怒目增氣力；八、兩手攀足固腎
腰。但是這些動作姿態，實質上和"達摩十八手"、"《易筋經》十二勢"大致
是相同的。像八段錦的第一段，便是"朝天直舉"的第二式；第二段，便是"挽
弓開膈式"；第三段，便是"摘星換斗勢"；第五段，便是"掉尾勢"；第八
段，便是"打躬勢"。由此也足證明"八段錦"的出現，是吸取了釋家健身術的
精華部分而組成的。

根據上面的考證，可知古人練習八段錦，或用以調氣，或用以煉身。由於調
氣的功夫可坐在床上行之，而態度非常安定，所以後人加一"文"字，而名為
"文八段錦"。由於煉身的功夫必站在地上，而動作活躍，所以後人加一"武"
字，而名為"武八段錦"。表示它的作用，有內功、外功的區別。近人徐哲東
《國技論略》說："今之八段錦有兩種：一種止有八式，多作騎馬式；一種共分
三套，總二十四式，多直立行之。前者止於鍛煉筋力，後者有吞氣、想氣及貫
指尖等法。前者相傳出於岳武穆王，後者題青萊眞人。兩種八段錦，前者近於熊
經鳥申之術，後者近於吐納之術。"這種分析，是很清楚的。後人以"武八段

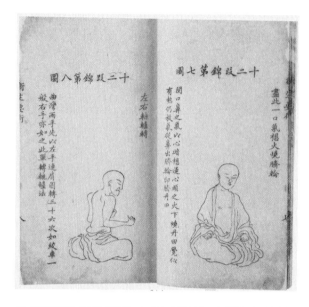

清　潘蔚偉撰《衛生要術》之“十二段錦”（咸豐八年刻本）

錦”出於岳飛，當係宋以後學者們的假託（其實出於佛家）；而“文八段錦”乃題青萊眞人，更可證明它實淵源於道家。

“八段錦”的創始者究爲何人，今不可知。我們也用不著必求知之。根據宋代藏書家晁公武《郡齋讀書志》上面說：“《八段錦》一卷，不題撰人，吐故納新之術也。”馬端臨《文獻通考·經籍考》也引用這段話，可知此書在宋時已盛行；而其術也以宋人練習爲最勤。像《夷堅志》中所載李似矩夜半起來所作“內功”的修練，這一運動大約當時已很普及於社會了。但是修煉內功比外功爲難，加以夜半行之，更非一般人所能耐久。所以到了後來，“八段錦”便只成爲鍛煉體魄的運動方式。而所謂調氣之功，能行者少。總之，這種運動的方式，自然是經歷了多少人的經驗和創造，逐步改進而成的。但是它的主要部分，則多取於佛、道二教的健身術，自可斷然無疑了。

豐富多彩的雜技

過去舊社會裏，人們如果遊歷過國內各大都市，都知道北京的天橋、南京的夫子廟、上海的大世界，是我國賣藝糊口的民間藝人表演雜技武功的集中場所。凡是到裏面參觀過的人，必定會爲這些藝人表現的奇技異能感到驚訝嘆服。但是這些藝人，從來沒被人重視過。直至新中國建立後，他們才得到政府的培養與保護。國家非常重視雜技藝術，不斷努力提高其表演水準，並從各地評選出優秀演員，組成中國雜技團，從一九五○年起不斷出國表演，多次獲得國際間的崇高評價，被稱為世界上第一流的雜技藝術。這些絕藝的出現，決不是一蹴而就、偶然可以取得的。我們仔細考之書本的記載，佐之以實物的證明，都可找出它的歷史根源，知道我們祖先早在若干世紀之前，便已擅有這一類驚人的技藝了。

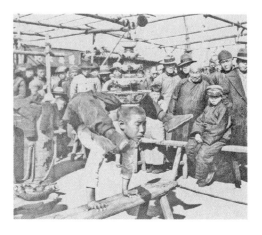

老北京天橋雜技──頂碗

　　首先我們要知道，有些武藝在古代是用來訓練軍隊的，後來才漸漸傳播到民間。《史記》上面記載秦國大將王翦統率軍隊去攻擊荊楚的時候，最初只是命令士卒休息，不和敵人交鋒。於是，在戰爭的間隙裏軍隊經常在練習"投石"和"超距"。由此可知，遠在戰國時，便已提倡這些技藝了。根據傳統的解釋，用石投人，叫做"投石"。古代兵法，飛石重十二斤，有大力的人，可以遠拋三百步外，實際上和今天田賽中擲鉛球、鐵餅的方法相同。"超距"，是跳躍的意思，實際便是今天田賽中的跳高或跳遠。這些技藝，到漢代更加發展與提高，《漢書》中記載甘延壽能一躍超逾羽林亭樓，那麼他的跳高技術，無疑是十分驚人的。

　　兩人相對角鬥的演習，在遠古便已有了。到秦代便正式稱為"角抵"，也寫作"觳抵"。根據傳統的解釋，角是"角材"的意思，抵是"相抵觸"的意思。《史記》上面記載秦二世在甘泉宮，曾經聚集藝人，演過角抵俳優等戲。到了漢武帝劉徹時，角抵戲得到進一步發展，演出中常常配合其他技藝來豐富表演的內容，號稱"百戲"。劉徹為了誇耀當時國家的廣大富庶，在元封三年（前108）的春天，曾集合了許多外國的來賓，佈置了酒池肉林，舉行盛大宴會並大加賞賜。趁著這樣的場合，藝人們表演著極其豐富的雜技，使國內外遠道而來的觀眾，都為之驚歎。從此，每年正月舉行，不斷增加新的節目，加以改進提高，這就奠定了中國古代雜技藝術的基礎。

漢 百戲圖（畫像石拓片）

　　根據《漢書・西域傳贊》的記載，當日劉徹所舉行的百戲，有所謂"巴俞都盧、海中碭極、漫衍魚龍"和"角抵"聯繫在一起，可以考見當時殿庭中表演的節目，是多種多樣、十分複雜的。依照《漢書》舊注的解釋，"巴俞"是指由巴州、渝州傳入的一種音樂和舞蹈；"都盧"是指身體輕捷、可以緣木登竿的一種技藝；"碭極"是音樂的名稱；"漫衍魚龍"則近於變化莫測的一種幻影，是一種魔術式的技藝，大半是由外國傳入的。在漢人文字中，也還有"吞刀吐火"一類的記載。考《漢書・張騫傳》稱："大宛以犁軒眩人獻於漢。"顏師古注云："眩，讀與幻同。即今吞刀吐火、植瓜種樹、屠人截馬之術，皆是也。本從西域來。"由此可知，中國古代技藝有些是由外族輸入，後來師師相傳，漸漸參合到我們原有技藝之中。不過有些恐怖節目，到後來多歸淘汰，不再表演，因而也就失傳了。

　　現在通行的雜技中，特別是馬戲團的演員，有的能夠在很長的懸空繩索上行走，通常叫做"踩軟索"，認為是極難能的技藝，其實這種技藝，在漢代已很盛行了。《後漢書・禮儀志》注引蔡質《漢儀》，記載漢代最高統治者每年正月宴享作樂的盛況，其中便有一項節目："以兩大絲繩繫兩柱中頭間，相去數丈，兩倡女對舞行於繩上，對面道逢，切肩不傾。"這種表演，也就是張衡《西京賦》所稱"走索上而相逢"的技藝。這不僅見於文字的記述中，也見於漢代遺留的壁畫和石刻中。山東沂南發現的漢代畫像石，正保存著這種表演的畫面。兩人從兩

頭對舞而來，中間尚有一
人在繩上倒立；繩的下
面，有兩把向上的利劍，
更增加了踏索藝人的危
險，也正由此顯示出藝人
技術的超絕了。特別應該
指出的：自古以來表演這
一技藝的，都是女演員，
所以又稱爲“舞絚”。它
發展到唐代，更加進步。

西漢 彩繪樂舞雜技俑（山東濟南出土）

漢 雜技圖（畫像石拓片）

《唐語林》記載：“明皇開元二十四年八月
五日，御樓設繩技。妓女自繩端躡足而上，
往來倏忽，望若神仙。有中路相遇，一側身
而過者；有著履而行，從容俯仰者。或以畫
竿接脛，高六尺；或踏肩踏頂，至三四重。
既而翻身直倒，至繩還往，曾無蹉跌。”
由此可見，今天所認爲艱險難行的“踩軟
索”，在漢、唐時代，早已有輝煌成就了。

　　人們走進雜技場，最容易看到的便有
“弄丸”、“弄劍”、“跳刀”等技藝。
同時能用幾個木丸（或鋼丸）或幾把刀
劍，在空中飛揚，兩手交替收付，不使
丸、劍落地，觀看的人，莫不歡異。但是
我們考之古書，知道在周末已很盛行，
並且出現了一些擁有絕藝的能手。《莊
子·徐無鬼》記載市南宜僚以弄丸名於
時。舊注稱：“市南宜僚善弄丸，常八

個在空中,一個在手。"《列子・說符》也記載宋國蘭子弄七劍,五劍常在空中。在兩千多年前,我們祖先便已擅有了這種技藝,自然是難能可貴了。至於"跳刀",卻比二者又難。《齊書・王敬則傳》稱:"敬則跳刀,高與白虎幢等。如此五六,接無不中。"大約是擲刀空中,高出數丈,用手接取,和弄劍相近,而危險性較大。像這二類的雜技,直接與兵法相通。《漢書・藝文志・諸子略・兵家》有技巧一門,便是著錄有關這方面的著作。可惜《漢志》所錄十三家、百九十九篇的專門書籍,亡佚太早,現在已無從考究了。

東漢 觀伎畫像磚

另外有一部分技藝,是從民間遊戲發展而成的。例如耍盤子、耍坛子、頂碗、椅子造型等等,都是勞動人民在休息的時候,拿日常用具來玩耍,經過許多時期和許多藝人的加工提煉而成的技巧。在四川成都出土的漢代墓磚畫像上,已經有耍盤子、耍坛子的圖影。

古代沒有椅子,只有案。有時用案累積起來,在上面演技。成都出土的漢代畫像磚上,便有這一畫面。

是用六個案子堆起來的,還有一個拿大頂的藝人在上面表演。今日通行的椅子造型一技,便是在這種基礎上發展而成的。

如上所列舉的一些節目,不獨是有意義的遊戲,而且還可鍛煉人的體魄,無疑是我國古代民間體育形式的一種。到今天,有不少優秀演員,繼承並發展了祖先們在勞動中所創造出來的技術精華,把我國的雜技表演藝術提升到更高的階段。

中國人應知的

文明歷程

The knowledge
of Civilization

醫藥知識的豐富

我國醫學知識，起源很早。最初僅憑口說傳播，經過很長時期的改進提高，成爲理論性的知識以後，才用文字記載下來。當秦始皇焚書時，關於醫藥方面的書籍，明令不燒。可以推知秦代以前，我們祖先在這方面的書籍已經很多了，可惜很少留傳到今天。其原因，主要是由於古代沒有雕版印刷之術，流傳不廣；即使有些醫師抄錄了古本醫書，也很珍重地看成至寶，秘而不宣，不肯輕易教人，經過一個時期，便很自然地隨著人的死亡，書籍也就散佚了，以致好的醫療經驗和技術，湮沒了不少。其次便是醫師遇著不得志或遭受打擊時，有意識地自毀其道。像漢末名醫華佗，爲曹操所殺，臨刑前，他把自己的寫作用火燒掉，便是一例。這些，都給我國醫學的發展帶來了難以補償的損失。儘管如此，我們的祖先仍在長期不斷總結經驗的過程中，創造性地豐富了醫學知識，直到現在仍爲全世界所重視，決不是偶然的。下面從幾個方面敘述我們祖先取得的醫學成就。

醫藥知識的不斷豐富

我們祖先對於疾病，是以預防爲主的，《內經》所說"上工不治已病，治未病"便是這個意思。預防疾病的方法：消極方面，注意平時清潔和身心修養；積極方面，注意經常運動和體魄的鍛煉。這都是保健的具體辦法。我國古代醫學，經常從整體的觀點出發，反對孤立地、片面地看待問題，在處理疾病和健康二者的關係時，總是把保健放在第一位，而把藥物治療放在次要的地位。萬一發生了疾病，醫藥便成爲至關重要的了。

我國醫學起源很早，它是我們祖先向疾病展開鬥爭，經歷若干世代累積起來的經驗和知識。例如在生產過程中，受傷出血，偶然地因壓迫而止住，於是把這種經驗應用於別人，屢試屢效，便成爲一種治療的方法了。又如吃了某種樹皮草根，便發生嘔吐，或下痢，或治癒某種疾病；更試用於他人，也有同樣的效果，歷久就成了一種單方。這種發明，都是由無數先民彼此交換，互相積累，經歷多時而取得的成果，斷不是一個什麼聰明傑出、捨己爲群的人所能在一個短期內創造出來的。像《淮南子・修務訓》所說："神農乃始教民嘗百草之滋味，一日而

嘗百草的神農氏

遇七十毒，由此醫方興焉。"真成為不可想像的事。

照情理說，天地間絕沒有一天遇著幾十種毒物進了口還不致中毒身死的人。像《淮南子》所說，無疑是一種神話式的傳說。後來很多學者認為這種說法不甚妥帖，所以宋代劉恕《通鑒外紀》以七十毒為數過多而改為十二毒，這仍然是很荒誕的。難道一個人遇著十二毒，還能保全性命嗎？我們推究到為什麼有這種不近情理的傳說，顯然是由於秦、漢以來的學者，對於古代藥物的發明不瞭解其產生的過程，便以為一定有一個先知先覺的人物遍嘗百草以後，才取得某種藥有毒無毒、某種藥有何用途的一般經驗，而後能肯定藥物的性質和功用，並把這經驗傳播推廣，以致成為中國醫藥學的根據。其實在很荒遠的古代，初民處在渾渾噩噩、暗昧野蠻之時，一切經驗都是偶然取得的，根本談不到預先定出計畫，去做一件什麼有目的、有步驟的試驗。當最初隨地取食樹皮、草根的時候，在無意中取得了一些好經驗。例如吃了大黃、巴豆、蓖麻子這一類的東西後，肚瀉不止，於是以後遇有大便乾結，便用它來治理，而漸漸肯定這一類的東西為瀉下良藥了。一般藥物，能夠有固定性地使用，大半都是這樣成功的。有時，發現有人偶然吃了某種樹皮或草根而中毒身死，於是人們相誡不再吃它；或者再用它試驗於別的動物，果然也中毒死了；然後可以無疑地肯定它是有毒的。這樣輾轉積累，自然經驗增多，而成為一種可靠的知識了。

由於經驗的積累，因之不斷發現和採用了不少的有效藥和特效藥。遠在二千年前，就發現了麻黃有平喘的功效，在臨床上，一直應用到現在。同時又發現大黃、樸硝（硫酸鈉）等藥物的瀉下作用及其臨床用途。遠在西元前一世紀時，就發現了常山可以治虐疾，黃連可以治痢疾（當時叫做"腸澼"）。到了六、七世紀，發現了檳榔可以驅縧蟲；十八世紀時，又發現鴉膽子可以治阿米巴痢疾（當時叫做"冷痢"）。這一類的藥物的性質和功效，在現代藥理學實驗中，都

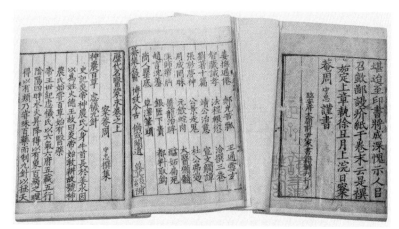

宋　周守忠《歷代
名醫蒙求》宋嘉定
十三年刊本）

得到了證實。

　　我們祖先對於一切事物的發明創造，從來就不注意到發明家是誰，所以很難
找到創造者的主名。況且藥物的發現，斷不是出於一人，定於一時，而是經歷了
多少世代，積累了多少人的經驗才總結成功的，這無疑地是我們祖先偉大的集
體創作。但是在中國歷史上，敘述一切事物的創始，總是推溯到很遠的時代，歸
其功於神農、黃帝這一類"生而知之"的人物，這自然有其明顯的用意。《淮南
子‧修務訓》說過："世俗之人，多尊古而賤今。故為道者必托之於神農、黃
帝，而後能入說。"高誘注："說，言也。言為二聖所作，乃能入其說於人，人
乃用之。"這便指出了漢以前道術之士，一定要"托古"的苦心。必先"托之古
人"，然後能見重於當世。所以《淮南子》接著又說："亂世暗主，高遠其所從
來，因而貴之。為學者蔽於論而尊其所聞，相與危坐而稱之，正領而誦之，此見
是非之分不明。"那般糊塗的統治階級，認為他們的道術來源很遠，而一般知識
份子，也就為他們所惑，認為真的是出於神農、黃帝之手了。由此可見，古代道
術之士，將自己學說的淵源說成很高遠，用意是想大行其道，而結果在當時、在
後世，都收到了十分明顯的成效。

　　既然如此，漢以上的醫學，也不能例外。歷來認為分析藥物最古的書，便是
《本草》。而昔人標題為《神農本草經》，認為是神農氏著的。但是書中卻有豫
章、朱崖、趙國、常山、奉高、真定、臨淄、馮翊諸郡、縣，這些當然非神農

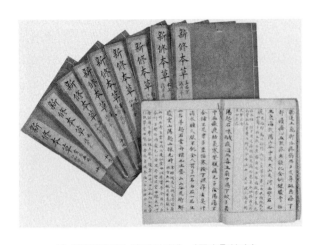

唐 蘇敬等編撰《新修本草》（日本影抄本）

時所有。又有“久服輕身延年”一類的話，完全是一派術士的語氣。難道神農時便已有這些理論嗎？其次，闡明醫學原理的書籍，以《內經》為最古（包括了《素問》和《靈樞》），其言皆托為黃帝和他的臣下往復討論的話。這在南齊褚澄所著《褚氏遺書·辨書》中已經明確指出：“尼父刪經，《三墳》猶廢；扁鵲、盧醫，晚出遂多；尚有黃岐之經籍乎？是必後世之托名於聖賢也。”這是極其通達的見解。但是，我們今天否認《本草》出於神農、《內經》出於黃帝的說法，並非不承認這兩部書的重大價值。我們只是說，它們是漢以前的學者總結古代醫藥方面的知識而寫成的本子，在漢代，這種書籍便已很多。《漢書·樓護傳》稱“護誦醫經、本草、方術數十萬言”，可見當時流行的醫藥書籍，極其豐富。一部分固然有名氏可考，一部分則係綜合我們祖先和疾病鬥爭的經驗教訓而寫成的。

人體解剖學的發展

我們祖先在研究醫理的同時，並已注意人體解剖了。在最古的醫書《靈樞經·水篇》便說過：“夫八尺之士，皮肉在此，外可度量切循而得之；其死可解剖而視之。”“解剖”二字，始見於此。這種解剖屍體的現象，到漢代便很普遍了。《漢書·王莽傳》載：“莽誅翟義之黨，使太醫尚方與巧屠共刳剝之，量度五藏，以竹筵導其脈，知所終始，云可以治病。”由於當時統治階級也注意到這點，允許人們爲醫療疾病而進行解剖，一般醫生們，自然也很留心這項工作。像漢末華佗爲人治病，可以"刳破腹背，抽割積聚。若在腸胃，則斷截湔洗，除去疾穢"。假若不是由於他平日有解剖的實踐，熟悉人體各部的組織構造，他能動用手術靈巧自如嗎？

後世醫生，實地參加解剖工作的人也不算少。宋代趙與時《賓退錄》記載："廣西戮歐希范及其黨，凡二日，割五十有六腹，車州推官靈簡皆詳視之，爲圖以傳於世。"而晁公武《郡齋讀書志》卷十五著錄《存眞圖》一卷，並加解釋道："崇寧間，泗州刑賊於市，郡守李夷行遣醫並畫工往視，抉膜摘膏肓，曲折圖之，盡得纖悉，校以古書，無少異者。"張杲《醫說》也道："無爲軍張濟善用針，得訣於異人。能親解人而視其經絡，則無不精。因歲饑疫人相食，凡視一百七十人以行針，無不立驗。"明代孫一奎《赤水玄珠》載何一陽說："余先年精力時，以醫從師征南，歷剖賊腹，考驗藏府。心大長於豕心，而頂平不尖；大小腸與豕無異，惟小腸上多紅花紋；膀胱是眞腎之室。餘皆如《難經》所云，無所謂脂膜如手掌大者。"這些都是古代醫生們用自己的解剖實踐來證明醫理的一般事實。但是其中謬誤，也有不少。

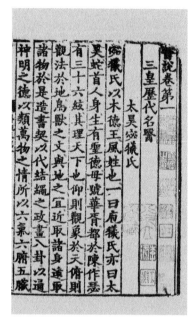

宋 張杲《醫說》（宋刻本）

清代有一位實事求是的醫生，叫王清任（字勳臣，玉田人），發願欲糾正過去醫書上關於解剖生理的錯誤。他從實際觀察中，考定臟腑的部位，留心實驗的經過，充滿了毅力並十分艱苦。他自述道："嘉慶二年（1797）四月初旬，遊於灤州之稻地鎮。其時彼處小兒正染瘟疹痢疾，十死八九。無力之家，多半用席裹埋。彼處鄉風，更不深埋。故各義塚中，破腔露臟之兒，日有百餘。每日壓馬過其地，無不掩鼻。後因念及古人錯論臟腑，皆由未嘗親見，遂不避污穢，每日清晨赴義塚，就群兒之露臟者，細檢視之。犬食之餘，大約有腸胃者多，有心肝者少。互相參看，十屍之內，看全不過三人。連視十日，看全不下三十餘人。始知醫書中所繪臟腑形圖，與人體全不相合。即數之多寡，亦不相符。惟胸中膈膜一片，其薄如紙，最關緊要。惟看時皆已破壞，未能驗明在心上、心下，是邪、是正，最爲遺憾。至嘉慶四年六月，清任在奉天，有遼陽州一婦人，年二十六歲，因瘋疾打死其夫與翁。解省，擬剮。跟至西關，忽然醒悟。以彼非男子，不忍近前。片刻，行刑者提其心與肝肺從面前過，細看與前次所檢相同。嗣至嘉慶庚寅，有打死其母之剮犯，行刑於北京崇文門外吊橋之南。近前見其臟腑膈膜已破，仍未得見。道光八年五月十四日，剮犯張格爾。及至其處，不能近前。自思一簣未成，不能中止。道光九年十二月十三日夜間，有安定門大街板廠胡同恒宅，請余看病，因談及膈膜一事，留心四十年，未能審驗明確。內有江寧布政使恒敬公，言伊曾鎮守哈密，領兵打喀什噶爾，所見誅戮逆屍最多，於隔膜一事，知之甚悉。余聞言喜出望外，即往拜叩而問之。恒公見之，細細說明形狀。於是臟腑一事，訪驗四十二年，方得的確。"後來他總結了心得，寫成《醫林改錯》一書，糾正過去醫書中的謬誤不少，使中醫的解剖學，推進了一大步。在中國傳統社會裏，是很不容易找到人體解剖機會的，他那種乘機追索、不避穢濁、腳踏

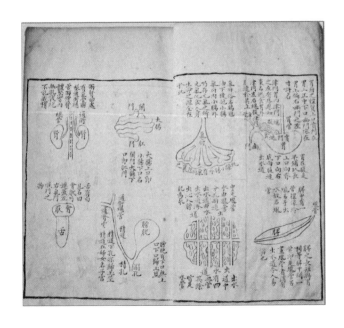

《醫林改錯》插圖

實地、苦心鑽研的精神，眞是使人十分佩服了。

　　處在傳統社會的人們，爲狹隘的人道主義思想所束縛，是不習慣於看到解剖人體的事實的。一般認眞研究的醫生，也只得暗地裏利用"刑屍"來從事解剖的研究工作。從上面所列舉的實例來看，可知我們祖先爲著透徹瞭解人體生理的眞相，不避艱苦，努力做這方面的實驗，這是很有道理的。一方面由於我國古代一切醫學理論，都不是出之空想，而是從具體的實踐中總結出來的。《漢書·藝文志·方技略》談到醫經，便說："醫經者，原人血脈、經絡、骨髓、陰陽、表裏，以起百病之本、死生之分。而用度箴石湯火所施，調百藥齊和之所宜。"可知我國古典醫學著作，大半是根據一些翔實而豐富的解剖生理等方面的知識而撰寫的。假若不依靠目驗，則很難瞭解這方面的理論。另一方面，在古代凡是一個有名的醫生，必須具備生理學的基本知識。《史記·扁鵲倉公列傳》正義引呂廣云："解五臟爲上工。"唐代孫思邈的《千金要方》也說："凡欲爲大醫，必須諳……明堂、流注、十二經脈、三部、九候、五臟、六府、表裏、孔穴……等諸部經方。"這又說明了我國古代，必須是懂得解剖知識的人，才配得上"上工"、"大醫"的稱號。由此可知，我國古代醫理的根據，大部分是從人體解剖中取得的。

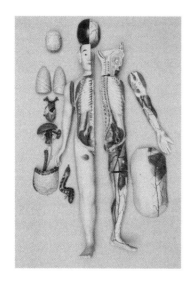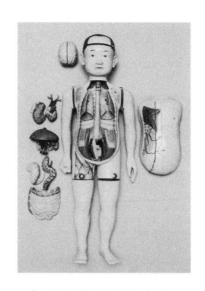

清　紙胎人體解剖模型（男）　　　　清　紙胎人體解剖模型（女）

生理的分析

我國古代醫書關於身體各部功用的分析，和現代生理學相合的地方，亦復不少。在很早的醫書《內經‧素問》中便已說過："諸髓皆屬於腦，諸筋皆屬於節，諸血皆屬於心，諸氣皆屬於肺。"這種認為腦與髓相連結，筋肉始終附著於關節，血液歸於心臟，氣體由"肺"主宰等觀點，是與當今生理學的有關理論完全一致的。《內經》為我國最早的醫學專著，已為人們所公認，大家認為至晚是在漢代所寫出總結當時和過去的醫學成果的。由此可見，我國學者對人體進行生理分析，並運用到醫學方面來，為時也很悠久了。

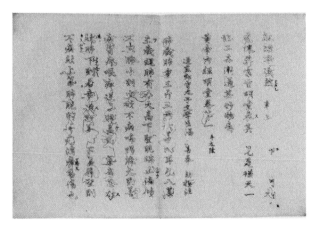

唐 楊上善注《黃帝內經明堂》（日本永仁四年即1296年影抄本）

至於對人體各個部分的器官和系統予以說明，也甚為清晰。例如談到心臟的用途，有如《素問》所說："諸血者，皆屬於心。"（《五臟生成論》）"脈者，血之府也"（《脈要精微論》）。"心者，生之本，神之變也。其華在面，其充在血脈"（《六節藏象論》）。"心主身之血脈"（《痿論》）。上述這些論斷，已明確地說明了心臟的功用，和現代醫學的論斷是相符合的。

其次關於血液的循環問題，也做了系統的說明。有如《靈樞》經所說："經脈十二者，伏行分肉之際，深而不見。其常見者，皆絡脈也。""經脈者，常不可見；脈之見者，皆絡脈也"（《經脈》）。"其清者為營，其濁者為衛。營在脈中，衛在脈外；周營不休，如環無端"（《營衛生會》）。這些理論都是符合生理原則的。特別像《素問》所說："氣之不得無行也，如水之流，如日月之行不休，如環之無端，莫知其紀，終而復始。"（《脈度》）"風雨之傷人也，先客於皮膚，傳入於孫脈；孫脈滿，則傳入於絡脈；絡脈滿，則輸入於大經脈"（《調經》）。對於血液循環之理，說得更爲清楚。孫脈是小脈，就是今日所稱毛細血管；絡脈是静脈管；經脈是動脈管。它所說孫脈滿入於絡脈，絡脈滿入於大經脈，流行不止，環行不休，是極符合於現代醫學血液自然運行原則的。根據這些材料可以知道，我們祖先至遲已在兩千年前就掌握了血液運行周而復始的原理。這在世界醫學史上，實在是一件了不起的大事。因爲英國醫生哈維氏公佈血液循環的原理，已經是在一六二八年（明崇禎元年）了。這足以說明我國古代醫學的發達，爲時甚早。

此外，在神經系統的生理方面，也有極其明確的解釋。像《素問》所說："人有髓海。腦爲髓之海，諸髓皆屬於腦。"《靈樞·海論》也說："腦爲髓海。髓海有餘，則輕勁多力，自過其度；髓海不足，則腦轉耳鳴，脛酸眩冒，目無所見，懈怠安臥。"《醫林改錯·腦髓說》也說："靈機、記性不在心在腦者，因飲食生氣血，長肌肉。精汁之清者，化而爲髓。由脊骨上行入腦，名曰腦髓。盛腦髓者，名曰腦海。"又說："兩耳過腦，所聽之聲歸於腦；兩目繫如線，長於腦，所見之物歸於腦；鼻通於腦，所聞香臭歸於腦。"由此可見，我們祖先從來就知道一切思想理念都出於腦，腦爲全身發號施令的總樞紐，這和造字之初，"思"字從"囟"（音信，腦蓋）的意思是一致的。

以上所舉，不過抽出幾點來說明我國古代醫學的絕大部分，是合於科學原理的。其他如談到呼吸、消化、泌尿、筋肉、骨骼等部分，合於現代生理學的頗多。但謬誤之處，如不能說明肌骨的活動、呼吸的現象、消化的過程、神經和內分泌的關係等，亦所不免。但是，我們祖先終竟能在幾千年前，便已有了大部分合於生理構造原理的推斷，已經是十分不容易的了。

病理的分析

《內經》、《難經》、《傷寒》、《金匱》，以及隋代巢元方所作《諸病源候論》諸書，都是中國古代有關病理的書籍。所記述的有外感、內傷、五運、六氣等。外感所說的六淫，即風、寒、暑、濕、燥、火。內傷所說的五勞七情，五勞即久視勞神、久行勞筋、久立勞骨、久臥氣窒、久坐脾困，七情即指喜、怒、哀、樂、愛、惡、欲。所謂過喜神散，過怒氣憤，隱憂氣鬱，沉思意結，悲哀魄斂，大恐精沉，乍驚魂離，都是指一個人的精力情感用之太過，容易發生疾病的一般原理。

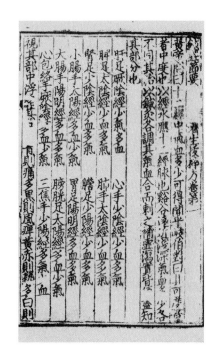

元 杜思敬編《濟生拔粹方》（元刻本）

其次，我國過去醫生治病，全視症候的不同而用藥有異。所以醫生特別注意病勢的分析，因而又有“陰陽”、“虛實”、“表裏內外”、“主客本末”、“輕重”、“順逆”等分別。六者有一不同，則雖病同，而治療之法仍然不同。所謂“陰陽”，是代表“寒熱”二義。病之表現爲陽性者，其症狀不惡寒而惡熱，煩渴好飲，面色潮紅，頭痛在表，宜以涼性、富於鎮靜沉降的藥劑解之。病之表現爲陰性者，其症狀惡寒發冷，頭痛在裏，氣鬱懶動，四肢無力，宜以熱性、富於興奮的藥劑振發之。所謂對症下藥，便是這個道理。

至於所謂“虛實”，是指精氣說的。虧損不足，叫做虛；充盈有餘，叫做實。所謂“表裏內外”，是指病之所在說的。皮膚爲表，氣管、肺、胃、腸爲裏。合表裏謂之外，血肉、骨髓謂之內，表最容易生病，裏次之，內又次之。所謂“主客本末”，是指症狀說的。治其“主”和“本”，那麼“客”和“末”自然好了。例如嘔吐而兼消渴的症狀，嘔吐便是主，把嘔吐治好，消渴自然停止。其餘“輕重”、“順逆”，也是就症狀說的，可以類推。

上述治療方法，是我國醫學分析病理、根除病患的精髓所在。幾千年來在臨床治療上，取得了相當的成功，它是很符合辯證法規律的。它把疾病理解爲有機體與環境之間正常關係的破壞，認爲疾病不但取決於有機體活動的障礙，而且也受著有機體與環境相互關係的制約，二者是彼此關聯、相互制約、隨時發展，並以極錯綜複雜的方式不斷運動而變化的，絕不能用孤立的眼光來看待，用機械的方法來處理。於是我們祖先用陰陽、虛實、表裏、內外、主客、本末、輕重、順逆等來代表矛盾的兩極，以相反相成的觀點，來辨識病理機轉和生理機轉的矛盾關係，從而確定治療方法，每每收到奇效。這自然是我們祖先和疾病進行長期鬥爭的過程中，經過無數人次的總結經驗，才逐漸掌握了疾病發展的規律而取得的醫學成果。

此外，尚有所謂"十二經絡"，這是過去醫生研究病理的系統。穴道三百六十，為十二經絡所灌注。醫生們分析病理，經絡和臟腑並重，認為經絡和臟腑的部位弄不清楚，便不能審定病之所在，無從做到"因病投藥"的對症治療。特別是針灸家們，對於經絡的部位，更要明晰而精熟。否則部位弄錯了，必然給病人帶來痛苦和災難。

在分析病理、實施醫療的過程中，特別是用針灸術治病的時候，不但對十二經絡要弄清楚，對其他器官臟腑，也必須透徹地瞭解其固定的位置。否則可以死人，或使病人變成殘廢。例如《內經‧素問‧刺禁論》指出："藏有要害，不可不察。……刺中心，一日死；……刺

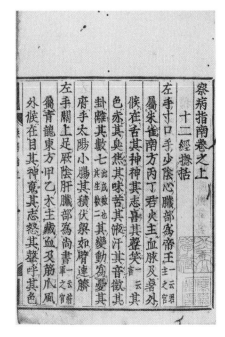

宋 施發撰《察病指南》（日本十六七世紀刻本）

中腦戶，入腦立死；……刺脊間中髓，為傴；……刺陰股中大脈，血出不止，死；……刺臂中陷，中肺，為喘逆仰息；……刺少腹中膀胱，溺出，令人少腹滿；……刺關節中液出，不得屈伸。"照這樣的說法，如果用一個沒有解剖生理知識的人去打針，是一件多麼危險的事！由此可見，要想把病理分析很精確，在醫療上取得成效，無疑地需要以解剖生理等知識為基礎了。

診斷的方式

中醫的診斷術，開始於《內經》所提出的"四診"，即所謂"望、聞、問、切"四種方式。"望"是窺望病人的形色，"聞"是聽他（她）的聲音，"問"是問他（她）的疾病起源、經過以及變化的情形，"切"是按其脈搏的狀態來斷定疾病的深淺輕重。《難經 六十一難》便說："經言望而知之，謂之神；聞而知之，謂之聖；問而知之，謂之工；切而知之，謂之巧。"由這"神、聖、工、巧"四字來看，可見這種診斷術的精深和縝密。四診之中，尤以切脈為最難。切脈，是中醫診斷疾病的最重要的方式。

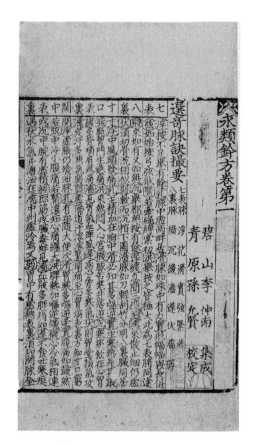

《永類鈴方·選奇脈訣撮要》（元刻本）

切脈的方法，始載於《內經》，解釋於《難經》，實驗於《傷寒》、《金匱》。其法分為三部九候，又區別為陽明脈、厥陰脈、太陽脈、太陰脈、少陰脈、陽維脈、陰維脈、陽蹻脈、陰蹻脈等不同部位。又分為浮、沉、遲、數、濇、滑、虛、實、長、短、洪、微、緊、緩、石、毛、芤、弦、濡、溺、散、細、伏、動、促、結、革、牢、代等不同情狀，總之名目繁多，至令人不可思議。《史記》敘述扁鵲的高明醫術，說他"特以診脈為名"。可見扁鵲療疾，不是靠切脈來診斷的。漢代大醫家張仲景也說："心中了了，指下難明。"也說明了這種診斷方式是完全沒有把握的。

到了晉代，王叔和以脈名一時，著了《脈經》十卷，首先闡明了它的道理。但是他說的還是十分幽深玄眇，引起了後世醫家的懷疑和攻擊。王元禎說過：“脈理吾惑焉。蓋自太史公作《史記》，言扁鵲特以診脈為名，則其意固可見矣。今以兩指按人之三部，遂定為某腑某臟之受病，分析七表、八裏、九道，毫毛無爽。此不但世少其人，雖古亦難也。此不過彼此相欺耳。”這種議論，極其通達。明代戴原禮作《證治要訣》，沒有一句話談到切脈的問題，也就是由於他自己慎重其事，不敢輕率來談。即使撰著《脈經》的王叔和，也說出了真實話：“脈理精微，其體難辨。弦緊浮芤，輾轉相類。況有數候俱見，異病同脈者乎？”由此可見，後世庸醫登堂看病，便以切脈為先，其中自然免不了自欺欺人之處。

本來，切脈不過是診斷方式中的一種。自周末扁鵲最初傳出切脈的方法時，是結合望、聞、問等方法來診斷疾病的。後人托其名而著《難經》，加以發揮。漢末張仲景著《傷寒》、《金匱》，也竭力提倡全面觀察的診斷方法。晉代王叔和承其緒而著《脈經》，才特別強調切脈的重要。從此便有一部分醫生就偏重在這一方面，而忽略了與切相配合的望、聞、問的綜合觀察。像《舊唐書》卷一百九十一《方伎傳》記載許胤宗的話：“古之名手，唯是別脈；脈既精別，然後識病。”足以反映千餘年來醫生們對診斷方式畸形發展的偏向。但是《舊唐書》這篇傳裏，還記載許胤宗的兩句話：“脈候幽微，苦其難別。”這位唐代名醫許氏，對於切脈又何嘗有把握呢？

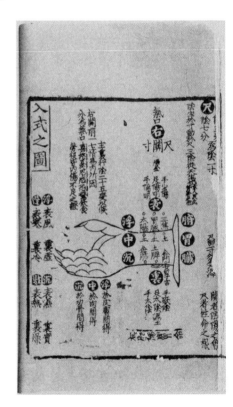

《永類鈐方·入式之圖》（元刻本）

我國醫學，在古代本以針灸為先，其次才是湯藥。到後世，便普遍以湯藥為主，施用針灸的反而少了。當診斷時，本以望、聞、問、切四者並重，到後世，便普遍以切脈為主，把望、聞、問擺在一邊了，這些不能不說是我國醫學發展史上的一個缺陷。明代謝肇淛在《五雜俎》卷五說過：“古之醫，皆以針石灸艾爲先，藥餌次之。今之灸艾，惟施之風痹急卒之症，針者百無一焉，石則絕不傳矣。古之視病，皆以望、聞、問、切爲要，今則一意切脈。貴人婦女，望、聞絕不講矣。夫病非一症，攻非一端，如臨敵佈陣，機會猝變，而區區仗諸草木之性，憑尺寸之脈，亦已疏矣。況藥性未必遍諳，但據《本草》之陳言；脈候未必細別，徒習弦澀之套語。殺人如芥，可不慎哉！”謝氏這段話，總結了一千多年來醫學上的流弊，而歸結到“殺人如芥”，可知由於這一醫治方法不能全面發展，其造成的惡果自然是不小的。況且在傳統社會裏，男女的界限極嚴，禮教的束縛至厲，有了“男女授受不親”、“不相通名”這一類的教條，醫生便不好與患病婦女接近，望其顏色，問其疾苦。醫生替她主方，大半是通過旁人的代述病情，在臆測懸想的過程中加以診斷而已。因之婦女們在這種情況下犧牲的，更不在少數。

醫療的內治法——湯藥

我國過去一般醫生治療疾病的方法，大要分內治和外治兩種。內治係服飲湯藥，外治係施用針灸。《素問·移精變氣論》所說“毒藥治其內，針石治其外”，便是這個意思。所謂“毒藥”，是指氣性酷烈而味極辛苦的藥物而言，和《本草》所說“有毒”、“無毒”的“毒”卻有不同。《說文·屮部》：“毒，厚也。”《廣雅釋詁》：“毒，苦也。”大凡辛苦之藥，味必厚烈，不適於口，所以稱爲“毒藥”。《周禮·天官》：“醫師，掌醫之政令，聚毒藥以共醫事。”鄭玄注云：“毒藥，藥之辛苦者。”我國從來有句舊話“良藥苦口利於病”，由此可以考見內服藥物而必稱爲“毒藥”的原因了。

本來，藥物的種類很多。《周禮·天官·疾醫》：“以五味、五穀、五藥養其病。”鄭玄注：“五藥：草、木、蟲、石、穀也。”《大觀本草》引陶弘景《本草序》附載《本草經舊目》，有玉、石、草、木、蟲、獸、果菜、米食八類。可知古代藥物的範圍很寬，不過其中以草木爲最多，構成藥物中的主體，所以古代綜載藥物的專書，便叫《本草》。歷代《本草》所收藥物遞有增加，到明末李時珍修《本草綱目》，收藥物達一千八百九十二種，分爲十六綱、六十目，有條不紊地纂成一部完整而系統的科學著作，爲醫藥學提供了重要的依據。

我們祖先最初發現草根、樹皮可以治病，方法是很簡單的。那時僅知採用一種藥來治一種病，這便是後世"單方"的起源。不獨內服的藥如此，有時身體外部患了膿腫或瘡疥，也是用一味藥搗碎敷上，這在今日農村中尚很流行。社會普通稱爲"草藥"，是古代極普遍的大眾應用的藥方。還有一種"佩藥"的方式，便是採取有濃烈香氣的藥物，佩在身上，來預防時疫。這習慣一直流傳到現在，端午節小孩佩著大蒜和菖蒲頭，又將雄黃塗在臉上，這些都是遠古的遺俗。本來"服藥"的"服"字，在古書裏，很多地方是作"佩"字講的。

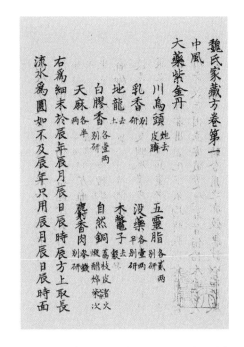

宋《魏氏家藏方》（日本江戶時代抄本）

我們祖先由單用一藥治病，發展到配合幾種藥以成固定的"湯頭"和"方劑"，必然經過了很長時期的過渡，積累了多少人的經驗而後取得的，由是中國醫藥向前推進了一大步。我們祖先在長期與疾病鬥爭的過程中，發現一味藥的效力薄弱，透徹力淺，連用過久，且有反作用，不如採幾種藥相互爲用，使藥力強而透徹力深，並且利用彼此相助相殺之性，以收相生相剋之用，這便是"配劑"方法的起源。中國藥方的妙用，即在"配劑"，同是一種藥，所配合的東西不同，功效也完全轉變。例如半夏和人參、柴胡相配成爲鎮嘔劑，和五味子、細辛相配便爲鎮咳劑。巴豆和桔梗、杏仁相配，成爲峻吐劑，和大黃、輕粉相配，便爲峻下劑。凡發汗劑得陽浮藥，效果益深；通利劑得沉降藥，力量更大。這都是配合的功用。

清 石藥缽

藥方的配製必須遵循“君”、“臣”、“佐”、“使”四原則。用藥物治病，各有所主。主便是“君”，是方劑中的主要藥。例如治寒病以熱藥爲君，治熱病以寒藥爲君。像太陽病有汗，以桂枝爲主；無汗，以麻黃爲主，便是一例。但是又須加用別的藥劑去輔助它，這便是“臣”，它是方劑中的輔助藥。像桂枝湯中加用薑、棗便是一例。“佐”是方劑中的牽制藥。如寒病治以熱藥，又恐熱藥過強，用少許涼藥去牽制它。像桂枝湯中的芍藥，其作用即在此。“使”是方劑中的引導品，能使藥和病相遇而奏效。像少陽經病用柴胡，陽明經病用葛根，其作用即在此。

如方劑加以分析，又有輕劑、宣劑、泄劑、通劑、澀劑、燥劑、滑劑、重劑、潤劑、補劑、寒劑、熱劑等十二種。十二種方劑中，像宣、泄、通、滑、潤等劑都是用來排除蘊藏在人體內的病毒。排除之法，不外發汗、嘔吐、通大小便三種方法，而通便更爲重要。清代李威《嶺雲軒瑣記》載一事道：“都下有名醫張姓者，能察氣色斷人死生。凡診病，不切脈，惟看驗其舌而已，所治輒應手效。人家或因其好用大黃，畏而避之。殊不知人身之病，無論風、寒、暑、濕、冷、熱、虛、實，皆有邪火伏於內，先除此火，是乃射馬擒王手段。向後補偏救弊，次第而施，則易爲力也。無如知之者鮮耳。凡病皆有伏火，乃西洋人書所言，非余臆說也。”又有一條云：“余嘗據西洋人書言，凡病必有伏火，當先治之。近讀《蠡海集》有云：‘病之爲字從丙，丙爲火熱。是以十分病證，嘗有七分熱。’兩說正相發明。”其後吳慶坻《蕉廊脞

清 銀藥鍋

錄》有一條記載："長沙朱雨田,中歲苦羸疾,服鐘乳、硫磺諸品,疾加甚。後乃服大黃、黃連、元明粉、小薊、檳榔諸藥,遂大瘥。自言生平所服大黃,已在千斤以外;黃連等涼劑,亦四萬餘帖。亦可謂異稟矣,壽至九十而終。"今以李氏所言,證以吳氏所記,其理乃昭然易了。大抵百病的發生,多由於腸胃不強、大便不暢,黃連、大黃一類藥劑,所以降伏火、通大便。今日西醫治病,也必以通便爲先,否則用瀉鹽下之,這和中醫服用泄劑的原理是相合的。

醫療的外治法——針灸

針灸,是我國醫學最寶貴的歷史遺產,是我們祖先施用最普遍、最久遠的一種治病方式。"針"是用金針、銀針或鋼針去刺穴道的醫術。古人常把針和砭相提並論,說成"針砭",用砭石治病,就是針灸治病的起源。當我們祖先還沒有發明並使用金屬工具的時候,遇有疾病,便用石頭尖在身上扎,這叫做"砭"。以後逐漸發展到用金、銀、鋼、馬口鐵等金屬製成的針,才形成後世所稱的"針法"。但是今日農村中有些地方不容易得到針,有時便採用破磁的尖去代替它,這還是"砭"的遺意。至於"灸",是用艾葉去燒穴道的醫術,艾葉愈陳舊愈好。古人所謂"七年之病,求三年之艾",這起源也是很早的。它和針有不可分離、相互爲用的功效,所以合稱"針灸"。

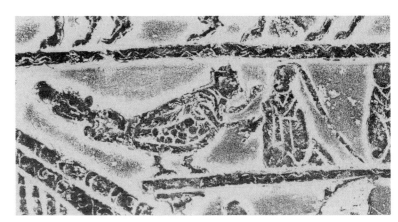

東漢 針灸畫像石
（拓片）

從醫療技術的發展史來說，針灸遠在湯藥之前。因為方法簡單，容易致效，所以為廣大人民所樂用。進入封建社會以後，人們受禮教的束縛，男女授受不親，尊卑身份懸殊，不便隨便脫衣解帶施行針灸，所以在封建時代的上層社會裏，針灸便逐漸為湯藥所代替。可是在勞動人民中間，它依然流行著，並成了勞動人民治病的重要方法。現在農村中的年老者，知道放血、知道針灸急救穴位的很是普遍。在鄉村醫生裏面，熱心針灸且富有經驗的人，亦復不少。

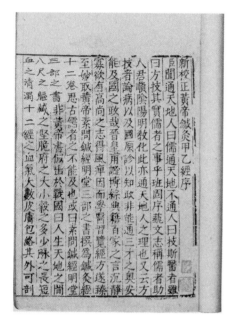

晉 皇甫謐《針灸甲乙經》（明刻本）

針灸的施用，不是一件簡單而隨便可行的事。首先醫家要弄清周身的穴道，必知何處是孔穴，然後方可施以針灸。宋仁宗時，王維德根據過去的針灸書籍，像《素問》、《靈樞》、《難經》、《子午經》、《甲乙經》、《明堂針灸圖》、《千金方》等等，考定針灸法，鑄成銅人，畫為銅人針灸圖。將三百零八穴，聯繫成臟腑十二經（五臟：心、肝、脾、肺、腎，六腑：胃、膽、大腸、小腸、膀胱、三焦，還有心包絡）。到元朝，忽泰必烈著有《金蘭循經》，將十二經發揮為十四經，穴名共三百六十個。十四經經穴起止大約如下：

一、手陽明大腸經——自手至頭凡二十穴。

二、手太陽小腸經——自手至頭凡十九穴。

三、手少陽三焦經——自手至頭凡二十三穴。

四、足太陰脾經——自足至腹凡二十一穴。

五、足少陰腎經——自足至腹凡二十七穴。

六、足厥陰肝經——自足至腹凡十四穴。

七、手太陰肺經——自胸至手凡十一穴。

八、手少陰心經——自胸至手凡九穴。

九、手厥陰心包絡經——自胸至手凡九穴。

十、足陽明胃經——自頭至足凡四十五穴。

十一、足太陽膀胱經——自頭至足凡六十七穴。

十二、足少陽膽經——自頭至足凡四十四穴。

十三、任脈——體前正中線從會陰穴到嘴唇凡二十四穴。

十四、督脈——體後正中線到頭面正中凡二十七穴。

唐　孫思邈撰《千金要方》（清光緒刻本）

近代生理學家證明，人體是多少萬萬個活細胞的大集體，這些活細胞之間，有很嚴密的分工和組織，分有消化、呼吸、排泄、循環、運動、生殖等部門。這些部門，都由神經系統來統一管理和調節，所以平時各部門之間能互相配合，遇到各種不同的情況，能產生適應性的變化，這種變化，也是由神經系統指揮調節的。人體某部如果受了損害，但神經系統機能未受破壞，它就能在體內自激發起一種抵抗病害的能力，把身體受傷的部分修復起來。假使神經系統機能不正常時，便失去了它的這種功用。針灸術之所以能治病，主要在於它能激發和調整體內神經的協調和管制的機能。

一般治病的方法，大半是用藥物從祛除外因（如殺菌）入手，比較有形跡可循，人們容易看出它醫療致效的緣故。至於針灸療法，不是直接以外因為對象，因而也不著重對患部組織直接的治療，而是激發與調整神經機能，力求從根本上解決問題，以達到治病的目的。所以針灸用同樣的穴位，常常能去掉兩種方向不同的病證（如無汗能發，有汗則止）。在灸症初期，白血球需要增多而不能馬上增多時，針灸以後，就能增多。反之，到了炎症後期，針灸同樣的穴位，又能使白血球正常地減少。

　　針灸給予神經的興奮或鎮靜作用，同時也是激發神經對本身的修復和調整。所以，如果沒有外因的繼續影響，針灸對於神經的興奮和鎮靜，效果極好。神經受到針灸的刺激，立即興奮地傳佈，常常擴散到很大範圍，並引起調整作用。因而針灸的治效，常不限於穴位附近和神經系統的沿線，而可以影響很遠很廣。如刺腳趾，可以影響到頭部。因此刺激一個穴位，功效也不是專治一種病，而是調整那個有關部位的神經機能，對於有關部位的疾病，都能產生或多或少的效果。所以針灸療法，即使是按今天的醫學原理來分析，也還有值得保存並發展的價值。

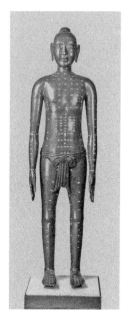

明仿宋　針灸銅人

吸取外來知識，改進固有的醫學

　　我們祖先不但善於創造自己的生活，而且還善於吸收消化和改進外來的生活知識，使自己的生活內容更加豐富，水準更加提高。在中國歷史上，不知有過多少次的對外文化大交流，彼此受到的影響非常顯著。有許多外國文化傳播到中國之後，經過不斷地加工改造，使它更能適合中華民族自己的環境和需要，變成了我國文化的一部分，這表現在繪畫、雕刻、建築等藝術方面特別明顯。中國醫學所受外來的影響也很大，在歷史上我們尚可考見它的某些部分是由外國傳來的痕跡。下面分兩部分來談：

清宮舊藏藥材

　　第一，有很多藥物是從外國傳入的。外國藥物傳入中土，有兩個來源：一則由於中國封建帝王的對外擴張，順便帶回來一些從來沒有過的東西；二則由於東西交通發展之後，作爲藩屬的貢物，商人的貨品，以及隨著僧侶們的攜帶而傳到中國來的也不少。有了這兩個來源，所以從漢武帝以後的兩千多年間，外國藥物不斷地由印度、波斯等地輸入中國。例如重要的中藥犀角、胡椒、冰糖以及許多芳香藥物，在漢代就已由外國作爲貢品送到中國來。其他如苜蓿、胡桃、胡荽、蒜、胡麻、石榴、指甲花、郁金、沒石子、砂糖、無漏子、甜菜、萵苣、無花果、水仙、西瓜、葫蘆、巴安息、香沒藥、蘇合香、蘆薈、畢澄茄、補骨脂、胡黃連、獨活、木香、蓽撥肉、豆蔻、阿魏、番木鼈等，不下三百餘種，都不是中國原產，而是由外域輸入的。現在許多藥物，名稱上面常帶有胡、海、番、洋一類的字眼，都是外來的。唐代鄭虔曾經寫過一部專載外來藥物的書籍，叫做《胡本草》（見《新唐書·藝文志》），我們可知前人對這方面的藥物，歷來是很重視的。

清宮舊藏番紅花

　　第二，有很多醫方、醫論，是從外國傳入的。隨著佛教的傳入中國，於是印度醫學也就輸進內地。醫學在印度，本來是很發達的，在那裏叫做“醫方明”，是“五明學”中的一部分（五明是：內明——佛學；因明——論理學；聲明——音韻學；工巧明——工藝技巧；醫方明——醫學）。從漢代開始，印度醫師們便漸漸跟著和尚絡繹而來。到六朝時，中國醫生便有總結外來醫學經驗的書籍了。《隋書·經籍志》子部醫方類，便著錄有《龍樹菩薩藥方》四卷，《西域諸仙所說藥方》二十五卷，《西域波羅仙人方》三卷，《西域名醫所集要方》四卷，

《婆羅門諸仙藥方》二十卷，《耆婆所述仙人命論方》三卷，《龍樹菩薩和香法》二卷等。"耆婆"是印度傳說中的古代名醫，他的名字或譯作"耆域"，後漢高僧安世高譯的《奈女耆域因緣經》便詳載了他的故事。"龍樹"是第三世紀時期的印度高僧，精於眼科。他的眼科學的理論，很早就傳到中國來了，叫做《龍樹眼論》，在唐代特別盛行。所以白居易《病眼詩》云："案上漫鋪《龍樹論》，盒中空捻決明丸。"可以考見他的醫學在中國流行的情況了。

　　其次，當十三世紀末葉，蒙古人佔領了歐亞兩洲的大部分，統治者在北京設立回回醫院，翻譯阿拉伯醫學的"回回藥方"。後來，元代醫學著作如齊德之的《外科精義》、危亦林的《世醫得效方》，都吸收了一些阿拉伯的醫學精華，經過自己的消化和改造，便一變而為自己的醫學。當然在文獻記載上，並沒有什麼印度醫和唐醫的區別，也沒有阿拉伯醫和元醫的對立。而那些外來的醫學知識，在中國醫學發展史上起過了一定的作用，這是勿庸置疑的。

　　由此可見，我們祖先在醫學工作中，從來便重視外來的經驗和技術，善於吸取消化，並改造它，使一切可以採用的知識都被應用於臨床實踐或著述中去。久而久之，它們便完全融注進了中國固有的醫學洪流中。因此，中國醫學的範圍更擴大了，治療效率也提高了。這種重視文化交流、"取人之長，補己之短"的精神，是值得我們永遠繼承並發揚光大的。

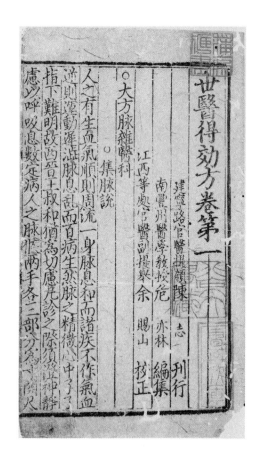

元　危亦林輯《世醫得效方》（元刻本）

醫學上的總結工作

我國擁有五千年的悠久歷史和光輝燦爛的文明。它之所以能夠在人類社會中永遠生存，是因為我們祖先在長期的生活和勞動中，勇於創造發明，並且及時地總結已取得的經驗留給後人，使後人在原有經驗的基礎上，通過實踐，從而發展它、豐富它，這便是我國文化不斷發展的源泉。

經驗的保存和傳遞表現在許多方面，我們現在僅就醫學上的總結工作來說，便可推及其他。歷代醫學工作者，對這一項工作做得相當有成績。毫無疑問，這是促使我國醫學發展的重要原因之一。中國醫學，可以說步步有總結。每個醫學家的著述，都是在前人積累經驗的基礎上，加上自己在醫療實踐中所取得的成果的總結。

醫學上的總結工作，應該說是中國學術史上的一件大事。從它的性質和功用來看，大約有兩種形式：一種是關於醫學工作者個人工作的總結；一種是關於醫學界成就方面的總結。現在分述如次：

第一，關於醫學工作者個人工作的總結。這一類的總結，起源也很早。《周禮·醫師》："歲終，則稽其醫事以制其食。"賈公彥疏云："治病有癒有不癒，並有案記，令歲終總考計之。據所治癒不癒之狀，而制其食祿之差。"即令《周禮》戰國時晚出之書，卻保存了我國古代對醫生們考績定俸的具

西漢 《五十二病方》帛書
（長沙馬王堆三號漢墓出土）

體辦法：是以每個醫生一年中診療的治癒率作爲年終考績的重要依據。而關於治癒率的統計，又是根據平日的案記。所謂「案記」，便是後世的「醫案」，類似今日通行的「門診病歷」。由此足以證明，遠在二千多年以前，我們祖先便把這種比較科學的檢查工作效率的方法，應用到醫學方面來了。

這種方法，一直爲歷代醫學工作者所採用。下面我們以《史記・扁鵲倉公列傳》爲例。倉公，即漢初名醫淳于意。由於他做過太倉的長吏，所以當時便稱他爲「太倉公」，或稱「倉公」。司馬遷替他作傳時，便沿用了時俗稱號，並且在這篇傳裏，記錄下來很多寶貴的材料。根據司馬遷所載，當時漢文帝曾經問淳于意：「所爲治病，死生驗者幾何也？主名爲誰？」「嘗有所驗，何縣里人也？何病？醫藥已，其病之狀何如？」這是由於當時最高統治者重視淳于意醫術的精湛，來詢問他究竟醫好了多少人？醫好了一些什麼病？並且還要他將病人具體的姓名、住址以及醫療經過情形全都說出來。假若淳于意不是平日寫有很詳盡的醫案，何能回答這樣的考問。淳于意在對問中，所列舉的二十幾件實人實事的答案，都被司馬遷採入了《史記》。根據淳于意在對問中所說「臣意所診者，皆有診籍，以故至今知之」，可知他一生行醫幾十年，積累有極明晰的診療簿籍，那裏面自然登記了病人的姓名、里居、病狀以及所用藥方（即平日的工作日記）。當他回答漢文帝所提問題時，便從平日診療簿籍中找出一些特殊病例的來源和治療效果作爲根據加以分析說明，便成爲很完整的工作總結了。

就目前還保存著的眞實材料來看，醫生的個人工作總結，自然以淳于意所做的爲最早，到今天已有兩千多年了。這種詳明而細緻的工作，對後世醫學工作者的啓示極大。兩千多年間，一般優秀的醫學工作者都繼承了這一傳統，及時地將自己在工作中所取得的經驗總結出來。

第二，關於醫學界成就方面的總結。我們祖先在醫療工作實踐中，陸續創造了無數好的醫療經驗，一代比一代增多起來，於是需要一些全面總結這些經驗的書籍，就成了客觀的需要。這類書籍的寫成，也可分爲兩種體例：一種是綜合性的，一種是專科性的。下面對這兩類書籍加以綜述。

甲、綜合性的總結。我國醫學發達雖早，但是目前所可考見的古代醫書卻不太早。大約遠古的醫方，多半出於帥師相傳，專憑口授，本沒有筆之於書，很像舊時農村中通行的單方一樣，完全靠記憶傳下來的。一直到春秋戰國時期，才出現了許多優秀的醫學工作者，他們收集了從上古流傳下來的醫學知識，經過加工整理，使之成爲有條貫、有系統的理論，於是寫成了《素問》、《靈樞》、《難經》、《本草》等原始醫學著作。這些書，自然是集體創作的成果，也就是經歷了若干年、若干人的經驗總結，而不是任何個人所能閉戶苦思、憑空想像出來的。當時執筆的先生們，考慮到這些寶貴、豐富的醫學書籍如果用作者自己的名義發表，恐怕爲同時代的人所不重視，因而降低了它的

《素問靈樞類纂約注》（清同治刻本）

價值，甚至會被鄙棄，或者失傳。他們抓住了一般人"尊古卑今"的心理，因而在這些書上面加標黃帝、神農一類的名詞（《素問》、《靈樞》舊題《黃帝內經》；《本草》舊題《神農本草》）。這固然是後世著述者僞托古人的實弊，但是他們爲著使當時和後世更好地珍護這一部分醫學著作，不得不假古人之名以重其書，他們的動機，又是很善良的。我國醫學界綜合性的總結，到今天還能看見的，大約以這些書爲最早。

這種工作，歷代醫學工作者一直沒有放鬆過。例如漢末的張仲景、華佗，在這方面的貢獻更多。他們總結了歷代的經驗，寫成了《傷寒雜病論》和記錄外科剖割術的著作（《後漢書》、《三國志》都說華佗著的書，在被捕後焚毀）。中醫的隨症治療法則和許多臨床綱領，都確立起來了。其次，如隋代太醫博士巢元方和吳景賢等人，研究一般疾病的病源和症候，將前代的經驗綜合起來，寫成《諸病源候論》。此書分病源爲六十七門，列症候爲一千七百二十六論，對許多重要病如霍亂、鼠疫、虐疾、肺癆等都有論述，可算是一部空前的巨著。唐代

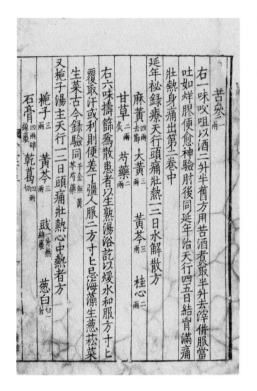

宋 王燾編《外台秘要》（南宋刻本）

孫思邈著《千金方》九十三卷，將歷代民間流傳的醫方加以綜合整理，分門立論，包括藏府、癥結、針灸、藥石、推拿、婦人、小兒、內外各科，並有用蔥葉導尿的方法，同時兼及養性煉氣等健身術，確係一部內容豐富的大著作。還有王燾所編的《外台秘要》，計四十卷一千一百零四門，集歷代民間醫方之大成，分門別類，先論後方，更是一部比較完善而適用的著作。但是這些書籍都是出於私門，由一個人或者幾個人纂輯成功的。

到了宋代，醫學經驗更加豐富，書籍逐漸浩繁，僅憑私人力量，便無法去做規模龐大的總結工作，加以許多珍貴醫書，都保存在官府裏面，私家也無由得見，不得不仰仗統治階級的直接領導來做這一工作。北宋太平興國年間（976—983），編成《太平聖惠方》一百卷，內分一千六百七十門，共收醫方一萬六千八百三十四。又政和年間（1111—1117），編成《聖濟總錄》二百卷，內容更為豐富。這都是憑藉宮廷之內的藏書，窮搜博考編寫而成的。

宋太宗敕撰《太平聖惠方》
（日本江戶時代抄本）

其後清乾隆初年，吳謙等奉敕編成的《醫宗金鑑》九十卷，也是沿用宋代遺法，倚靠官府圖書，從大堆舊醫書中加以系統的整理，因而它所涉及的方面更為廣泛，並且很重視臨床實際經驗，不尚空論。所以開頭便是訂正《傷寒》、《金匱》兩注，其次刪補名醫方論。而諸科心法要訣更分為四診、運氣、傷寒、雜病、婦科、幼科、痘疹、眼科、針灸、正骨、外科等門類，這樣便對醫療的物件，無論內科、外科、婦科、兒科，都做了很全面的總結了。

乙、專科性的總結。歷代醫學工作者，從事於專科性總結工作而成績特

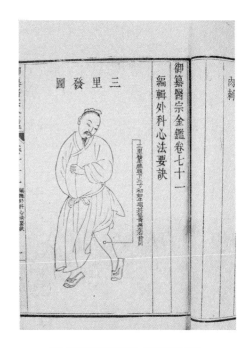

清　吳謙等奉敕纂《醫宗金鑑》
（清乾隆刻本）

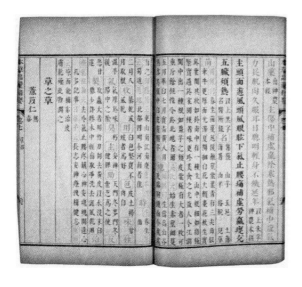

明　劉文泰等撰《本草品匯精要》（清康熙寫本）

別顯著的，莫過於研究《本草》。最早的《本草經》上面，只載藥三百六十五種。後來便代有增附，如梁代陶弘景的《名醫別錄》，唐代李勣的《唐本草》，北宋劉翰等的《開寶本草》、掌禹錫等的《嘉祐補注本草》、蘇頌的《圖經本草》、唐慎微等的《大觀證類本草》，元代朱震亨的《本草衍義補遺》，都次第有所增加。到了明代，李時

珍著《本草綱目》，藥物的名品便發展到了一千八百九十二種，應用的藥材可謂備載無遺了。但到清代，趙學敏作《本草綱目拾遺》，又有增加。這些著作的內容，並不只限於藥物數量上的增補，而最重要的更在於訂正了前人的錯誤，添列了後起的經驗，對後來醫學的不斷發展和提高，起了決定性的作用。勿庸置疑，這是中國醫學史上從事專科性總結最成功、最偉大的事業。此外如內科、外科、婦科、幼科、針灸、痘疹、病案等等，歷代也都有自己的總結性書籍，雖深淺各有不同，但是它們的目的和任務始終是一致的。

中國人應知的

文明歷程

The knowledge
of Civilization

文字的創造與改進

　　"語言是從勞動當中並和勞動一起產生出來的"，這在恩格斯所著《自然辯證法》裏的《從猿到人》一篇中，早已明確地提示出來了。後來，古列夫又根據這話加以補充，並且肯定語言是在集體的勞動中發生的。

　　勞動創造了語言。但在遠古，語言（指口語）的傳播受到時間和空間的限制，人們只能在一定的時間和空間之內，來表達自己的意思，而不能傳於異地，留於異時。我們知道，人類勞動是由低級到高級、由簡單到複雜逐漸向前發展的。人們為了適應這發展著的新情況，便漸漸感覺到語言有許多不足之處了，就不得不發明一種可以彌補語言缺陷的東西，使之能隨心所欲地記寫事件、表達情意，並可行久傳遠。這樣，便產生了文字。

文字的創造

　　談到我國的原始文字，有的人推本到八卦，並且肯定八卦是伏羲氏畫的。有的人以為是由"結繩"演變過來的，並且肯定神農氏曾經結繩而治。甚至還有人溯淵源於"河圖洛書"。這一類神話式的傳說都不可證實，近於附會，是文人學者們的臆斷，不足為訓。至於提到文字的創造，更有種種傳說。周秦諸子中，像《韓非子》和《呂氏春秋》，都將造字歸於倉頡一人。到漢人所作的《淮南子》中更說道："倉頡作書，而天雨粟，鬼夜哭。"（見《本經訓》）那更越來越變成神話了。倉頡究竟是什麼時候的人？一直沒有人弄清楚。有的說是黃帝的史官，有的說是古代的帝王，有的說是神農時候的人，有的說是伏羲時候的人，有的又說是在伏羲以前。既然連時代都不能明定，還能相信文字是他一人創造出來的嗎？況且文字是由簡到繁、由少到多不斷發展的東西，絕不是一

倉頡像

個時期、一個人所能創造出來的。《荀子‧解蔽》篇說過：“好書者眾矣，而倉頡獨傳者壹也。”即使倉頡果有其人，肯定在他以前還有很多造字的人，他不過是一個對文字整齊劃一的人罷了。總之，我們今天只能根據科學的論斷，肯定中國文字是我們的祖先在集體勞動過程中創造出來的。

我國最古的文字，即是圖畫。根據目前已經從地下發掘出來的最古遺物來看，都是用圖繪實物形狀來代表意義的。例如一九二三至一九二四年之間，瑞典人安特生到甘肅考古，在辛店發現一批陶器，考古學家判斷為西元前二三千年的遺物，稱之為“辛店期”，相當於夏代以前的原始社會。這些陶器上，已有人形、獸形、鳥形、蟲形的花紋，也可說是我國最早的文字畫。這些文字畫的創造者，無疑是製造陶器的勞動者。

河南偃師二里頭遺址（相當於夏代）陶器上的刻劃符號，當與文字的產生有一定聯繫

到了奴隸社會，出現了大批脫離生產而從事腦力勞動的人。文字的創造和發展，乃日漸複雜，記載思想和語言的工具，乃漸臻完備。根據殷代遺留的甲骨和青銅器上保存的文字來看，雖說造字的體例較前精細而周密，但是圖繪實物形狀的文字，還是占絕大多數。當時書寫是隨體詰屈，沒有一定的形式，直到周末“七國文字異形，秦初兼天下，丞相李斯乃奏同之，罷其不與秦文合者”（許慎《說文解字敘》），這才出現了篆書。由於篆法過求勻整，所以筆劃整齊，和圖繪實物的象形字便不一樣了。

秦朝統一文字的時候，沒有一部綜錄文字的書籍。當時文字究竟有多少？變革的情形若何？無從詳考。幸而後漢學者許慎所作《說文解字》，是以小篆為主，而附出古文、籀文，登錄了九千三百五十三字。雖其間形聲字已占了七八千，而象形、指事、會意字僅屬極少數，但是也還有一部分近於圖繪實物

的文字保存在裏面，可供我們分析研究。有的
字形，和金文、甲骨文完全不合，失去了造字
的原意。也有的不見於金文、甲骨文，而賴
《說文解字》保存下來。我們也還可藉此考見
造字的眞意。下面，我們從甲骨文、金文和
《說文解字》中抽舉一些足以體現先民創造文
字時的基本原則和精神的，以類相從，加以解
說，用來證明我們祖先的智慧是無窮無盡的。

秦　小篆體 “海内皆臣，歲登成
熟，道*毋*饑人” 十二字銘文磚

　　我們的祖先還在田獵的時代，就發明了弓
矢，製造了網罟捕取野獸，以供食用。同時便
開始描繪各種野獸不同的形狀，虎則爲 🐅 、豹
則爲 🐆 、馬則爲 🐎 、兔則爲 🐰 、犬則爲 🐕 、
羊則爲 🐑 ，這都是具體的圖繪實物形狀，令人一覽了然。野獸同是四足，有毛有
尾，很不容易區別，創造文字的先民，卻能把握某種野獸的特徵，加以描繪。虎
則狀其齒銳、爪利而長尾，豹則狀其身有圓形的花紋，馬則狀其長頭有鬣而尾多
毛，兔則狀其善跳，犬則狀其善走，羊則狀其有角，這樣便不致紊亂了。

　　後來由於捕得的野獸供食用外，還有剩餘，便加以飼養，於是我們祖先便漸
漸進入了畜牧時代。在畜牧過程中，人們掌握了野獸的性情和特長，選擇其中最
馴順或者可役使的，留爲今日的家畜，如犬、羊、馬、兔皆是。人們知道犬的嗅
覺較敏感，所以創造的 “臭” 字從犬，從自（自即 “鼻” 字）：犬性近人，所以
“伏” 字從人，從犬；因近人而可狎玩，所以 “狎” 字、 “狃” 字皆從犬；因近
人而最能懂人意，聽嗾使，所以 “獎” 字從犬；犬能守家，有時逐人不發一聲，
所以 “默” 字從犬；有時從草中忽然跑出追逐人，所以 “猝” 字從犬；有時從
穴中忽然跳出，所以 “突” 字從犬；犬善走，所以 “倏” 字從犬；幾個犬在一塊
兒，更喜賽跑，所以 “猋” 字從三犬；犬性最不能群，兩三隻在一塊便須咬齧，
所以 “獨” 字從犬。羊性最能合群，所以 “群” 字從羊；羊性最爲馴順，又不好
鬥，所以 “吉祥” 二字在金文中都寫作 “吉羊” ，便直接用 “羊” 字作 “祥瑞”

之祥了，而且由此還造出了善、美、羞、義一類的字。馬的知覺最敏感，易受驚恐，所以"驚"字、"駭"字都從馬；走路氣充頭昂，所以"驕"字從馬；卻易受指使，所以"馴"字從馬。兔性善逃，不小心便失掉了，所以"逸"字從兔；由於善逃，必有罩止之，所以"冤"字從宀從兔。像這樣的字群，都是由某一種具體實物而發展出來的。我們在這兒所列舉的這一群有系統可尋的文字，並不是說這些字都遠在畜牧時代便已產生了；而只是想說明這些字乃至更多和此類似的字群，必然是通過畜牧過程中不斷積累經驗後，才能創造出來的。

至於在農事耕種這一類的勞動中所創造出來的文字，更進一步地複雜而有理致了。首先"男"字從力田，便決定於農業生產是以男子爲主；(藉)字像人以兩手持耒耜而推之之形；(執)字像兩手捧屮種植之形。這些都描繪了耕種的動作。耕種以後，屮本如苗禾，木本如果栗，都非時常去看看不可，所以(相)字從目在木上，看它結實的情況如何；(省)字從目在屮下，看它出土的情況如何（甲骨文中"相"、"省"二字形體如此），這些都是農家極其重要的事。果子可以摘取了，便出現了(采)字，從爪，在木上；禾苗可以收穫了，便出現了(穗)字，從爪，在禾上。農家的主要作業，仍以五穀爲本，到了秋收的時候，便算一年勞動才告結束，所以代表一周年的文字，如"季"（年）、如稔、如

《說文解字》（宋刻本）

秋、如稘，都是從禾。古代農村，大半都是看五穀的成熟與否來決定一年的成功和失敗，所以“秋”字和“年”字在使用上，總是相通的（如“有年”也稱“有秋”，“千年”也稱“千秋”）。

在農業極其興盛的社會裏，不獨男子忙於耕種，解決食的問題，女子也須忙於蠶桑，解決衣的問題。在中國兩三千年的傳統社會裏，農村中的“匹夫匹婦”，照例是夫婦分工來共同經營生產的。這一點表現在文字上，也極其明顯。例如（妻）字的構造，上半是從（疌）字，《說文·止部》：“，機下足所履者。從止從又。”意爲手足不停，便像織布的工作。所以在文字中，便出現了一系列關於治理蠶絲的字。如（𤔔），便是像兩手用收絲之具在治絲的樣子。其次如“䜌”字的古文作，和音義皆同，實爲一字，它們都是很具體的象形字。治絲必得其端緒，所以（尋）字從工口，從又寸，像繹理亂絲的形狀。有時不易得其端緒，便必須在日光下照視之，所以（顯）字從日中視絲。蠶絲治理好了，必總爲一紽（《詩經·召南·羔羊》：“素絲五紽”），治絲的工作，才算完畢，所以“終”字在甲骨文作，便是像一紽一紽的成品高懸之形。

我們的祖先，一年四季總是極其勤苦的，無論男女，總是從早至晚，沒有休息。在工作的時候，各人首先必須依靠自己的力量或憑藉某些工具來解決問題。人的各個器官中，最能互助配合發揮作用的，當然是口和手了，所以字（右，即“佑”字）從又（代表手）從口；字（左，即“佐”字）從𠂇（左手）從工（像工具）。“左右”即“佐佑”二字的本字，其本義爲互助，這只有在個體勞動中才能體現出來。各個人在工作中，既然依靠自己的力量和智慧緊張地進行勞動，所以（亟）字在《說文》中是敏捷的意思，從人在天地之間，從又從口（二象徵天地），這便充分體現出人生在世必須努力勞動的意思了。勞動人民勤苦一生，非常珍惜光陰，每日天還沒有明亮，便起來了，所以（晨）字從從辰，（夙）字從丮、夕，都是表現抓緊時間趕快早起的意思。在甲骨文中，“夙”字作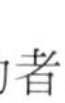，像早起的勞動者喜見殘月在天、兩手向空捧月之狀，這具體地表現了他們勞作之辛苦了。在勞動時，又相誡不要說話，以免妨礙工作，於是便出現了（茍）字，從羊省，從勹口。勹口，便是緘口不多說話的意思；從羊省，便和義、善、美那些字同意。這個字和“亟”字音義俱近，同爲鞭策自己加緊工作的意思。它和苟且之“苟”（從草），音義俱遠，絕然不同（《大學》

湯之盤銘"苟日新"，應讀為"亟"）。由"苟"又發展為"敬"，從攴從苟，意思更進了一步，所以"敬"字的本義，是認真、嚴肅、不放鬆、不懈怠、對事負責的意思，完全是一種良好勞動態度的具體表現。

其次，我們的祖先，是十分提倡並樂於集體勞動的，因而也創造出這一類的文字。首先他們認定一個人的力量是渺小的、微弱的，所以"劣"字從力、少。集體的力量是強大的、可靠的，所以"劦"字從三"力"。因之又發展為"協"，又為"勰"，不獨力量要集中，心意也要協同一致了。力量心意既已集中，什麼事都可成功，所以𦥏（興）字從同，㢱（庼）字從广從茨。庼即古文"光"字，形容人力眾多，自然興盛、自然光輝的意思。一個人若離開了集體的互助，不獨事情不易成功，

《說文解字》（清光緒刊本）

而且容易犯錯誤，所以"咎"字在《說文》中是災害的意思，從人、各，這意思是說人各獨行，便易招災致咎。相反地，"仁"字從人、二，意思更明顯了，所以"仁"字的本義是人們在工作中合群、互助、對人熱愛的意思，完全是一種良好工作作風的具體表現。

總之，以上所舉各有系統可尋的文字，無疑地是無數先民經過很長時期不斷地創造出來的，具體地表現了我們祖先高度熱愛勞動和提倡集體互助的精神。這是我們中華民族幾千年的優良傳統，值得我們發揚光大。

原始先民，不管如何勤勞辛苦，男勞於耕，不得飽食；女勤於織，不能足衣；他們連住所也沒有，只能常常躲在山崖之下，躲避風霜雨露，所以，仄（仄）字從人在厂下；匜（陋）字也像人隱在岩洞中，這便是"側陋"的本字。即或有屋可住，也還

沒有衣被，只能以草自覆，所以🈁（宛）字像人在宀下轉臥之形。到了冬天，特別不能忍受了，所以🈁（寒）像人在宀下，以艸上下自掩，而其下有仌（冰）。一幅先民艱苦生活圖，在這些字上描繪盡致了。

　　反過來看看貴族上層的生活是怎樣的情形，先民們也曾經通過創造文字，來描繪了他們平日鋪張奢侈的享受。古人席地而坐，這些人家裏，照例是鋪滿了花紋的席子。在甲骨文中"席"作🈁，是象形字。人在席旁，便成爲🈁（宿）或作🈁（像人坐在席上。古之坐，即今之跪）。到了晚上，兩人便擁被而臥了，所以🈁（衣）字在《說文》中作"隱"字講，像一物掩蓋二人之形，這二人當然是一對男女。古人"衣"字的本義，也可作"被"字講（古書所稱寢衣，即是被子）。他們平日照例是閑處在家不做事的，所以🈁（宄）字從人在屋下，以像其宄散。他們坐在家中不勞動，而精神卻寄託在"飲食"、"男女"兩件事方面，所謂"飲食男女，人之大欲存焉"，這對社會上層來說，是極其看重的事，所以🈁（窓）字從宀心在皿上；🈁（安）字從女在宀中，金文白疑父散有🈁字，合二者爲一，意更明顯，當是"安"、"窓"的本字（孫詒讓《名原》以爲是"女"、"子"二字，非是）。有了飲食和女人，便成爲"安"、"窓"，這難道不是貴族階層生活的眞實寫照嗎？但是先民卻在造字時警誡了他們，不要貪求享受太過火了，對於飲食、男女二者，都要加以節制。所以🈁（甚）字從甘從匹，甘指飲食，匹指男女，這可說很明顯地替他們敲了警鐘。

　　貴族階層上自帝王，以及貴族、官僚、地主，都是只講享受而不做事的。特別是最高統治者，是以"無爲"來掩飾自己的罪惡。先民也曾在文字上描繪了他們的形狀。"君"字的古文作🈁，像枯坐拱手、無所事事而但發號施令之形。古代稱君爲"后"，所以"后"字的構造也是從口，而其上像人偃臥之形。他們不但不做事，還要時常發發脾氣，所以"垢"字在《說文》中作"厚怒"講，從后、口。其他官僚地主們懶散不做事，常在家中安臥不起，先民便另造🈁（窳）字來形容他們。根據釋玄應《一切經音義》引楊承慶《字統》說："懶者不能自起，如瓜瓠在地不能自立，故字從瓜。又懶人恒在室中，故從穴。"（穴訓土室，與從宀同）《毛詩·召旻·正義》也有這樣的說法。可見古人創造"窳"字的原意，是指斥那些不勞而食者的。這一類的字，當然不是貴族階層所願意自己描繪的，而必然是出於普通勞動者之手。

自從人類進入階級社會以後，剝削者和被剝削者，統治者和被統治者之間的矛盾總是很嚴重地存在著。單就創造文字中所表現出來的生活圖影來說，也可證明這一點。但是貴族階層為著維護本身既得權位，以便更好地壓迫人民，便以軍隊、監獄、刑法等來控制勞動大衆。勞動人民只得屈服順從、俯首貼耳地受著侮辱。在古代“若”字是作“順”字講的，甲骨文便直繪其形作，像人舉手跪下屈服順從之狀；“抑”字是作“按”字講的，甲骨文便直作，像以手抑人而使之跪下之狀，這都是奴隸主平日對待奴隸、封建地主對待農奴的實際情況。稍不如意，便進一步用刑法監獄來迫害勞動大衆了。“奚”字在古書本係奴隸、罪人之稱，甲骨文作或作，像手持索以拘罪人之形。拘捕罪人，不但持索而已，《說文》有（㚔）字，說解道：“所以驚人也。”當然是最可怕的東西，甲骨文直作，像刑具，所以梏兩手，便更明顯了。由這字發展為（執）字或作，像罪人跪下梏其兩手之形；又為（摯），像罪人被執以手抑之之形；又為（圉），像拘罪人於囹圄中之形。這一系列對人加以迫害的事實，先民們早已描繪了圖形，保留著階級間對立和仇恨的痕跡。我們今天研究這些文字的由來，像這一類的材料，是可以當作最原始、最寶貴的階級對立的資料來整理的。

文字的豐富

我們祖先在最初創造文字的時候，無非是照實物的形狀去描繪，或者進一步把兩個以上的實物形體結合在一起，用以表達許多事物的動作和形態，這些均屬於圖畫文字的範疇。但是用這種方法可以畫出來的東西是有限的，存在著很大的局限性，決不能適應語言發展的需要。我們祖先於是感到原有文字不夠用了，社會的發展迫使他們不得不進一步採用新方法創造新文字。創造新文字的唯一方法，便是在原有象形文字的基礎上，加上形符或聲符，而成為形聲文字。使簡單的圖畫文字，孳生浸多，向前發展，成為複雜而有條貫的文字系統，使我國的文字豐富起來。

當我們祖先處在文字還很簡少的時代，一個字常拿來當作若於字用。例如一個"辟"字，既可作"僻"字用，又可作"避"字用，還可作"譬"字用，這在《禮記・大學》中可以見到，何況更早於《大學》的經典古籍？在商、周金文中，用"叡"字代替"賢"字，用"隹"字代替"惟"字，用"止"字代替"趾"字的地方極多。可見古代文字的用法，是用一字統攝若干字，是從聲音出發的。後來社會向前推進了，事物一天天由簡單到複雜、由低級到高級地發展著，人與人之間也增加了無數新的語言，為著能夠盡情達意，盡力杜絕一切含混不清的概念和彼此欺詐的事實，便在一個可統攝若干字的聲符上，加上各種不同的形符來互相區別。例如原來只有"戔"字，有淺小的意思，後來便在它的左邊加上一個水旁，便成為"淺"（水之小者曰淺）；加上一個金旁，又成為"錢"（金之小者曰錢）；加上一個歹旁，又成為"殘"（骨之小者曰殘）；加上一個貝旁，又成為"賤"（貝之小者曰賤）。又如原來只有一個"青"字，有清明的意思，後來加上各種形符，便成為"日之無障蔽者為晴，水之無污濁者為清，目之能明見者為睛，米之去粗皮者為精"。這種道理，宋代學者沈括在《夢溪筆談》、張世南在《游宦紀聞》中早已提出說明，提醒研究字學的人們應該深切注意到每一個字右旁之聲，而成其所謂"右文"之說。一方面這固然是歷代學者研究文字訓詁的一條必由之路，另一方面也可說是我們祖先努力發展文字而遺留下來的軌跡。

根據這一原則，我們去探究古人造字的規律，便一目了然了。下面僅就《說文解字》一書所載，抽出幾條較為顯明的例子來說：

《說文・夭部》喬："高而曲也。從夭從高省。"這字既有高義，所以高的樹木，便稱"喬木"。並且從"喬"得的字群也都有高義了。由它孳生為：趫，"善緣木之士也"；蹻，"舉足小高也"；鷮，"長尾雉"；橋，"水梁也"；僑，"高也"；驕，"馬高六尺為驕"；撟，"舉手也"；鐈，"似鼎而長足"。

《羽部》翏："高飛也。從羽，從彡。"由它孳生為：嘐，"誇語也"；

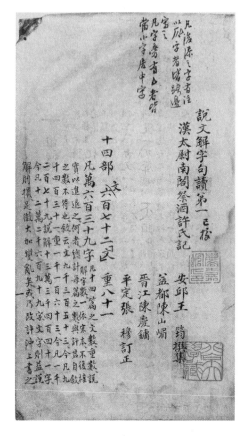

謬，"狂者之妄言也"；雛，"鳥大雛也"；燢，"火貌"；謬，"空谷也"；飂，"高風也"；瀏，"清深也"。

句："曲鉤也。從口，丩聲。"由它孳生爲：笱，"曲竹捕魚笱也"；鉤，"曲鉤也"；翑，"羽曲也"；雊，"雄雉鳴也，雉鳴而句其頸"；刨，"鐮也"；痀，"曲脊也"；軥，"軛下曲者"。

釆："摶飯也。從収，釆聲。釆，古文辨字，讀若書卷。"這字，古代讀音和"卷"相同，其義也自然相近，而有捲曲之義。由它孳生爲：龏，"一曰曲齒"；觠，"曲角也"；棬，"牛鼻環也"；拳，"手也"（卷手爲拳）；卷，"㙞曲也"；鬈，"髮好也"；捲，"一曰卷收也"。

多："重也，從重夕。夕者，相繹也，故爲多。重夕爲多，重日爲疊。"由它孳生爲：哆，"張口也"；㿇，"厚唇貌"；袳，"衣張也"；邓，"有大度也"；炵，"盛火也"；移，"禾相倚移也"；侈，"奢泰也"；庤，"廣也"。

綜上所述，可知形聲字的意義大半是寄寓在所從之聲。審其所從何聲，便可知其所得何義。因爲我們祖先添造新的文字，是沿著聲音的系統而去發展的。但是兼含義的音符，不一定就是語根。例如從"軍"聲的字，都具有大義，所以大口爲"喗"；大目爲"暉"；大飛爲"翬"；大雞爲"鶤"，而"軍"字本身卻沒有"大"的含義。從"彗"聲的字，都具有"小"義，所以小聲爲"嘒"；小棺爲"槥"；細布爲"繐"；小鼎爲"鏏"，而"彗"字本身卻沒

清 王筠《說文解字句讀》（手稿）

有"小"的含義。從"音"聲的字，都具
有"暗"義，所以地室爲"窨"；幽濕爲
"湆"；日無光爲"暗"；竇中犬聲爲
"猶"，而"音"字本身卻沒有"暗"的
含義。從"農"聲的字，都具有"厚"
義，所以腫血爲"膿"；衣厚爲"襛"；
露多爲"濃"；厚酒爲"醲"，而"農"
字本身卻沒有"厚"的含義。像"軍"、
"彗"、"音"、"農"這一類的聲符，
雖不是直接語根，但一定是從別的語根通
轉來的。通轉的規律，也不外遵循發音的
部位相同（聲部相同，即雙聲）和收音的
部位相同（韻部相同，即疊韻）兩條規
律。經過清代學者的整理，差不多每個字
所從得義的本源都能由聲音的系統找到它
的根底。這些充分說明了我國文字是循著
它一定的規律和法則向前發展的。

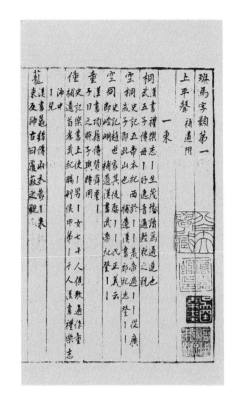

宋 李曾伯撰《班馬字類》（明藍格抄本）

　　我國文字在漢代以前，沒有詳細的
統計。到東漢和帝永元十二年（100），許慎才寫成了《說文解字》，著錄
九千三百五十三字。必不能免，其中一定有很多遺漏。但是完全可以肯定地說，
我國文字早在一千八百多年以前，就已經發展到將近萬字了。據清代學者朱駿聲
用六書的方法來分析《說文》所載九千多字，其中形聲便占了八千零五十七字
（見《說文通訓定聲·六書爻列》），可見在漢代形聲字已占全部文字的十分之
八了。到南宋時，鄭樵寫《通志·六書略》，統計象形類六百零八字，指事類
一百零七字，會意類七百四十字，合計不過一千四百五十五字。而諧聲一類就有
二萬一千三百四十一字，差不多是前者總和的十五倍。下逮清初所修《康熙字
典》，總計登載了四萬二千一百七十四字，而形聲便可能占去了四萬。
　　我國形聲字所以能夠得到迅速的發展，是由於圖畫文字本身具有很大的局限性，到後世便沒有而且也不可能再向前發展了。自從我們祖先創造形聲字的方法出現以後，形聲字就立刻壓倒了圖畫文字而佔據優勢了。有些圖畫文字，經過演變而成為形聲文字，有些漸漸被淘汰或被吞併，於是圖畫文字漸漸地失去了它在中國歷史上原有的地位。雖則還有少數"初文"遺留到今天，但是整個文字系統卻是形聲文字了。這種新文字的發生發展，直到今天還沒有窮盡。今日科學界所使用的名詞，如"氧"、"氮"、"氫"、"氯"、"鋅"、"鎳"、"鋁"、"錳"這一類的字，也還是沿著我們祖先創造形聲字的道路去發展的。

文字發展過程中的揚棄工作

我們祖先使用文字時，是十分注意它的含義的清晰的。如果發現哪些字的含義過多，而其中最普遍最常用的一義反致含糊的時候，他們必起而否定那個字兼攝下去，便就本字另加一形，別為新字，使其義有所專屬，從而杜絕了混雜不清的弊病。這也是我國文字孳生浸多的又一途徑。

例如"曾"字在金文中本作 曽 （楚曾侯鐘）或作 曽 （呂伯孫敦），像瓦器加在灶口上烹飪的形狀，是"鬵"、"甑"諸字的初文。"曾"字既係具體象形，引申起來，便有"加"字的意思，所以從"曾"聲的字，大半都有加高的含義。在《說文·言部》中有"譄"字，"加也"；《鬲部》有"鬵"字，"鬵屬"；《貝部》有"贈"字，"玩好相送也"（加物於人）；《尸部》有"層"字，"重屋也"；《立部》有"竲"字，"北地高樓無屋者"；《瓦部》有"甑"字，"甗也"；《土部》有"增"字，"益也"。我們分析這些字所由孳生的痕跡，可以肯定"鬵"、"甑"是它的本義的後起字；"譄"、"增"是它的引申義的後起字；至於"贈"、"層"、"竲"等字，便是沿引申之義而繼續向前發展的。

但是《說文》解釋"曾"字，卻說成："詞之舒也。從八，從曰，四聲。"許慎是根據小篆的形體，把它說成形聲字，固已牽強附會，離開古初本義很遙遠了。我們由此可以考見"曾"字在漢代，已經以語詞為正解了。這種轉變，大約遠在漢代以前，便已如此。我們祖先發現了"曾"字的本義、引申義都已為語詞所奪，於是根據它原有的本義，續造"䰜"、"甑"二體；根據它的引申義，續造"證"、"增"二體；而讓"曾"字專為語詞之用。但我們祖先運用文字，從來就是喜歡用筆劃簡單、容易書寫的。所以"甑"、"增"二字行於後世，"䰜"、"證"二字雖已造成，卻最終被人們揚棄了。

又如"介"字，《說文》作𠇷："畫也。從八、從人，人各有介。"這顯然是它的本義，是分劃的意思。但在古代，人們習慣把它借用很廣，普遍地包含了"大"義、"善"義、"助"義、"特"義等，而分劃的本義，反而被湮沒了。於是後來另加形符，新造"界"字，使分劃之義有所專屬，而不與"介"字相混雜。

此外如"制"字，本訓"裁也"，後來既為"法制"之義所奪，便別造"製"字代之。"豈"字本訓"樂也"，後來既為語詞之義所奪，便另造"愷"、"凱"字代之。"族"字本訓"矢鋒也"，後來既為"氏族"之義所奪，便別造"鏃"字代之。"頃"字本訓"頭不正也"，後來既為"頃畝"之義所奪，便另造"傾"字代之。"新"字本訓"取木也"，後來既為"新舊"之義所奪，便另造"薪"字代之。像這類字，真是不能盡數。這是我國文字在引申、假借之義紛紛興起以後，我們祖先為了否定它的兼包並蓄、混雜不清，從而另造新字，使義有專屬、語言日臻嚴密和成熟。

其次，有些字原來形體很簡單，而古義很深奧，我們祖先考慮這些字在社會上使用時恐怕不易令人瞭解，於是也配上形符，使每個字的意義更加明確。例如《說文·又部》有"𣪊"字，"入水有所取也"；後來加一水旁，而成"沒"字。《父部》有"夆"字，"牾也"；後來加一足旁，而成"逢"字。《舁部》有"𦥑"或作"𡥈"字，"升高也"；後來加一足旁，而成"遷"字。《見部》有"䙷"字，"取也"；後來加彳旁，而成"得"字。"厎"字下云："水之邪流別也。"後來加一水旁，而成"派"字。"宁"字下云："辨積物也。"後來加一貝旁，而成"貯"字。這一類例子可以說明，我們祖先還不時用新興的字去代替陳舊的字，而陳舊的字以至最終被淘汰了。

但是我們祖先對於新興的文字，仍有極高的鑒別力。如果發現新興的字所加形符沒有多大意義，並且筆劃較原有字形繁難得多，於是便產生第二次否定，把新興的字放在一邊，而仍舊採用原有的文字。並且把原有的含義加以充實和發展，從而使它獲得廣泛的使用。

例如《說文》"永"字下云："水長也。"（依小徐）引《詩》："江之永矣。"但是同部中又有"羕"字，也說："水長也。"引《詩》作"江之羕矣"。這固然可解釋成齊、魯、韓三家《詩》和《毛詩》本子不同的緣故。但是，"永"、"羕"二字在古代確是一字。"永"係初文，而"羕"係新興字。在金文中，"永保其身"作"羕保其身"，"永保用之"作"羕保用之"，更可證明二字的一致性。這分明是由於古人感到"永"的含義在應用上已經大半專指"時間的久長"，而"水長"的意思，反被湮沒了，於是否定"永"字含義的一面，另造"羕"字以代之。後來發覺"時間久長"和"水流之長"，在意義上是相通的，用不著加以分別，而"羕"字筆劃太多，書寫不便，於是又否定"羕"字的使用，仍舊取"永"字以統之。所以"羕"字雖經造成，卻仍被人們擺在一邊了。

又如《見部》："親，至也。"《宀部》又有"寴"字，也解作"至也"，其實它們原來是一字。但是秦《嶧山碑》便已有"寴遠方"的記載，"寴輴"即"親巡"。由此可以證明，秦代已把"寴"代替了"親"。但是人們感到這兩字用不著加以分別，並且"寴"的筆劃增多了，仍不如"親"字好用，於是仍舊普遍地使用"親"字，而將"寴"字擺在一邊了。

此外像有了"賣"字，又增造"價"字；有了"因"字，又增造"捆"字；有了"叢"字，又增造"藂"字；有了"毀"字，又增造"嫛"字；有了"申"字，又增造"伸"字；有了"典"字，又增造"敟"字；有了"合"字，又增造"敆"字；有了"冊"字，又增造"笧"字；有了"然"字，又增造"嘫"字；有了"供"字，又增造"龔"字。但是不久人們便第二次否定了它們，認為後起的文字比較原有的文字筆劃增多，徒然加上無謂的形符，不適於用，便把它們擺在一邊，而仍舊採用原有文字作為交際工具，並且將它們的用途大大加以推廣。

上述事例充分說明，我們祖先在創造新文字的過程中，並不是默守常規、一成不變的。恰巧相反，而是循著辯證的規律去發展的，使文字本身在矛盾鬥爭的基礎上，不斷滋長壯大，有發展也有揚棄，有增加也有淘汰。由此可以看出，我們祖先創造文字的智慧和能力是多麼高超啊！

文字的簡化

我國文字的發展是由簡少到繁多，這點已在上面各章中敘述清楚了。而字形的變革，則又恰恰相反，是由複雜到簡單。大約愈遠古的文字，筆劃愈繁難；愈到近今，書寫便愈簡易。這和幾千年來中國社會的不斷進化，是有密切關係的。

一般學者認為，商以前的文字，一直到現在我們還沒有見過。目前所能看到的，以殷墟出土的甲骨刻辭為最古。從殷代開始，我國才有文字。這樣的推斷，雖是事實，但是我們應注意到：首先從文字本身來說，殷商文字已經是形聲文字，並且含意深遠，結構謹嚴，每一個字都組織得很細密，在此以前非有一個很長的孕育時期，斷不能有這樣的成果。由此可以推定，遠在殷商以前很久就有了文字。其次就歷史進程來說，必須在文字發生發展到一定階段以後，才會有歷史的記載。我們今天所看到的卜辭裏，所記先公先王，一部分標明是在夏代。古本《竹書紀年》、《世本》、《史記》對夏、商兩代的世系、年數和史事，都有過詳細的記載。《殷本紀》既經人們用地下發掘的資料證明其大部分可靠，那麼，《夏本紀》何嘗全是偽作？我們今天只能說夏代的文字有待於今後的發掘，而絕不可由於暫時沒有發現夏代文字，便一口咬定夏代沒有文字。相反，由於不少記載既已證明夏代是有史時期，那麼我們同時可以肯定夏代文字必定已經很發達了，而文字的發生，總會遠在夏代以前。因此我們有理由說，中國的文字到現在至少已經有四千多年的歷史了。

在四千多年的歷史過程中，單就字的形體說，已經是變化多端了。由古文而大篆、小篆、隸書、草書、楷書、行書，以至今日通行的印書體等等。在幾千年中，由於社會不斷進化和採用書寫工具的不同，字體的形式也就千變萬化了。我們祖先最初造字的時候，書寫隨意，不受任何拘束。所以同是一個"羊"字，在甲骨上，便有四十多種寫法。但是每種寫法，卻總是沒有脫離實物實形，仍然使人一目了然的。其次像記數方面的文字，如一、二、三，最初打幾點作﹒ ﹒﹒ ﹒﹒﹒ ， 寫幾直作丨 丨丨 丨丨丨， 畫幾斜槓作／ ／／ ／／／， 本無不可。在今天所能看

刻在牛骨上的干支符號（殷墟出土）

到的甲骨文字和殷、周鐘鼎刻辭中，大半屬於這一類型的文字，後世便稱爲“古文”。這些古文，各地有各地的寫法，各時代有各時代的寫法，甚至一個人寫出來的字也不一致。後來由於社會進化，人事日繁，如果寫一字而仍然要圖畫實物之形，未免太麻煩、太費時，不適應客觀需要。所以到了周代，便有人把各種複雜和不統一的字體加以整理。相傳周宣王時候有個太史籀，便根據當時的“古文”，選擇其中簡單合用的字保留下來，或經過自己改訂使之簡化，這便成了“大篆”，也叫“籀文”。我們今天如果單就《說文》所載幾百個籀文，拿來和小篆的形體相比，籀文乃確是相當繁複的一種字體。但是從整個文字進化的歷史來看，它是第一次將我國原始圖畫文字改變成爲線條勻整的形體，比起那描繪實物形狀的字體實在是簡單多了。

周代統治者雖名爲“宗周”，名爲“王室”，但事實上卻是封建諸侯割據，政令不能統一，語言文字自然也是各行其道。特別是六國文字，地方色彩更加濃厚。後來，由於土地所有關係大大的改變，都市經濟日益繁榮；交通四達，社會的發展不容許有很多不統一的字體存在。加之新興的商人和地主階級在政治上成爲主要的力量，秦始皇得到這般人的支援，竟完成了統一中國的大業。政權既已統一，政令自然也要統一，在這種形勢下統一文字也就成爲燃眉之急了。因此在秦統一中國以後，就很自然地發生了統一文字的運動。所謂“車同軌，書同文”，傳爲歷史上的佳話，這是新興的地主階級順應歷史發展的規律而進行的一次大規模的文字改革運動。

許慎在《說文敘》中，論及周、秦之際文字的轉變情況時說過："分為七國，田疇異畝，車塗異軌，律令異法，衣冠異制，言語異聲，文字異形。秦始皇帝初兼天下，丞相李斯乃奏同之，罷其不與秦文合者。斯作《倉頡篇》，中車府令趙高作《爰曆篇》，太史令胡毋敬作《博學篇》，皆取史籀大篆，或頗省改，所謂小篆者也。"根據這段記載，我們可以明確當時統一文字工作中的兩個重點：第一，既說"罷其不與秦文合者"，那麼當時自然是把秦文作為標準字體，其他不與秦文相合的文字一律停止使用；第二，既說"皆取史籀大篆，或頗省改"，那麼當

戰國楚 "鄂君啓"錯金銘文銅節
（銘文為楚國通用文字）

時的改革，是在大篆原有的基礎上加以整理，力求使之簡單化，而不是完全拋棄原有文字，概行新制。所以今天我們看到的小篆，有些不但和大篆的構造相仿佛，而且和甲骨文字比較也有許多相同的地方。這些足以說明我們祖先改革文字的工作，不是全盤否定舊有文字，而是在原有基礎上，抱著有揚棄也有繼承的態度去進行的。

秦代統一了文字，簡化了文字，制定了小篆，使從前形體複雜、書寫任意的文字，變成筆劃勻整、四平八穩的形式。從文字進化的歷史來看，誠然是中國

秦 "八斤"銅權（權身以小篆體鑄"八斤"二字和秦始皇統一度量衡的詔令）

文化史上一件偉大的事業。但在當時，這一套文字只流行於統治階級，和人民是沒有多大關係的。當時人民寫的，是另一種更簡單的文字——隸書。

人們一提到隸書，便認為是秦代程邈在牢獄中創造出來的，其實這又大謬不然。首先，我們必須明瞭古人所謂"隸"，不一定指"徒隸"，更不一定指"罪犯"，而是"下賤人"的通稱。為封建統治階級所指名的"下賤人"，自然是廣大窮苦的老百姓。文字本來就是窮苦老百姓在勞動過程中創造出來的。後來既為統治者獨佔去了，變為整齊劃一、四平八穩的字體，便和勞苦大眾分了家。勞苦大眾沒有閒工夫耐煩地去書寫那種筆劃繁多、形式勻整的文字，而另外創造出一種簡便易寫的字體。所以一進入封建社會以後，我國文字始終是兩大系統並行：一種是貴族的用於廟堂的字體；一種是大眾的流行於民間的字體。統治階級對流行於民間的字體，便稱為"隸書"。隸書的範圍，原來是很廣泛的，是民間集體創造的成果，和今天通行的簡化字，是一個系統。程邈這個人，充其量在秦代不過曾經從事過搜集整理隸書的工作罷了。

人們說到隸書，便立刻會想到書法家臨寫的那些漢碑。其實漢碑上書寫的這些隸書，是定了型的隸書，和篆字已經大不相似。最初的隸書，是民間用簡率的寫法來寫篆字的一種形體。實質上，和篆字還是很相近的。衛恒《四體書勢》所說"隸書者，篆之捷也"，便是這個意思。後來既盛行了定型的漢隸，所以南北朝學者，也稱漢以前的隸書叫做"古隸"。《顏氏家訓·書證》稱："開皇二年五月，長安民掘得秦時鐵稱權，旁有銅塗鑴銘二所，其書兼為古隸。"這樣的鐵稱權，是民間根據官府所頒發的樣品而仿製的，自然採用了他們所常用的簡便字體了。這種古隸起源很早，酈道元《水經·谷水注》說過："隸自出古，非始於秦。"據此，可知秦代以前民間早已有了自己通行的簡便字體，時稱爲"隸書"。後人爲著恐與漢隸混淆，便改稱它爲"古隸"。

古隸和小篆的分別最初是很微細的，只是筆劃之間，有意無意地有些不同。時間一久了，經過許多人的摹仿和改易，到了書法家們手中，便逐漸求整齊，求美觀，於是形成了挑法波勢和規矩法則，終於發展成爲漢代碑刻的工整隸書。這和秦代的古隸，是迥然不同的。這種整齊美觀的新體，是書家士大夫們所完成的，卻和人民大眾漸漸脫離了關係。同時由於社會經濟的日益發展，人們又不耐煩去寫那種整齊美觀、一波三折的隸書，於是他們又創造出一種簡便的新字體——草書了。

宋拓漢刻《西岳華山廟碑》

談到草書，人們便容易想到晉、唐以後的盤繞連綿、幾個字連在一起的"今草"，以及龍蛇飛舞、像藤子似的誰也不能辨認的"狂草"，必然認定這不是民間所要創造出來的東西。事實正是如此，後世所通行的"今草"和"狂草"，正是書家士大夫們吸收了民間所造的草書，加以改造變化，使之成爲一種書法藝術品，和民間的實用草書，簡直沒有關係。民間最初的草書，和後來的"今草"、"狂草"不一樣，它是每個字單獨成體，不相連續的，基本上還是隸書的變體，也可說是一種草率的隸書。在漢代不僅普遍流行於民間，並且還用這種字體書寫歌括體的字書，教小孩們誦習篇章。"章"和"篇"古人有時是通用的，所以《急就篇》又稱《急就章》。由於這種字體普遍地用來書寫適於小

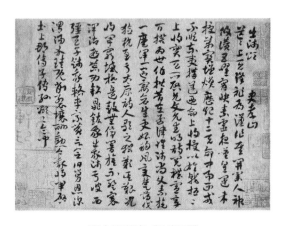

隋人章草書《出師頌》

孩誦習的篇章，所以又稱"章草"。我們今天還能看見古人用草書寫成的《急就篇》，便是一個明證。過去學者們對"章草"多有誤解，有人以為因漢章帝的提倡而得名，有人以為可以用之章奏而得名，這都是錯誤的。《急就篇》的書法，字字區別，不相連續，這才是草書最初的形式。顧炎武《日知錄》卷二十一說過："小學家流，自古以降，日趨於簡便。故大篆變小篆，小篆變隸。比其久也，復以隸為繁，則章奏文移，悉以章草從事，亦自然之勢。故雖曰草，而隸筆仍在，良由去隸未遠故也。"這段話，說得極簡明而扼要了。

兩漢以來，書家採用了民間的隸書，逐漸加以改造修飾，有了挑法波勢，寫得十分整齊而美觀。但這種挑法波勢，寫起來究竟還是緩慢。同時為了更求美觀起見，這樣便出現了"正書"（亦稱"楷書"、"眞書"）。正書在三國魏代便已出現，那時它的形體和隸書相去不遠。像三國魏代書法家鐘繇、晉代書法家王羲之寫的字，也還結體方扁，不同於現行楷書寫成了長方。到了唐代，歐陽詢、虞世南等所寫的字，就變成長方了。從唐以來的一千多年間，這種字體就成了法定的字體，並一直與封建社會相終始。

一千多年來，楷書所以能夠取得正統的地位，固然是由於統治階級的竭力支持和維護；但是我們進一步從史實仔細分析，發現還有兩個支持它的主要力

量：從唐代以來，已經發明了刻版印書的方法，因為楷書結構方正，刻起來便當，而且勻整好看，當然就採用它做刻書體，並且很整齊地寫成橫輕直重、方正飽滿的字形。這種寫法，大約到宋代便定型了，所以又稱為"宋體字"。中國文字在社會流行時，由於地域、古今、正俗的差異可以有多種

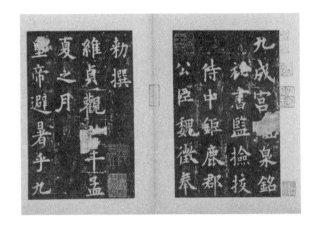

宋拓唐刻 歐陽詢《九成宮醴泉銘》

多樣的寫法，但是到了刻書人的手中，便很自然地統一起來了。這一點對於楷書能夠長期在書法史上維持自己的正統地位，是有很大關係的。其次，在這一千多年間，由於科舉制度的存在和需要，楷書的地位也被封建統治者提得很高。在科場中，便以楷法的優劣來定成績的高下。特別是歐、柳字體，當時為統治階級所欣賞；應試的士子們，不獨不敢寫俗體字，並且不能用省筆字。所以從幼小時，便學習《字學舉隅》、《分毫字樣》這一類課本，把每一字的筆劃死板地記下來。這樣，書法也就不出歐、柳的範圍，被寫成了軟弱無力的"館閣體"了。這就當時的知識份子來說，在求學上固然是嚴重的束縛；但若就楷書能長期居於正統地位來說，卻是極有力的支持了。

民間流行的簡體字，在中國社會中已經有兩千年以上的歷史。雖經官方多方設法加以摧毀和禁止，但仍然不能予以消滅。其間著名的知識份子，像北魏的江式、北周的趙文深、唐代的顏師古、張參、唐元度等，曾耗盡心力來做掃蕩簡體俗字的工作，但也終歸無效。相反地有大批知識份子和專家學者們竟為民間簡體字所陶醉了。遠在許慎作《說文》的時候，便已引用俗體來證說字形。特別像唐開成年間所刻石經，雖是官方監造的，其中也仍採用了不少當時流行的俗字。例如：《儀禮》中的"齎"字便寫作"賷"，《春秋傳》中的"總"字便寫作"捴"，《爾雅》中的"督"字便寫作"督"，"橫"字寫作"擴"，都是很明顯的

唐《開成石經》

例證。清初像黃宗羲一流的學者，也很高興採用俗體字來抄書、著書。在呂留良《送黃太沖東歸詩》裏有云：「俗字抄書從省筆，奇文割本棄餘材。」自注：「自喜用俗字抄書，云可省功夫一半。」（見《東莊詩存》）由此可見，過去一般有通識卓見的學者們，仍然是不廢民間簡體字的。

在民間得到廣泛流行的簡體字，卻很難得到官方的認可。歷代均想盡方法，來阻止它的發展，特別是通過考試，加以禁止。這在宋代更爲厲害。孫奕《履齋示兒編》卷九記載過一件這樣的事：「誠齋先生楊公，考校湖南漕試，同寮有取《易》義爲魁，先生見卷子上書‘盡’字作‘尽’，必欲擯斥。考官力爭不可。先生云：‘明日揭榜，有喧傳以爲場屋取得個尺二秀才，則吾輩將胡顏？’竟黜之。」但是違背事物發展規律的政令和措施，終究阻止不了它的滋長和壯大。我們只看宋、元以來民間所刻印的小說詞曲，幾乎滿眼全是簡體字，和官方刻印的經、史、子、集迥然不同。

按照中國文字進化的程序來說，由商、周古文到大篆，由大篆到小篆，由小篆到隸書，由隸書到正書，新文字總是舊文字的簡俗字，而且一次比一次地將筆劃簡單化了，這是一種進步的上升的運動。我們今後從事文字的修正和改革，應該繼續朝著這個方向去不斷努力。

　　人們一走進國內大圖書館的書庫，特別是收藏中文書籍的部分，看到連箱疊架的舊式線裝書，眞是汗牛充棟，望之興歎。這樣多的書，究竟是怎樣出現、發展、豐富起來的？我們隨便從哪一方面來看，都只會驚服我們祖先集體創造的偉大！首先姑且不論記載文字和傳播文字的工具是集體智慧的結晶；就拿印刷術出現以後，書版的雕刻，紙頁的刷印，成冊的裝訂來說，何一不是大多數工匠勞動的成果？書多了，必須校訂、編目、整理、上架，這些又非依靠集體的力量不可。加之書籍本身的編述，絕大多數是由集體創造成功的，不獨在遠古時代，很多找不到作者主名的書籍，是由集體寫成的；即在後世陸續出現的大部頭書，像歷代編成的“正史”、方志、政書、類書等等，也都以集體編寫的占絕大多數。幾千年間，雖也出現不少成功的私人著作，但如果探本窮源，也仍然是憑藉了眾多的材料加以提煉改造，使之變爲更精粹而概括的記載或理論罷了。

創造了記載文字的工具

　　我們的祖先，既發明了文字，又創造了文學，這些自然需要工具來記載它，使能行遠而傳久。記載文字最普遍的工具，最初是竹、木，其次才是甲骨和金石。因爲竹、木隨地便可取得，先民記載思想語言，便離不了它。王充《論衡·量知》說過：“截竹爲筒，破以爲牒。加筆墨之跡，乃成文字。大者爲經，小者爲傳記。斷木爲槧，析之爲板。刀加刮削，乃成奏牘。”可知木板只用於往來傳達情意，古人所稱“奏牘”，便是後世的信札。至於記載思想、議論，藉以留傳久遠，乃專用竹簡。簡又稱爲“牒”，《說文》“簡，牒也”，是其義。又稱爲“畢”，《爾雅》“簡，謂之畢”，是其義。又謂之札，《說文》“札，牒也”，是其義。單執一札，謂之爲“簡”；連編諸簡，便名爲“策”。其實“策”字的本義爲“鞭策”，古人多假借爲竹簡之稱。它的本字應該是“冊”，《說文》：“冊，象其札一長一短，中有二編之形。”“編”便是聯貫竹簡的索子，或用牛皮，或用絲繩。《史記·孔子世家》稱孔子“晚而喜《易》，讀《易》韋編三絕”，這便是用牛皮聯貫竹簡的明證。孔子讀《易》而至於將牛皮

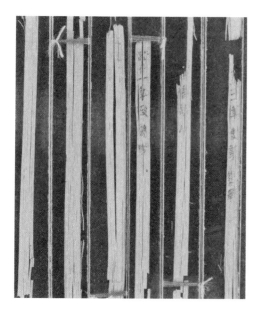

秦 《編年紀》竹簡（湖北省雲夢縣睡虎地秦墓出土）

帶子弄斷了好幾次，可以想見他研究摩挲的勤勞了。

　　普通竹片上，有青皮很滑，是不好寫字和刻畫的。加以新竹含的水分很多，容易生蟲損蝕，所以古人採用竹簡，必先用刀刮去青皮，這叫“殺青”；再把它放在火上烤以除去水分，好像人的出汗一樣，這叫“汗青”。經過這樣加工以後，或用筆寫，或用刀刻，無不如意。偶然寫錯了字，用筆塗去，這叫做“點”。

《爾雅》：“滅謂之點。”郭注“以筆滅字爲點”是其義。或者用刀刮去，便叫做“削”。其他“刊”、“刪”等字，也都從刀，意義正同。竹簡寫好或刻就以後，總編成冊，便是當日的書籍。《莊子》稱“惠施多方，其書五車”，是指竹簡而言。五車竹簡，大約敵不了今天一本厚書。《史記》稱秦始皇料理公文，至於“衡石量書”，也還是一石竹簡，其內容並不見得太多。

　　竹簡的長短是不一致的，照古人的講法，大約最長的二尺四寸；其次二分取一，便爲一尺二寸；其次三分取一，便爲八寸；最短者四分取一，便爲六寸。爲封建統治階級所極尊重的六經——《易》、《書》、《詩》、《禮》、

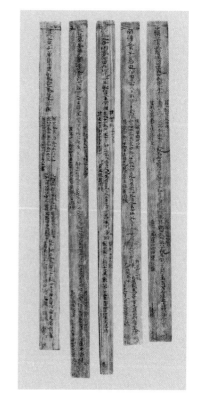

三國吳 竹簡

《樂》、《春秋》都是用二尺四寸簡寫的。《孝經》用一尺二寸簡寫、《論語》用八寸簡寫，因為二書在古代看成傳記一類的作品，表示不敢上同於經。這種等差區別，當然是統治階級規定的。至於六寸長的短簡，只用之符信和算籌，本不用以寫書。刻寫成編的竹簡，又恐其隨處亂拋，容易損壞，所以必然要有木几以承之，這便出現了典字，像冊在丌之上。越是重要的寫作，把它安置得也越高，所以在封建社會裏，幾部重要的書，便擁有"經典"的稱號了。

這樣的書在中國歷史上曾多次從地下發現過。出土量最大的一次是西晉太康二年（280），有人盜發魏襄王墓，得竹書數十車。其中如《竹書紀年》、《穆天子傳》等書，至今仍為古史研究者所重視。即就近來說，一九七二年四月，山東臨沂銀雀山漢墓出土竹簡四千四百餘枚，其中大部分是兵書，《孫子兵法》和《孫臏兵法》、《六韜》、《尉繚子》都在內。同年十一月，甘肅武威縣旱灘坡漢墓出土了醫藥簡牘九十二枚，保存了不少古醫方和醫療記錄。一九七五年十二月，湖北省雲夢縣睡虎地秦墓出土了大量秦簡，計有一千一百五十五枚，其內容大部分是法律和與法律有關的文書。單就這三次出土的簡策而論，能成批地發現這樣多有價值的文獻資料，是十分值得重視的。

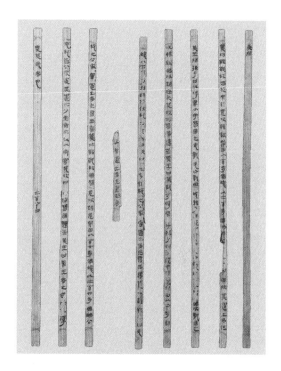

西漢　《孫子兵法》竹簡
（山東臨沂銀雀山漢墓出土）

大約至遲在周末，我們祖先便已知道利用布帛寫字，來輔助竹、木之所不及。最明顯的證據，像孔子的學生子張，聽到他老師一段好的啓發以後，便馬上拿他的腰帶記下來，所以《論語》便有 "子張書諸紳" 的記載。"紳" 是大帶的別名，是用絲帛做的。可見當時早已有用帛寫字的方法了。其次，像魯仲連當田單攻聊城久不能下的時候，他便寫一封長信去勸守城的燕將。《史記》稱："魯連乃爲書約之矢，以射城中。" 這自然也是帛書無疑。至於周末諸子書中，特別像《墨子》，不止一次地把 "鏤之金石" 和 "書之竹帛" 相提並論，這都是周末帛書已大盛行的明證。

西漢　《戰國縱橫家書》帛書
（馬王堆三號墓出土）

帛書的實物，曾在新疆樓蘭遺址發現過。一九五一年，也在長沙楚墓中發現過。由於原物腐爛，都是碎片，無從辨識上面的文字。只有一九七三年十二月在長沙馬王堆三號漢墓中出土的帛書，共約十二萬字，包括《老子》、《經法》、《十大經》、《戰國縱橫家書》及兵書、曆書、醫書等十多種古籍，是我們今天第一次看到的最完整、最豐富的古代帛書。

在普遍用竹寫書的時候，便有 "篇" 的名稱（"篇" 字從竹）。到了兼行縑帛以後，才出現 "卷" 的稱號。它固然取舒卷之義，但是古讀也還有 "衮" 音，便是由於可以滾轉的意思。《禮記·玉藻》："龍卷以祭。" 鄭注："龍卷，畫龍於衣，字或作 '衮'。" 陸氏《釋文》云："卷音衮，古本反。" 可見古人讀 "卷" 本自爲 "衮"，今日人們尚稱卷物爲 "衮"，這是和古讀吻合的。在漢代寫書，竹、帛並行，所以《漢書·藝文志》著錄群書，或稱 "篇"，或稱 "卷"。但是總計起來，《藝文志》中以卷計的不及以篇計的半數，可知兩漢寫書，用竹的機會仍然比用帛的爲多。

漢代用以寫書的縑帛，也稱爲"紙"。這"紙"字從糸，與從巾的"帋"字，在漢人是有分別的。劉熙《釋名》說："紙，砥也。謂平滑如砥石也。"這便是指縑帛言。在《漢書》和《後漢書》中，每以"簡紙"連言，便是竹帛的代名，和今天通行的紙料無涉。到了後漢，利用樹皮、麻頭、敗布、魚網之屬所造成的，便稱爲"帋"。《太平御覽》六百五引王隱《晉書》云："魏太和六年，博士河間張揖上《古今字詁》。其巾部云：'紙，今帋也。其字從巾，古以縑帛，依書長短，隨事截絹，數重沓即名幡。紙字從糸，此形聲也。後和帝元興中，中常侍蔡倫，以故布搗挫作紙，故字從巾。是其聲雖同，糸巾爲殊，不得以古之紙爲今紙。"由此可見，"紙"、"帋"二字，在古人是有區別的。

在一千八百多年以前，我國便有了"帋"的出現，這對人類文明，是一件極其偉大的貢獻。用紙寫書，然後記載文字的工具漸廣。大約從晉代以來，寫書始一律用紙。竹簡固已絕跡，縑帛致用漸稀，所以阮孝緒《七錄序》後所附《古今書最》和唐初諸儒所修《隋書・經籍志》，都只計卷數，再沒有稱"篇"的了。古人以黃紙爲正色，所以寫書都用黃紙（後世佛、道二教尚保存了這種習慣）。偶然寫錯了字，便用雌黃（礦質品）塗在上面，使和紙色相符，再來改正，便看不出塗改的痕跡了。這正和今天小學生在白紙上寫錯了字，用粉筆塗改一樣。北齊時顏之推《顏氏家訓・勉學》篇說過："觀天下書未遍，不得妄下雌黃。"這句話本是就校勘書籍、改正錯字說的。今人指那般濫批評的人叫"信口雌黃"，便是引申之義了。

最初用帋寫書時，完全像用帛時可以舒卷，中有一軸，所以"卷軸"二字，又可代表書籍的稱呼。現在所保存的唐人寫的經，便是這種形式。後來漸漸改進，便變爲"旋風裝"，和今天裱碑帖的形式相同，折疊成書。世傳佛經，尚多用這種樣式。後來又進而爲"蝴蝶裝"，和今天裝訂報紙的形式相同，版心向內，單口向外。偶爾披揭，書頁飄動，若蝴蝶之翼（宋代的蝴蝶裝，今存於國家圖書館者猶多）。到了明代，盛行"包背裝"。開始由糊黏而改用線裝，版心向外，而用線縫緝其單口，再用厚紙或綾絹包之，使人看不出針線的痕跡。世所傳《永樂大典》殘本，便是這樣裝訂的。人們感覺到包背麻煩費事，索性把它省

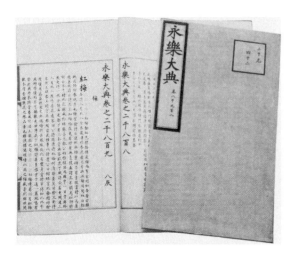

《永樂大典》

去，而變為今日通行線裝書的形式。

人們每一提到寫字用筆，便認為毛筆是秦代蒙恬發明的。其實遠在三千年前，我們祖先早已知道用毛筆了。根據地下所發掘出來的甲骨，便可證明這一點。近人董作賓從實際研究工作中，得出了極其肯定的結論，認為"書、契是兩件事。契刻的文字，還要先經過書寫。殷人用以書寫文字之筆，乃是毛筆。毛筆是易朽之物，在殷墟是不會發現的。在甲骨文中，'聿'即是'筆'。《說文》：'聿，所以書也。楚謂之聿，吳謂之不律，燕謂之弗。''聿'字像右手執筆之形。上為手；下之三披，乃是毛；中間一直，乃是管。《殷墟書契後編》下三八葉，有一片卜辭說：'其聿王乃射獻兕亡哉。''聿'為動詞，即筆之於書之意。在象形文字中，已可以證明殷人是有毛筆的。何況毛筆所書寫的成績，又隨時隨地可以看到的呢"（見所著《殷人之書與契》）。那麼，我們祖先用筆的歷史，真是太悠久了。

根據龜甲獸骨上所刻的文字，在書寫時，已有朱書、墨書兩種不同的顏色，完全可以證明古人所稱"丹書"、"墨筆"是可靠的。大約從戰國以後，一律改用筆寫，以趨便捷，而刀刻乃專用於金石。至於"漆書"之說，也還是和墨書分不開的。王國維《簡牘檢署考》說過："古又有漆書之說。《後漢書·杜林傳》：林前於西州得漆書古文《尚書》一卷，又《儒林傳》有私行金貨定蘭臺漆

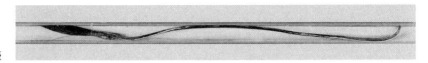

戰國楚 毛筆

書經字以合其私文。案周末既有墨書，則漢時不應更有漆書。蓋墨色黑而有光，有類於漆，故謂之漆書。且杜林所得古文《尚書》，云卷而不云篇，則其書當爲縑帛，而非簡策。縑帛用漆，殊不足信也。"這種推斷，是比較精確的。

傳播文字的工具——印刷術的發明

當我們祖先在沒有發明印刷術以前，傳播文字是十分艱難的，所有書籍都要動手抄寫。一般識字讀書的人們，從幼小以至壯大衰老，埋頭在抄書的時候多，不獨限制了一個人的知識領域，耗費了一個人的寶貴光陰，而且對書籍本身，也帶來了一些損害。

由於我國文字的形體在秦代以前，是至不統一的。秦代雖然統一了，但是秦以後二千年間，就字形說，由小篆變爲隸書，後又變爲眞書；就工具說，由竹簡變爲縑帛，後又變爲楮紙，在這些巨大的改革中，都容易把書籍內容傳抄以致訛誤。古人的書，本來不多，有時出現了文字不同的本子，大家便珍秘它，"師以是授弟子，弟子以是爲學"，從此"分離乖隔，不合不公"。書的本子，既各自不同，書的內容，自然變爲"人各一師，家各一說"了。漢初經籍復出，起初由於書的本子有用古代字體寫的，有用當時隸書寫的，不能統一起來，便引起古今文之爭。這是一件實際的例子。即使同用一種字體寫成的書籍，由於輾轉傳抄，脫文誤字，在所不免。如果要求有一比較統一的本子，便非先有一規定的樣本不可。這在漢靈帝熹平四年（175），便出現了由蔡邕等向皇帝建議，以六經文字鐫刻在石碑上的"熹平石經"。一時間學者們爲著省減抄寫校對的麻煩，便發明了摹拓的方法。

東漢 "熹平石經" 殘石

這也可說是中國最原始的印刷術。

　　摹拓的時候，先在石碑上塗一層墨，趁它還沒有乾時，用白紙拓上去，只是有刻畫的地方仍舊呈現著白色，這便成為黑底白字的一頁。不過這些文字，都是反的罷了。後來經過人們的逐步改進，想補救印成反字的缺陷，他們不把墨塗在石碑上，卻是先將大張白紙在水裏濕過，再貼在石碑上，用布包著繭絮，在上面壓幾遍，遇著碑上有筆劃的地方，紙就跟著凹進去了；等到紙乾，再用另一個絲綿布包蘸了墨，在紙上捶打，只剩下有筆劃的地方沾不到墨，揭下來，便成為一張黑底白字的拓品，文字不再是反面的了。這種方法，大約是我們祖先在六世紀左右改進成功的。到今天還是為人們所採用，許多碑帖和金石刻辭，都是用這種方法傳播的。

　　用石碑刻字來摹拓，比手抄本是大有進步；但是石板的價錢太貴，不是一般人所能使用。所以"拓本"的發明，仍不足以滿足社會的要求，而必需創造更進步的技術來代替它。這便是木版印刷術必然出現的原因。談到"印刷"，我們不得不追索到我們祖先在遠古時代早就有了"印"的發明。現在人們不是稱自己的圖章叫做"印"嗎？這件東西的出現，在中國卻已有了幾千年的歷史。最早的時候，我們祖先是用竹簡或木板來寫信的。寫好後，把這幾片竹簡或木板用繩子捆一下，為了防止別人私自拆看，便用些濕的泥塗在捆好的繩上，拿印章在上面蓋一下，泥上便留下了姓名的痕跡。假如有人要私拆書信，固然可以把泥弄碎，但印章卻是不容易偽造的。古代的印，也叫做"璽"。"璽"字

戰國燕　"平陰都司徒"銅印

原來的寫法，本從土作“坖”，便是一個旁證。今人尚有“印泥”之稱，也還是
和古代用印的辦法有關。

　　紙在社會上流行以後，人們都用紙來寫信，不需要用繩捆、用泥塗了。於是
改變了方法，把印章蘸好了顏色，印在紙上，便形成後世蓋印的方式。佛教徒和
道教徒，都有他們的一套符咒。他們感到手寫符咒的麻煩，並且容易寫錯，便仿
照印章的辦法，用木板來雕刻他們的符咒。中國的道教徒，使用這種方法是很早
的。晉代葛洪《抱樸子・內篇・登涉》說過：“古之人入山者，皆佩黃神越章之
印。其廣四寸，其字一百二十。”一塊印章上，乃至有一百多文字，這自然漸漸
地由簡單的印章變為成文的雕刻了。遠在四世紀初期（東晉時代），已經如此。
後來佛教徒也這樣雕刻他們的符咒佛像，以至佛經一類的書籍。根據敦煌石室所
發現的古代“手卷式”的書籍中，有一卷《金剛經》，是用雕版印在七張紙上的
（經文六張，圖畫一張），聯接起來，和手抄本一樣地成為一個紙卷。在紙卷的
末尾，印著：“咸通九年四月十五日，王玠為二親敬造普施。”“咸通”是唐懿
宗的年號，“九年”恰當西元八六八年，距離現在一千多年了。王玠不知為何許
人，然而可以肯定是當時的士大夫階層，才會有餘錢做這種事。但是如果沒有佛

唐　雕版印本
《陀羅尼經咒》

教徒刻經的事實在前，他也無從仿效。可見雕刻佛經，也不止始於唐代。過去很多學者認爲，雕版是從隋開皇十三年（593）“敕廢像遺經，悉令雕造”便爲印書之始（見陸深《河汾燕閑錄》），這話也並不算誇大。那麼我國用木版刻書印刷，到現在至少已有一千四百多年的歷史了。

我們祖先在採用木材來刻書的時候，總是選擇其中比較堅固耐用的棗木和梨木作爲雕版的材料。首先把它鋸成方形的木版，版的一面磨光了，塗一層熟飯或漿糊，使木版柔軟而容易雕刻，然後趁熟飯漿糊沒有乾的時候，把要刻的書寫在紙上，反貼上去，使版上印了一頁反寫的書，於是用刀細心雕刻，使每一字都凸出在版上。一部書有多少頁，便須雕刻多少版。往往一部卷帙較多的書籍，要雕刻多少年才能完成，眞是一件極其艱巨的工作。書刻完了，才開始印刷。先要預備好兩把刷子，用一把蘸了墨，在雕好的版上刷一下，讓版上凸出的反字都塗上了墨；然後把白紙覆在上面，用另一把乾淨刷子在紙背刷過，把紙揭下來，一頁書就很清楚地印在紙上了。

在沒有發明雕版印刷術以前，或用帛，或用紙來寫書，長短任意。太長了把它卷起來，仍不礙事；或者改進而爲折疊式的“旋風裝”，也還方便。到了雕版印書的方法出現以後，由於木版的大小有了限制，印下來的書也就變成零亂的散

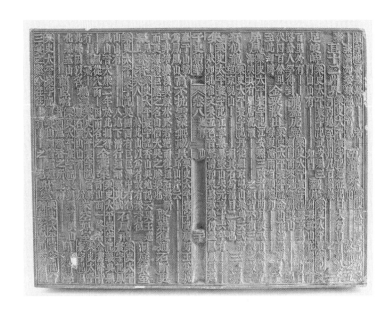

清雍正五年刻《子
史精華》書版

頁，便非把它集中起來整齊裝訂不可，於是變成了"蝴蝶裝"、"包背裝"以及今日通行線裝的形式。裝幀上的這種轉變，和印刷術的發明成功，有著最密切的關係。

自從我們的祖先發明木版印刷術，來滿足他們對於文化傳播的熱烈要求以後，首先他們用自己的發明，來傳播自己喜愛的作品。這在唐代中葉，便已出現了這樣的事實。例如白居易的詩，有很多作品是描繪下層百姓被剝削壓迫的痛苦，常常沉痛地控訴了統治者的暴行，並且寫得很生動，很通俗，容易為大眾了解，並深受民眾歡迎。所以當時江浙一帶，把他的詩刷版印行，流傳很廣。這在元微之所作《白氏長慶集敘》的自注語中說過："揚越間多作書摹勒樂天及予雜詩，賣於市肆之中。"這必然是當時的實錄。到唐代末年，四川民間開始雕印"字書"、"小學"一類的書籍。那時的"字書"、"小學"，當然不是今天專門課程裏的"文字學"，而是普遍適用於勞動人民的"千字文"、"百家姓"、"雜字"一類便於記誦的歌括體作品。其次便是和他們農事有關的"曆本"，也加以大量印刷，流入了廣大農村。這完全是先民使用自己發明的技術，來解決自己"求知"、"需要"等問題的具體表現。這些事實證明，我們祖先在發明了木版印書的方法以後，做了兩椿極重要的事情：第一，是為民間服務，印發一些大眾識字的課本（即所記"字書"、"小學"）；第二，是熱烈歡迎站在百姓立場上敢伸張正義的寫作，竭力為之傳播。

到了五代，印書的風氣很盛，無論公私，都有很多新印的東西出現。最有名的，便是五代時宰相馮道建議當時政府將九經（《易》、《書》、《詩》、《禮記》、《左傳》五經，外加《周禮》、《儀禮》、《公羊》、《穀梁》）悉付雕版。他最初的動機，不外仿效漢代的熹平石經、魏代的正始三體石經、唐代的開成石經，奉為粉飾太平的盛舉罷了。由於當時府庫空虛，只好用木代石，終於在後唐明宗長興三年（932）奏行此事。經過後唐、後晉、後漢、後周四代共二十四年的時間（歷經七個皇帝），才告完工。在當時，是一件很重大的工作。雕木版比較石刻省費，而印刷又很方便，從此印刷術便逐漸推廣。到宋代，更發達了。

雕版印刷術雖然對傳佈文化做出了很大的貢獻，但是我們祖先並不以此自滿。因為雕版的費用大，人工多，在人力、財力、物力上都是不合算的。後來經

畢昇活字版（模型）

過工匠們的不斷努力，終於發明了活字版，並且逐漸改良到足以進行大量印刷的地步。

活字印刷，是我們祖先在十一世紀初期，當宋仁宗慶歷年間（1041—1048）由一位既無科第又沒做官的工匠畢昇創造出來的。他製成了世界上第一副活字版。他用來做活字的材料，是一種"膠泥"，也就是一種質地細膩的黏土。他把這種膠泥做成小的方塊，刻上一個凸出的反體字，然後將它們放在火上烤硬，便做成功一個個的活字，所以這種活字又稱為"瓦字"。在印書之前，先要排版。他準備了鐵板，板上塗了一層松脂蠟和紙灰等製成的藥品。排版的時候，先拿一個鐵框子放在鐵板上，在框子裏排進了活字。排滿後，放在火上一烤，鐵板上的藥品有點熔化了，便用一塊平板在活字面上壓一下，使活字不致高低不平。等藥品重新凝固後，活字便被牢固地黏在鐵板上，排版的手續，才告成功。關於畢昇發明活字印刷的方法，幸而有他同時的人沈括在《夢溪筆談》裏記載得很詳細，所以我們今天尚能考見其本末。據說在清代皇帝所藏珍貴圖書《天祿琳琅》裏，尚留有宋版《毛詩》一部，發現《唐風》內的一個"自"字，印橫了，當是檢字時的錯誤。足可證明活字印刷術，在宋代早已使用過了。

到了元朝，又有王禎創造了用木活字印書的方法。一方面補救了膠泥活字必用火烤的缺點；另一方面，則因木字比膠泥字製造容易，費錢也少。據王禎說，先用木板刻字，然後用小細鋸鋸開，修整成活字。那時也創造了比較省力的排字盤，盤輪直徑七尺，輪軸高三尺，上面放著活字，分韻排列，轉動取字。排字的人，不必走動，省力不少（見所著《農書》末尾附載《活字印書法》）。這卓越的勞動創造，不獨替今天鉛字排版提供了有利的條件，並且對全人類的文化，都算是極其偉大的貢獻。

清 木活字

木活字印書的方法，行至清代，便有"聚珍版"的名稱。姚元之《竹葉亭雜記》卷四說："乾隆三十九年，金侍郎簡請廣《四庫全書》中善本。因仿宋人活字版式，鐫木單字二十五萬餘。高宗以活字版之名不雅馴，賜名曰'聚珍版'。"據此可知，聚珍版之名是清高宗時標立的。我們今天還可看到當時所印"武英殿聚珍版叢書"，十分精緻。當時還刊行了一本《欽定武英殿聚珍版程式》，對於如何刻字，如何排版，如何校對，如何刷印，都

《欽定武英殿聚珍版程式》
（清乾隆四十一年武英殿聚珍版印本）

做了詳細的說明。每件工作的進行，又都補入插圖，看來極其清晰。由此可知，兩百多年前，我們祖先對活字印刷術，已由逐步改進而達到很高的水準了。

遠古書籍的幾種形式

當我們祖先還沒有文字的時候，就不可能有書。我們所稱書籍的"書"字，也正是用筆書寫的"書"字。這正說明書和文字，有著密切不可分離的關係。

截至目前為止，從地下發掘出來的古代文字，以殷墟甲骨文為最早。這些文字大半是在龜甲和獸骨上面用刀刻契成文的記錄。其內容是將當時占卜的原因和結果記錄下來，以待日後的驗證。由於很多卜辭中記有占卜的年月日期，所以學者可從此考證殷代史實，並瞭解當時政治、經濟、軍事、外交、風俗、習慣等情況。這一大堆珍貴史料，無疑便是我們祖先在三千多年前遺留下來的古書。

刻有文字的龜甲（殷墟出土）

其次，殷、周時代的青銅器，像鼎、彝、盤、盂、敦、卤等器具上面，也刻有文字，由少數幾個字發展到幾百字。其內容由開始單純地記載姓名或符號，漸漸過渡到刻有紀念性的文字，或者頌揚勳德，或者誇耀戰功。我們從這上面也可以發現許多歷史知識。人們通常稱這種文字為"鐘鼎文"，也稱"金文"。它的價值是和甲骨文相等的，自然也是我國最古的書籍。

然而龜甲和青銅器，原來各自有其正式的用途。在那上面刻上文字，只是起一些附帶的作用。其目的，既不在於傳遞知識、總結經驗，自然算不上正式的書籍。古代正式的書籍，最早是用竹簡和木板書寫的，所謂"文武之道，布在方策"。方是木板，策是竹簡，這才是正式用以傳遞知識、總結經驗的書籍。

這種書籍，最初只行於貴族上層。《漢書‧藝文志》所謂："古之王者，世有史官，君舉必書，所以慎言行、昭法戒也。左史記言，右史記事。事爲《春秋》，言爲《尙書》，帝王靡不同之。"據此可知《春秋》和《尙書》的名稱，從很古的時代便已有了，本不限於魯國史記，然後叫做《春秋》。晉代杜預《春秋序》說過："記事者，以事繫日，以日繫月，以月繫時，以時繫年，所以紀遠近，同异也。故史之所記，必表年以首事。年

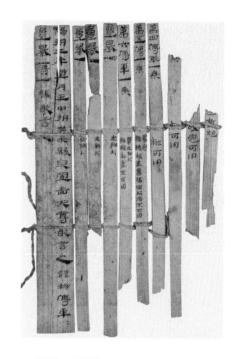

西漢　木簡牘（敦煌甜水井出土）

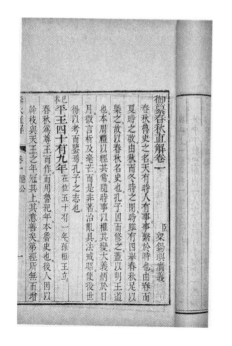

《御纂春秋直解》（清乾隆刻本）

有四時，故錯舉以爲所記之名也。"這便是帳簿式地記載人類活動和生活經驗的書籍，它的起源是很早的。

我們根據目前還存在的周末魯國的史記——《春秋》來看，它的寫作形式是一條記一件事，不相聯屬，很像後世社會所採用的流水帳簿，而文句極其簡短，每條最長的，像《定公四年》所記："三月，公會劉子、晉侯、宋公、蔡侯、衛侯、陳子、鄭伯、許男、曹伯、莒子、邾子、頓子、胡子、滕子、薛伯、杞伯、小邾子、齊國夏於召陵，侵楚。"也不過四十餘字。最短的，

像《隱公八年》所記：“螟。”只有一個字。這便是我國古代原始書籍的形式。它和甲骨、銅器上面所刻的文字，字句都很簡短。當然，古人並不是故意要寫成那樣高古的樣子，僅僅是爲當時所使用工具的物質條件所決定的。

按事物發展的程序來說，必然是先有文句簡短的記載，逐漸改進和提高工具與技術，然後才能出現長篇的寫作；先有單純記錄生活經驗的書籍，人們從而分析和總結經驗，找出若干理論性的結論以後，才能出現記載言論和思想的書籍。所以帳簿式的古史，必然產生在記言的書籍之前，我們絕不能因爲過去學者說過“以其上古之書，謂之《尚書》”，便說《尚書》在前，《春秋》在後。須知遠在周代以前，便早有了流水帳簿式的古史；而且不要忘了《尚書》、《春秋》的名稱和含義，都是後人加上去的。當我們祖先最初記錄活動、總結經驗的時候，何嘗有這些很典雅的書名呢？

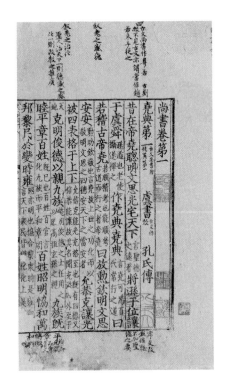

《尚書》（宋刊本）

從目前還保存著的《尚書》來看，它的內容包含著許多方面。概括地講，可分爲典、謨、貢、歌、誓、誥、訓、命、徵、範等十種體例（見《尚書正義》）。劉知幾在《史通·六家》篇指出：“堯、舜二《典》，直序人事；《禹貢》一篇，唯言地理；《洪範》總述災祥；《顧命》都陳喪禮。茲亦爲例不純者也。”可知這部書的內容，除記載人事活動以外，還涉及到自然界的現象和制度文物方面。毫無疑問，它已經將遠古帳簿式的古史大大地改進和提高，並且替後來的史家開闢了道路，創立了體例。

既有了記事、記言和記錄自然現象、文物制度的書籍，於是人們便增加了吸取知識營養、豐富自己思想的機會。人們將別人的社會經驗作爲借鑒，提高自己的理性認識，而且進一步寫出了有系統的理論，於是古代諸子百家的書便出現了。我國古代書籍不外兩大類：一類是記載事實的書籍，後世名之爲“史”；一類是發表見解的書籍，後世名之爲“子”。後世書籍雖然很多，但都是從這二大類發展起來的。清代學者朱一新說過：“古來文字，只有二體：敘事紀言者爲史體；自寫性眞者爲子體。聖人之言，足爲世法，尊之爲經。經固兼子、史二體也。文事日興，變態百出，歧而爲集，集亦子、史之緒餘也。”（見《無邪堂答問》）這話是很對的。不獨“經”的名稱爲後人所加，即是文集、筆記之類的書籍，也不能超越“記載事實”和“發表見解”的兩大範圍。

古代書籍大部分是由集體寫成的

書籍的出現，自然是我們祖先的偉大創造，並且是在集體勞動中創造出來的。無論甲骨還是銅器上面的刻辭，都沒有載明出於誰手；即就古代紙本書籍而言，也大半找不到作者主名。這些無疑是先民集體活動的結晶。記載事實的書籍，像今天還保存的《春秋》，當然不可能出於一人之手，成於一時，而是若干人若干年零星片段的記載積累下來，經過專人整理而後寫成的。至於《尚書》，那更是體例複雜，內容豐富。它的史料來源，更是多方面的了。

古代記載事實的書籍，既然是祖先們的集體創造，發表見解的書籍，也自然不能例外。一部《周易》，古人認爲是“人更三聖，世歷三古”，這是多麼古老的文化遺產！所謂三聖，是指伏羲、文王、孔子。從來相傳的舊說，認爲伏羲始畫八卦，是創造者；文王重卦，演變爲六十四

宋 朱熹撰《周易本義》（清康熙刻本）

卦，更把它發展了；到孔子，才有詳盡的解說，進一步豐富了它的內容。這一傳說，顯然是不甚可靠的。雖然古人早已肯定了這書的寫作、充實和提高，是經過了幾代人的勞動而成功的，儘管他們所處的時代相去很遠。但從縱的聯繫來看，寫成這本書仍然是一種集體創造。

其次像《論語》，是一部記載孔子言語和行事的專著。《漢書·藝文志》介紹它的寫作過程時說過：“《論語》者，孔子應答弟子、時人及弟子相與言，而接聞於夫子之語也。當時弟子各有所記，夫子既卒，門人相與輯而論纂，故謂之《論語》。”所謂“輯而論纂”，便是將各人所記湊合攏來，編爲一部書，這自然是集體創作中的典型作品。漢代學者趙岐曾在《孟子題辭》中指出，《孟子》一書是模仿《論語》寫成的。唐代學者韓愈也說：“軻既

《論語》（宋刻本）

沒，其徒萬章、公孫丑相與記軻所言，以爲書。”那麼，《孟子》一書也和《論語》一樣，出於學生們的集體創作。

推之其他周、秦諸子之書，大半如此。有些書，雖是他本人寫的，也還有後人續修之筆；有些書，根本不是他本人寫的，而是由他的門生故吏，以及社會上仰慕他的人們，在

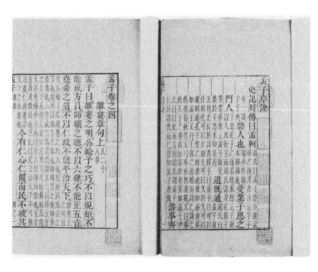

《孟子》（清乾隆刻本）

他死後，搜輯他的言論行事，編寫而成。即以《管子》爲例，宋代學者朱熹早就說了："管子以功業著者，恐未必曾著書。""其書恐只是戰國時人收拾仲當時行事言語之類著之，並附以他書。"（均見《語類》）必須這樣看問題，才能說《管子》書中何以涉及管仲將死和死後的一些事蹟。這又是古書中集體創作的另一種形式。

當百家爭鳴、各抒己見的書籍日出日多的時候，社會上需要一種總結帳式的薈萃群言的書籍。於是，戰國末期，秦相呂不韋便適應客觀需要，大規模地組織人力來從事這一浩大繁難的工作。《史記‧呂不韋列傳》稱："呂不韋乃使其客人人著所聞，集論以爲八覽、六論、十二紀，二十餘萬言，以爲備天地萬物古今之事，號曰《呂氏春秋》。布咸陽市門，懸千金其上，延諸侯遊士賓客，有能增損一字者，予千金。"想當時，呂不韋是怎樣地在自負自喜！認爲它是包羅萬象、完美無缺的作品。現在仔細檢查它的內容，眞是夠豐富了，諸子百家的思想，無所不有。從結構方面來說，大的門類，不外紀、覽、論三者。但是又各統子目，紀有子目六十一，覽有子目六十三，論有子目三十六，實共一百六十篇。舉凡道德、陰陽、儒、法、刑、名、兵、農，諸子學說的精華，全都採錄進去了，成爲有系統、有組織的大部書。我國著述界開始出現形式整齊、條理縝密、按預定計畫寫成的作品，這還是第一部。勿庸置疑，這本書仍然是我們祖先集體勞動的成果。

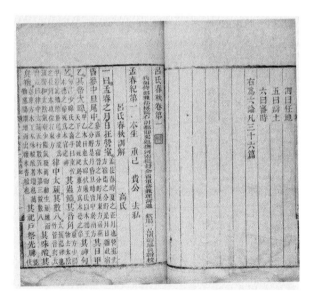

《呂氏春秋》（清刻本）

呂不韋積極組織人力從事集體寫作，這不是偶然的。《史記‧呂不韋列傳》明明說過：" 是時諸侯多

《淮南子》（清光緒刻本）

辯士，如荀卿之徒，著書布天下。呂不韋乃使其客人人著所聞……"可知他的動機，完全是由於羨慕當時知識份子們的著書，以傳名於後世，自己不能作，便利用客卿去作。儘管他當日的動機不好，但是通過這種有組織、有計畫地寫書，保存了不少古代文化遺產，對學術界無疑是有利的。後來漢代的宗室淮南王劉安，便學習了這一辦法，也利用賓客、方士來替他寫書。《漢書·淮南厲王傳》稱："淮南王安……招致賓客、方術之士數千人，作為內書二十一篇，外書甚眾。又有中篇八卷，言神仙黃白之術，亦二十餘萬言。"這裏所指的內書二十一篇，便是今天還存在的《淮南子》，其他都不存在了。即就現存的二十一篇《淮南子》來看，內容也是十分豐富的。假若不是集體創作，依靠個人的力量是很難寫成的。

歷史上的集體修書

歷代集體修書，雖都是由統治者組織人力去進行的；但是我們祖先通過這些活動，確實發揮了集體智慧，成功了不少大部圖書，保存了豐富的文化遺產。這應該是我國文化史上的大事！特別是歷代開國之初，照例要修輯前一代的史實，引用多人分工合作，而以當時官位最高的一員，居"監修"的要職，差不多成了唐以下各代修史的通例。所以，我們今天所經常看到的"二十四史"或"二十五史"，其中絕大部分是集體創作出來的。

即就編寫通史而論，更非憑藉集體的力量不易成功。六世紀初，梁代的開

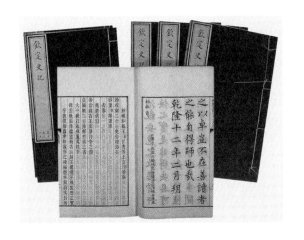

二十四史（清乾隆刻本）

國皇帝蕭衍（梁武帝），曾經領導他的臣下，寫成六百卷的大部書，正式標出了"通史"的名目。《梁書・蕭子顯傳》稱："高祖嘗從容謂子顯曰：'我造《通史》。此書若成，眾史可廢。'"它的內容，真是夠豐富了。《梁書・武帝本紀》載"太清二年（548），《通史》成。躬制贊序，凡六百卷。"可知當時此書，實已編寫成功。雖不傳於後世，但是這一集體創作的精神，便直接鼓舞和指導了後來修史的人們。

宋代史學界，出現了《資治通鑒》，自然是中國學術史上一件大事。它根據了豐富的舊史料，整理了從西元前四○三年（周威烈王二十三年）到九五九年（五代時周世宗顯德六年）總計一千三百六十二年的史實，成為一部依時代順序以年月為經的二百九十四卷的大著作。主編的人司馬光，以宋英宗治平三年（1066）受詔修史，到宋神宗元豐七年（1084），中間經過十九年的長時期，才寫成這部卷帙浩繁的編年史。這首先得力於發揮了分工合作的集體創作精神。這部書的編寫，雖司馬光總其事，但同時參加這一艱巨工作的人還很多，特別是劉恕、劉攽、范祖禹三人為司馬光最有力的助手。當日分工的情形是：自漢至隋，歸劉攽；唐代，歸范祖禹；自梁至周（五代），歸劉

司馬光像

恕（據司馬光《與范淳甫手帖》），這三人都精熟舊事，各用所長。把材料整理好了，寫成底本，司馬光再加以整理潤色，才能成就這樣規模浩大的寫作。清代畢沅修《續資治通鑒》，也繼承了這一傳統，他也不能不依靠集體的力量，來完成這一任務。

　　唐、宋以來類書的編出，更為繁多。除開一些由私人纂輯、卷帙較少的以外，幾部由集體纂成的巨大類書，到今天還保存著的，自以宋初所修四部書為最早。宋太宗太平興國年間（976—983），大規模地開展編寫類書的工作。朝廷組織當時許多知識份子，從經、史、子、集群書之中，博觀約取，分類抄輯，寫成《太平御覽》一千卷；又採集野史、稗官的記載，編為《太平廣記》五百卷；又選錄諸家文集，以類編次為《文苑英華》一千卷。後來到真宗時（998—1022），又令臣下採取歷代治亂興亡和君臣成敗的事蹟，編成《冊府元龜》一千卷。這都是規模龐大的集體修書工作。其後明成祖永樂年間，所修《永樂大典》二萬二千九百三十七卷；清代康熙、雍正之間所修成的《古今圖書集成》一萬卷，更是大得十分驚人。至於清高宗乾隆年間所修成的《四庫全書》，性質雖和類書不同，但仍然是集體勞動的偉大成就。總計經、史、子、集四部之書，有三千四百七十種，七萬九千一十八卷。前後繕成七部，每部三萬六千三百冊，成為世界上罕與倫比的文化寶庫。

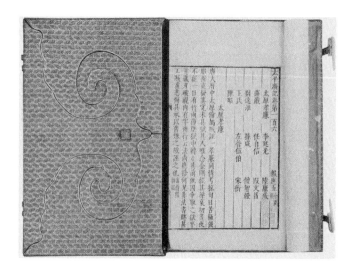

《太平廣記》（明嘉靖刻本）

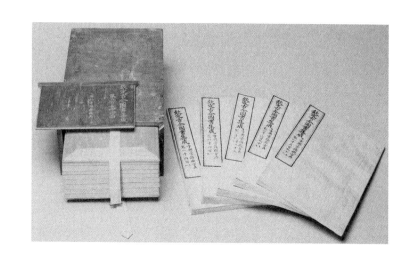

《古今圖書集成》
（清雍正四年武
英殿銅活字本）

　　特別應該指出的是這些書修成以後，由於刻印艱難，便由很多知識份子集體抄寫，來完成這一任務。遠者不論，但就明、清兩代設館修書時的抄寫成績來看，已經夠驚人了。清代學者全祖望敘述明代修《永樂大典》時所發動的人力便說：“其時公車徵召之士，自纂修以至繕寫，幾三千人。緇流羽士，亦多預者。……嘉靖四十一年，禁中失火，世宗亟命救出此書，幸未被焚。遂詔閣臣徐階，照式仿抄一部。當時書手一百八十，每人日抄三紙（原注：一紙三十行，一行二十八字），至隆慶改元，始畢。”（見《鮚埼亭集外編》十七《抄永樂大典記》）可見前後兩次謄抄的工程，是極其繁重的。至於清乾隆時修《四庫全書》，規模更為浩大。最初繕寫北四閣四份《全書》時，所用謄錄，多由纂修、提調等官保舉小楷端秀的舉子在館效力。五年期滿，按成績優劣，分別授職。每

《四庫全書》（文淵閣本）

263

日每人規定寫一千字，每年扣去三十天爲赴公所領書、交書的時間，計每人每年可寫三十三萬字。初次選取六十名，續行選取四百名。又因繕寫《四庫全書薈要》，添取二百名。又有天津召試二等之舉人、生監、奉旨在館行走者十二名。通計六百七十二名。後又續行遞補，三次召取，共爲二千一百四十四人。總爲二千八百二十六人（俱詳《辦理〈四庫全書〉檔案》上冊）。後來繕寫江南三閣三份《全書》，關於動用人力，改保舉爲雇傭，雇覓千人爲書手。總計七份《全書》、二份《薈要》，前後所用謄錄，凡三千八百二十六人，從乾隆三十八年（1773）起至五十二年（1787）止，費了十五年的時間，才完成這一巨大工作。

歷代集體校書的成績

書籍一天天增多了，事實上便需要人去整理。整理以後，便需要有人編出目錄來。從事這項工作，也非依靠集體的力量，不易成功。古代整理圖書的工作，稱爲“校書”。校是校對的意思，古人也稱“校讎”。漢代學者解釋“校讎”，認爲是“一人持本，一人讀書，若怨家相對”，所以聯繫著一個“讎”字。這說明了校書工作，必須二人以上才能進行，這無疑是一種集體活動。

我國古代藏書機構，雖設立很早，但是大規模地組織人力校理群書，並且有系統地分門別類，編爲圖書目錄，一直到漢代才正式出現。當西元前二十六年（漢成帝河平三年），使謁者陳農求遺書於天下，書籍漸漸集中到政府來了。漢成帝感覺到書本篇、卷既不一致，而文字錯誤又多，於是指派當時大知識份子、做光祿大夫的劉向，校勘經傳、諸子、詩賦三類的書籍；指派步兵校尉任宏校兵書，太史令尹咸校數術，侍醫李柱國校方技；而由劉向總其成。那時顯然已將天下的書，分成了六部分。劉向自己整理了三部分，其他各委專才，分工合作。每一書校完以後，劉向便做成《敘錄》一篇，條列那書的篇目，概括那書的大意，隨同本書奏呈朝廷。後又綜集群書《敘錄》，成爲《別錄》。當時參加這一校書工作的人很多，除上面所稱舉的以外，還有劉向的兒子劉歆和杜參（見《晏列二

北齊 《勘書圖》
（局部）

子敘錄》）、班斿（見《漢書敘傳》）等一流人物，劉向不過總其成而已。這工作還沒有完成，劉向死了，哀帝命令劉歆繼承父業。歆於是綜合群書《敘錄》，刪繁就簡，分別部類，寫成一部總的圖書目錄，叫做《七略》，這便是中國歷史上有圖書目錄的開端。這部圖書目錄的出現，是分兩個步驟取得成功的。首先是由同時參加校書工作的專家們提供了豐富材料以後，劉向才可能有所憑藉，編為《別錄》；最後劉歆才能根據《別錄》加以提煉和簡化，編為一部分類明晰、有簡要解題的《七略》。這一次規模較大的校書工作，一開始便是依靠集體力量去進行的，劉向、劉歆父子，不過總其成而已。

　　從漢以後，歷代統治者都有組織人力校理圖書、編造目錄的事實。每一書目的寫成，都是倚仗集體力量創作出來的。就二千年間校書工作來說，以清代乾隆年間修《四庫全書》時的規模為最大，所取得的成績也最巨。前後十多年的時間，除完成那樣巨大的工程以外，在校書的過程中，還有兩件事值得重視：一是編出了完整的《四庫全書總目》，並撰成了《提要》；二是從《永樂大典》中輯出了幾百種久已散佚的古書，使之復行於世。這些對學術界的貢獻是極大的。顯然，統治者也還是依靠一群知識份子集思廣益、分工合作來完成的。

　　一般人都認為《四庫全書總目提要》是紀昀一個人寫成的，其實大謬不然。考當時設館修書，有總纂官，有分纂官。總纂官為紀昀、陸錫熊、孫士毅，分纂官則多屬當時有名的學者，如戴震、邵晉涵、周永年一流人物，都貢獻了他們的

紀昀像

力量。清末李慈銘《越縵堂日記》說過：
"《四庫總目》雖紀文達、陸耳山總其成，然
經部屬之戴東原（震），史部屬之邵南江（晉
涵），子部屬之周書昌（永年），皆各集所
長。"這話是很對的。但是戴氏除經部外，尚
作了《水經注》、《項氏家說》、《孫氏算
經》、《五曹算經》、《五經算術》、《夏侯
陽算經》等書提要，可知他不專用力於經部。
邵氏所作，除正史各提要外，尚有四種屬於
經、一種屬於子、四種屬於集，可知他也不專
用力於史部，涉及的範圍亦比較廣泛了。況且
當時館中延攬的人才本多，各加上職掌不同的
大小官銜，其中如彭元瑞、莊存與、謝墉、朱
珪、程晉芳、任大椿、姚鼐、翁方綱、朱筠、
陳際新、金榜、洪梧、趙懷玉、王念孫等，都
是當時名流學者。他們都各獻所長，在纂述《提要》的工作上，分擔了任務。今
日還可考見的，如姚鼐有《惜抱軒書錄》四卷，便是當日分纂《提要》的初稿。
計經部十二篇、史部十六篇、子部二十四篇、集部三十四篇。其他專家們臨時寫
成一篇、兩篇，到現在沒有痕跡可尋的，正不知多少。由此可見，紀昀在當時，
對寫成《四庫全書提要》的工作，不過是根據很多人的分纂稿，加以剪裁潤色，
使之成為整齊劃一的東西罷了。

　　至於從《永樂大典》中輯出佚書的工作，更是艱巨，非依靠集體力量，不
易成功。其中以所輯宋、元人文集為最多，周永年在這方面用力最勤。他如邵
晉涵之輯《舊五代史》、戴震之輯《算經》成就都很大。當時除就《大典》校
補、校正各書不計外，其已輯出著錄在《四庫全書》中的，計經部六十六種、
史部四十一種、子部一百零三種、集部一百七十五種，共三百八十五種，凡
四千九百四十六卷。存目者凡一百二十九種，六百一十六卷。這樣浩大的工程，
如果責成一個人或少數人去做，而望其有所成就，是很難想像的事。

中國人應知的 文明歷程

The knowledge
Of Civilization

文學的發展

魯迅說過："我們的祖先的原始人，原是連話也不會說的。為了共同勞作，必需發表意見，才漸漸的練出複雜的聲音來。假如大家那時抬木頭，都覺得吃力了，卻想不到發表，其中有一個叫道：'杭育！杭育！'那麼，這就是創作。大家也要佩服應用的，這就等於出版。倘若用什麼記號留存了下來，這就是文學。"（《且介亭雜文·門外文談》）文學是先民在勞動過程中創造出來的，這在幾千年前，便有人注意到了。《莊子·齊物論》說過："前者唱于，而隨者唱喁。"《釋文》引李注："于、喁，聲之相和也。"這種口頭創作，在今日還極其普遍，表現在碼頭工人身上尤為顯著。當他們起重運輸的時候，三三兩兩，總是有各種節奏不同的音調出現的。我們祖先的原始文學，自然是這一類的作品。後來進化了，知識漸漸豐富起來，才能由發出簡單的音節進而講出複雜而有意義的句子。這種句子，創作的人不一定能用文字記錄下來，甚至他們一字不識，而只是在集體勞動中，在口頭上哼著，彼此相和，很自然地與音韻合拍，只要能足以代表他們的思想和感情就行了。古人所謂"勞者自歌"，便是發乎自然、不可抑制的口頭創作。

這種口頭創作，雖出於不識字的作家之口，但是清新剛健，很足以代表先民的純潔之心。從前絕大多數封建文人認為它"粗野庸俗"，在編寫正統的文學史中沒有它的地位；但是也還是有真能體味文學意味的"士大夫"，並不抹殺它們珍貴的價值。例如明代董其昌在《文訣》裏便說："今夫農人之歌，豈知聲律？然一唱眾和，前輕後重，若經慣習；雖善歌者，不能習之。於此見人心有自然之節奏，以此機相感，灑然善矣。"（載武之望《舉業卮言》卷三，青照堂叢書本）清代袁枚在《隨園詩話》裏也說過："有讀破萬卷不得其閫奧者；有婦人女子、村氓淺學偶有一二句，雖李、杜復生，必為低首者。"這難道不是很公正、很剴切的評價嗎！

高爾基說過："如果不知道人民的口頭創作，那就不可能知道勞動人民底真正歷史。"（《論蘇聯文學》）這是極其精透的啟示！我國到今天似乎還沒有一部系統地講述勞動人民生活和思想的歷史，主要原因當是由於材料不夠，也就是古代勞動人民的口頭創作遺留到今天過少的緣故。我國原始社會的民間文藝，現在無從考知。那時候體力勞動和腦力勞動沒有分開，所以生產勞動和口頭文學是經常結合在一起的。因為是口語，便不容易被保存，也不容易流傳得很久遠。到了奴隸社會以後，由於有一部分人脫離生產，專門從事腦力勞動，便可以用文字把這些口頭文學創作記錄下來，保存一少部分作品到今天。不過一經文字記錄、塗改修飾，便不再是地道的民歌，其中，許多失掉了口頭創作的原貌了。

古代歌謠無疑是勞動人民口頭創作的結晶。在我國古書中登錄古代歌謠最多的，首推《詩》三百篇。這裏面的民歌，雖已經過王官們的排集潤色，失去了本來面目，後來又經過封建學者專憑主觀刪編了一次，使不少篇目遠離了人民大眾，變成了少數人欣賞的東西；但是概括言之，我們祖先的真摯的思想情感和痛苦呼號的聲音，仍是躍然紙上，任憑文人們如何“修飾”、歪曲，終不能奪走它的精髓和掩蔽它的神采。由此我們可以進一步認識到我們祖先創造力的偉大和艱苦卓絕的現實主義精神。此後幾千年間的文學，一直保存了這一優良傳統。下面分幾方面來談。

古代歌謠

從原始人群的口頭創作，一直到發明文字、能用文字記載思想以後，各種文學作品，可算太多了。但是歸納起來，不外乎三大類：最初出現的，是抒情的作品；從勞動人民抬木頭時“杭育杭育”的創作起，一直到用長短句、五七言以及散行文辭來表達自己豐富的思想感情止，都屬於這一類。其次，便是紀實的作品。從甲骨、鐘鼎所記年月時事起，一直到史部群書，以及個人日記、年譜、商店流水帳等，都屬於這一類。最後由於文明日進，思想複雜起來，才出現了說理的作品，古今思想家的學說、文人學士的議論，都屬於這一類。人們可用文字記載下來的作品，大概不能超越這三大門類，而在《詩》三百篇中，均有自己典型的代表作。單就這一點，就可以看出我們祖先創造力的偉大。但是人們每每談到《詩》三百篇中之十五《國風》，便單純地認為是抒寫性靈的作品，這卻未免把它看得狹隘了。下面抽出幾篇加以說明。

（甲）關於抒情方面的

首先要肯定《詩》三百篇中的"風"，大部分是勞動人民創作的。這點用不著找旁的材料來證明，我們只須注意凡是勞動大眾的作品，每篇開端總是因物起興，借大自然界中的一些現象來比擬自己想說的事物。這分明是勞動人民在勞動中，就耳目所接觸的東西來激發自己的情感而後發出來的聲音。孔子平日亟言學《詩》的益處很多，而最後歸結到"多識於鳥獸草木之名"。我們要追問為什麼《詩經》中鳥獸草木之名特別多？難道不勞而獲、安坐而食的"肉食者"階層，足不出門，專憑主觀想像，能夠任意抒寫出來嗎？當然不能。只有勞動人民在和自然進行長期鬥爭的過程中，在和鳥獸草木頻繁接觸、懂得

《詩經》（明萬曆刻本）

了每一物類的形狀特性以後，才能因物起興、毫不費力地吟唱出來。顯然，這不是任何脫離生產實踐的知識份子，所能想像得到的。

南宋　馬和之（傳）
《唐風圖》之"蟋蟀"
（取材《詩經·唐風·蟋蟀》詩意）

《國風》中大部分既然是抒情的作品，下面我們就先從抒情談起。人和其他動物所共同具有的情，便是雌雄、牝牡、男女間相思之情，特別在遠古，人和其他動物是沒有什麼大區別的，所以發乎自然之音，也以男女相思為最切。南宋大理學家朱熹解《詩》，也毫不掩飾論及此事。他首先在《詩集傳敍》中說道：“或有問於予者曰：詩何為而作也？余應之曰：人生而靜，天之性也；感於物而動，性之欲也。夫既有欲矣，則不能無思；既有思矣，則不能無言；既有言矣，則言之所不能盡而發於咨嗟詠歎之餘者，必有自然之音韻節奏而不能已焉，此詩之所以作也。”他既抓住這個要點來看待古代勞動人民的作品，於是打破了漢、唐注疏家曲說的迷障，專以直覺來分析研究詩篇的原意，自然所得為多。雖然他在探討詩意時還顯得不夠大膽，尚不能完全脫離傳注家的窠臼，但是當他直指某些篇什為“淫奔之詩”時，便大為一般理學氣味較濃厚的學者們唾罵了。其實“桑間濮上之音”，是人類社會自古至今隨處所能聽到的。我們的祖先，既已發乎歌詠，自不必為之掩飾。先民們這種直率天真的感情和統治階級以及一部分學者們外裝道貌、內實昏淫的姿態比起來，便是兩樣。加以自人類進入有階級的社會以後，特別在中國，統治階級實行多妻制，婦女被剝削者霸佔去了，勞動人民少有能取得結婚的機會，而貧寒女子復為有錢人所棄，少有出嫁的機會，這都是階級社會層層壓迫的結果。我們通過那些男女相思的詩篇的分析，便可直接找出當時勞動人民所受的痛苦，也才能懂得他們真正的歷史。

《詩》三百篇中的第一篇《關雎》，便是一篇男人思戀女子的情歌：

關關雎鳩，在河之洲。窈窕淑女，君子好逑。參差荇菜，左右流之。窈窕淑女，寤寐求之。求之不得，寤寐思服。悠哉悠哉，輾轉反側。參差荇菜，左右采之。窈窕淑女，琴瑟友之。參差荇菜，左右芼之。窈窕淑女，鐘鼓樂之。

這分明是一男子在河沼中工作的時候，因聽到一對雌雄水鳥在那裏“關關”的和鳴，便念到自己沒有配偶，而想娶一個好女子為妻，這自然是人情理中的事。而序詩的先生們，硬要說成是“后妃之德”，“樂得淑女以配君子，憂在進賢不淫其色，哀窈窕，思賢才，而無傷善之心”。意在把這篇詩當作歌頌統治者的嫡妻有寬容大度，能夠自動地替她的丈夫多多物色姨太太，而沒有妒忌的心情。這是何等虛無幽渺的話！後來又有人直指為文王求太姒時事。難道已經進入階級社會的最高統治者，一人多妻，任其掠取，還需要自己"寤寐思服"、"輾轉反側"，去胡思亂想以營求嗎？所以照封建學者們的舊解，是十分講不通的。但是我們要追究一下，傳統學者為什麼要把這篇詩解釋為歌頌后妃的作品？其用意卻很簡單，無非是

清 乾隆御筆《詩經圖》之"關雎"

清 乾隆御筆《詩經圖》之"關雎"

替實行多妻制製造一個理論根據，來壓制婦女不許她們多說話罷了。例如晉代的謝安，便曾利用過這篇詩去責難他的老婆。《藝文類聚》卷三十五引《妒記》說："謝太傅劉夫人，不令公有別房。公既深好伎樂，後遂欲頗立伎樂。兄子外生等微達此意，共問訊劉夫人，因方便言《關雎》、《螽斯》有不妒之德。夫人知為諷己，乃問：'誰為此詩？'笑云：'周公。'夫人曰：'周公是男子，相為爾。若使周姥撰此，當無有此。'"由此一事，可以考見傳統文人一定要歪曲這篇詩義，其用意是十分明顯的。

其次像《摽有梅》，便是一篇女子亟思出嫁的歌辭：

> 摽有梅，其實七兮；求我庶士，迫其吉兮！摽有梅，其實三兮；求我庶
> 士，迫其今兮！摽有梅，頃筐塈之；求我庶士，迫其謂之。

這分明是勞動婦女在野外工作的時候，因看到梅子由開花結果以至黃熟墜落，便念到自己年齡一天天地長大，應該趁早找一個好的丈夫。因恐"華落色衰"，欲嫁不得，辜負了自己的青春，這自然也是勞動女子情理中的事。篇分三章，係疊詠體（三章反覆吟詠），卻有先後緩急的次序。第一章，看到梅子尚有十分之七在樹上，比喻自己年紀尚輕，尚有任情選擇丈夫的歲月。第二章，看到梅子落地的占大多數了，比喻自己年齡已大，應該趁這時候出嫁（《毛傳》"今，急辭也"，便是緊張的意思）。第三章，說梅子完全落在地上了，比喻自己漸近衰老，應趕快主動去尋找男人。這裏面，包含著多少勞動婦女痛苦之淚！但是封建學者，卻把它解釋成對"男女及時"的歌頌文字，實為大大地歪曲了先民原來的意思。

（乙）關於紀實方面的

古代民歌中，屬於"紀實"一類的作品，我們可以拿《豳風·七月》作代表。這一篇詩寫古代農村中先民生活的辛苦，十分詳盡而逼真：

> 七月流火，九月授衣。一之日觱發，二之日栗烈。無衣無褐，何以卒歲？
> 三之日於耜，四之日舉趾。同我婦子，饁彼南畝，田畯至喜。

> 七月流火，九月授衣。春日載陽，有鳴倉庚。女執懿筐，遵彼微行，
> 爰求柔桑。春日遲遲，采蘩祁祁。女心傷悲，殆及公子同歸。

> 七月流火，八月萑葦。蠶月條桑，取彼斧斨，以伐遠揚，猗彼女桑。
> 七月鳴鵙，八月載績。載玄載黃，我朱孔陽，為公子裳。

> 四月秀葽，五月鳴蜩。八月其穫，十月隕蘀。一之日於貉，取彼狐狸，
> 為公子裘。二之日其同，載纘武功。言私其豵，獻豜于公。

> 五月斯螽動股，六月莎雞振羽。七月在野，八月在宇，九月在戶，十月
> 蟋蟀入我床下。穹窒熏鼠，塞向墐戶。嗟我婦子，曰為改歲，入此室處。

> 六月食鬱及薁，七月亨葵及菽。八月剝棗，十月穫稻。為此春酒，以介
> 眉壽。七月食瓜，八月斷壺，九月叔苴。采荼薪樗，食我農夫。

　　九月築場圃，十月納禾稼。黍稷重穋，禾麻菽麥。嗟我農夫，我稼既同，上入執宮功。晝爾于茅，宵爾索綯。亟其乘屋，其始播百穀。

　　二之日鑿冰沖沖，三之日納于凌陰。四之日其蚤，獻羔祭韭。九月肅霜，十月滌場。朋酒斯饗，曰殺羔羊。躋彼公堂，稱彼兕觥，萬壽無疆。

這篇詩，是敘述周代的祖先古公（太王）居豳時的農村景象，是先民描寫自己生活的情形，歷歷如繪。那時還是奴隸社會，此詩自然以敘述奴隸的生活為主。但是它經過周初知識份子的潤色加工，免不了夾雜進去一些後世的成分。所以篇內有些字句，明顯地記載了周初的社會生活，學者自可分別去看，不必奇怪。但是中國歷史上幾千年間農民被壓迫剝削的具體事實，卻在這短短的八章之中得到生動的記敘和描繪。第一章，敘述先民度過了冬寒以後，一到春初，便努力勞動生產，深深博得監工們的歡喜。第二章，敘述勞動婦女採桑飼蠶，為織布做衣做準備；但是貴族不但刮盡她們的勞動成果，還迫使她們的丈夫離別室家，遠役於外。所以婦女們於辛勞中，更加重一層痛苦，不得不傷悲了，她們殷切地希望自己的丈夫能和貴族們一同早日歸來。第三章，繼申上章之意，敘述女人蓄葦剪桑，作飼蠶之用；又乘秋後績麻成布，染上鮮豔的顏色，獻給貴族們做衣裳。一年勞動所得，完全被貴族們剝削去了。第四章，敘述雖有蠶桑之功，而貴族猶嫌不足以禦寒，必為獵取狐狸以為公子之裘；狩獵時所得野物，以其大者獻給貴族，而自己留其小者。於此可見農餘狩獵所得，又盡為貴族們剝削去了。第五章，敘述先民須在入冬以後，才能開始修理住處，到歲暮方得入居，暫時休息，其勞苦可知。第六章，敘述貴族們不勞而

清　乾隆御筆《詩經圖》之“蒹葭”

清 乾隆御筆《詩經圖》之"蒹葭"

食，坐享其成，果蔬棗酒具備，可以想見其享受之厚。"七月食瓜"以下，爲先民所食之物，惟瓜、壺、苦菜而已，可以想見其生活之苦。第七章，敘述先民在百忙中，趕快把農事結束，進入都邑，替貴族們修治宮室以備寒。第八章，敘述先民趁多季休息時，替貴族們伐冰窖藏以備暑；並於歲盡時多獻所納，登堂祝賀，其畏服貴族們的情

狀，完全描寫出來了。像《七月》這樣層次分明、有條不紊的敘述，與其說是先民傾訴心中悲苦的文學創作，勿寧說是最眞實、最可靠的古代史料。儘管後來的統治者歪曲事實眞象，胡說此篇是"陳王業"的歌頌文字；而一般封建學者又從而爲之辭，以爲"民之愛戴其上，全出於周代仁恩逮下之所致"，豈不滑稽可笑！

（丙）關於說理方面的

《魏風·伐檀》是古代民歌中屬於"說理"範疇的典型作品，是先民對人剝削人制度的大膽懷疑和憤恨，是直接將鬥手的鋒芒指向剝削者的嘲諷和唾罵：

坎坎伐檀兮，寘之河之干兮，河水清且漣猗。不稼不穡，胡取禾三百廛兮？不狩不獵，胡瞻爾庭有縣貆兮？彼君子兮，不素餐兮！

坎坎伐輻兮，寘之河之側兮，河水清且直猗。不稼不穡，胡取禾三百億兮？不狩不獵，胡瞻爾庭有縣特兮？彼君子兮，不素食兮！

坎坎伐輪兮，寘之河之漘兮，河水清且淪猗。不稼不穡，胡取禾三百囷兮？不狩不獵，胡瞻爾庭有縣鶉兮？彼君子兮，不素飧兮？

這分明是工匠們在河畔伐木的時候，精力疲竭了，便在水邊坐下休息，悄悄地望著流水，想到自己生活的痛苦，便懷疑到那些剝削者爲什麼自己不耕種，卻收

種很多的糧食？爲什麼自己不田獵，而可得到很好的野物？他們深深不滿於這種貧富懸殊、極不合理的社會現象。三章反覆吟詠，可以想見其痛惡的堅決，好像"不勞動者不得食"的眞理在幾千年前，我們的祖先早已見到似的。這眞是說理文字中的最上品！也只有壓在金字塔下的勞動者，才能體認出這種眞理來。

綜觀以上列擧的幾篇示範作品，可知我們的祖先在口頭創作時，已包含了"抒情"、"紀實"、"說理"各種不同的內容，這便爲後來的正統文學初具了規模。在中國長達三千年的傳統社會裏，"廟堂文學"，曾經佔據了"正統"地位，論其淵源，仍然是胎襲勞動者口頭創作的體例，演變而來的。《詩》三百篇所以能成爲文學作品之祖，也就是這個道理。

敘事詩的發展

《詩》三百篇中，以抒情的作品爲最多，而敘事的篇什比較少。間或有之，也只是敘述一般的情況，而沒有具體、詳悉、淋漓盡致的長篇寫作。詩歌發展到漢代，便很快地向這方面推進了。特別是五言詩從民間興起以後，於是敘事詩便成爲漢代文學的主要形式，客觀地反映了社會的情況，繼承並發揮了《詩經》的現實主義的精神。例如漢樂府《十五從軍征》，寫一個人十五歲被徵調去當兵，到了八十歲方回到故鄉，而家裏的人已死光了，敗屋頹垣，連房子裏也長了草，結了穀了。一幅荒涼淒慘的景象，歷歷如畫：

> 十五從軍征，八十始得歸。道逢鄉里人，"家中有阿誰？""遙望是君家，松柏塚累累"。兔從狗竇入，雉從樑上飛。中庭生旅穀，井上生旅葵。烹穀持作飯，采葵持作羹。羹飯一時熟，不知貽阿誰？出門東向望，淚落沾我衣。

這雖僅是八十字的短詩，卻無異於是一篇對戰爭造成破壞的控訴書，是極有價值的民間文學形式。在傳統社會農村中的男子，除受階級剝削壓迫以外，最以從軍爲苦，這首詩，卻眞實地寫出了悲痛的事實。後來詩家像王粲的《七哀

277

詩》、陳琳的《飲馬長城窟》、唐代大詩人杜甫的"三吏"、"三別",也都繼承了這種現實主義精神,儘量地敘述戰爭的痛苦,成爲他們詩篇中最好的作品。

封建社會的婦女,由於被人賤視,僅附屬於男子,男子盡可任意拋棄她們,這是中國歷史上幾千年間婦女們最痛心的事。早在《詩》三百篇中,便已有《穀風》和《氓》這一類的詩歌。到五言詩興起以後,則寫得更具體了。在無名氏的古詩四首裏,有《上山采蘼蕪》,乃是很短雋的一篇敘事詩:

> 上山采蘼蕪,下山逢故夫。長跪問故夫:"新人復何如?""新人雖言好未若故人姝。顏色類相似,手爪不相如。"
> "新人從門入,故人從閣去。""新人工織縑,故人工織素。織縑日一匹,織素五丈餘。將縑來比素,新人不如故。"

這雖是一首短詩,卻將那棄婦從山上下來遇著故夫時幾分鐘的談話內容,完全寫出,極生動而眞切。特別是將那毫無恩義而徒斤斤計較錙銖的丈夫的醜惡面目充分揭露,無異於是一篇封建婚姻關係的眞實寫照。後世詩家學習這種寫法而作"棄婦"詩的很多,但都趕不上這篇的精悍有力。

但是民間文學形式,總在不斷地向前發展、改進與提高。像漢代《樂府》中的《陌上桑》(一作《日出東南隅行》),便是寫得極好的一篇敘事歌曲。較之《上山采蘼蕪》一篇,又進步多了。這首詩分三段寫成,第一段,敘述秦氏

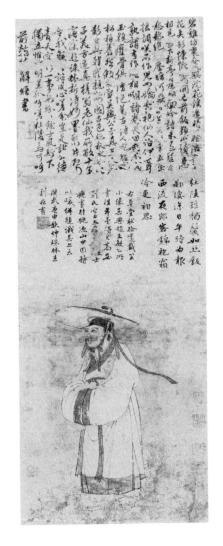

杜甫像(元人繪)

女羅敷出去採桑和路旁行人羨慕她美麗的情形：

> 日出東南隅，照我秦氏樓。秦氏有好女，自名為羅敷。羅敷善蠶桑，採桑城南隅。青絲為籠繫，桂枝為籠鉤。頭上倭墮髻，耳中明月珠。緗綺為下裙，紫綺為上襦。行者見羅敷，下擔捋髭鬚；少年見羅敷，脫帽著帩頭。耕者忘其犁，鋤者忘其鋤。來歸相怒怨，但坐觀羅敷。

只有在民歌中，才能有這樣天真活潑的寫法。後來許多文人模仿此詩，也不能得其彷彿。第二段，寫一位過路的官人要調戲她和她嚴詞拒絕的情形：

> 使君從南來，五馬立踟躕。使君遣吏往，問是誰家姝？秦氏有好女，自名為羅敷。羅敷年幾何？二十尚不足，十五頗有餘。使君謝羅敷："寧可共載不？"
> 羅敷前致辭："使君一何愚！使君自有婦，羅敷自有夫。"

這是何等生動有力的寫照！把那官僚豪紳任意調戲婦女的醜態和羅敷的潔白志操，全盤描繪出來了。末段，又寫她的得意丈夫道：

> 東方千餘騎，夫婿居上頭。何用識夫婿？白馬從驪駒。青絲繫馬尾，黃金絡馬頭。腰中鹿盧劍，可值千萬餘。十五府小史，二十朝大夫，三十侍中郎，四十專城居。為人潔白晳，鬑鬑頗有鬚。盈盈公府步，冉冉府中趨。坐中數千人，皆言夫婿殊。

敘事詩寫作到這步田地，總可算是淋漓盡致了。但是到漢末，更發展到多至一千七百多字的長篇敘事詩。這便是漢末民間最偉大的故事詩《孔雀東南飛》了。這詩雖創始於漢末，經過無數人的集體潤色增補，口頭流傳於民間，達三百多年之久。到南朝梁末陳初，徐陵編《玉台新詠》，才把它編入選本。編者標題為《古詩為焦仲卿妻作》，並為之序云："漢末建安（196—220）中，廬江府小吏焦仲卿妻劉氏，為仲卿母所遣，自誓不嫁。其家逼之，乃投水而死。仲卿聞之，亦自縊於庭樹。時人傷之，為詩云爾。"全詩分段寫在下面：

> 孔雀東南飛，五里一徘徊。"十三能織素，十四學裁衣，十五彈箜篌，十六誦詩書。十七為君婦，心中常苦悲。君既為府吏，守節情不移。賤妾留空房，相見常日稀。雞鳴入機織，夜夜不得息。三日斷五匹，大人故嫌遲。非為織作遲，君家婦難為。妾不堪驅使，徒留無所施。便可白公姥，及時相遣歸。"

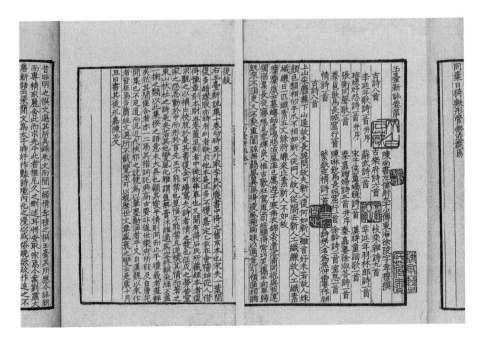

《玉台新詠》（清寫本）

府吏得聞之，堂上啟阿母："兒已薄祿相，幸復得此婦。結髮同枕席，黃泉共為友。共事三二年，始爾未為久。女行無偏斜，何意致不厚？"阿母謂府吏："何乃太區區。此婦無禮節，舉動自專由。吾意久懷忿，汝豈得自由。東家有賢女，自名秦羅敷。可憐體無比，阿母為汝求。便可速遣之，遣去慎莫留。"

府吏長跪告，伏惟啟阿母："今若遣此婦，終老不復取！"阿母得聞之，槌床便大怒："小子無所畏，何敢助婦語！吾已失恩義，會不相從許。"府吏默無聲，再拜還入戶。舉言謂新婦，哽咽不能語："我自不驅卿，逼迫有阿母。卿但暫還家，吾今且報府。不久當歸還，還必相迎取。以此下心意，慎勿違吾語。"

新婦謂府吏："勿復重紛紜。往昔初陽歲，謝家來貴門。奉事循公姥，進止敢自專？晝夜勤作息，伶俜縈苦辛。謂言無罪過，供養卒大恩。仍更被驅遺，何言復來還。妾有繡腰襦，葳蕤自生光。紅羅複斗帳，四角垂香囊。箱簾六七十，綠碧青絲繩。物物各自異，種種在其中。人賤物亦鄙，不足迎後人。留待作遺施，於今無會因。時時為安慰，久久莫相忘。"

雞鳴外欲曙，新婦起嚴妝。著我繡裌裙，事事四五通。足下躡絲履，頭上玳瑁光。腰若流紈素，耳著明月璫。指如削蔥根，口如含朱丹。纖纖作細步，精妙世無雙。上堂拜阿母，母聽去不止。"昔作女兒時，生小出野里。本自無教訓，兼愧貴家子。受母錢帛多，不堪母驅使。今日還家去，念母勞家里。"卻與小姑別，淚落連珠子。"新婦初來時，小姑始扶床。今日被驅遣，小姑如我長。勤心養公姥，好自相扶將。初七及下九，嬉戲莫相忘。"出門登車去，涕落百餘行。

府吏馬在前，新婦車在後：隱隱何甸甸，俱會大道口。下馬入車中，低頭共耳語："誓不相隔卿，且暫還家去，吾今且赴府。不久當還歸，誓天不相負。"新婦謂府吏："感君區區懷。君既若見錄，不久望君來。君當作磐石，妾當作蒲葦。蒲葦紉如絲，磐石無轉移。我有親父兄，性行暴如雷。恐不任我意，逆以煎我懷。"舉手長勞勞，二情同依依。

入門上家堂，進退無顏儀。阿母大拊掌："不圖子自歸。十三教汝織，十四能裁衣，十五彈箜篌，十六知禮儀，十七遣汝嫁，謂言無誓違。汝今無罪過，不迎而自歸。""蘭芝慚阿母，兒實無罪過。"阿母大悲摧。

還家十餘日，縣令遣媒來。云有第三郎，窈窕世無雙。年始十八九，便言多令才。阿母謂阿女："汝可去應之。"阿女含淚答："蘭芝初還時，府吏見丁寧，結誓不別離。今日違情義，恐此事非奇。自可斷來信，徐徐更謂之。"阿母白媒人："貧賤有此女，始適還家門，不堪吏人婦，豈合令郎君？幸可廣問訊，不得便相許。"

媒人去數日，尋遣丞請還，說"有蘭家女，承籍有宦官"。云"有第五郎，嬌逸未有婚。遣丞為媒人，主簿通語言"。直說"太守家，有此令郎君。既欲結大義，故遣來貴門"。阿母謝媒人："女子先有誓，老姥豈敢言？"

乃兄得聞之，悵然心中煩。舉言謂阿妹："作計何不量！先嫁得吏，後嫁得郎君，否泰如天地，足以榮汝身。不嫁義郎體，其往欲何云？」蘭芝仰頭答：「理實如兄言。謝家事夫婿，中道還兄門。處分適兄意，那得自任專？雖與府吏要，渠會永無緣。登即相許和，便可作婚姻。」

媒人下床去，諾諾復爾爾。還部白府君：「下官奉使命，言談大有緣。」府君得聞之，心中大歡喜。視曆復開書，便利此月內，六合正相應，良吉三十日。「今已二十七，卿可去成婚」。交語速裝束，絡繹如浮雲。

青雀白鵠舫，四角龍子幡。婀娜隨風轉，金車玉作輪。躑躅青驄馬，流蘇金鏤鞍。齎錢三百萬，皆用青絲穿。雜彩三百四，交廣市鮭珍。從人四五百，鬱鬱登郡門。

阿母謂阿女：「適得府君書，明日來迎汝。何不作衣裳，莫令事不舉。」阿女默無聲，手巾掩口啼，淚落便如瀉。移我琉璃榻，出置前窗下。左手持刀尺，右手執綾羅。朝成繡裌裙，晚成單羅衫。晻晻日欲暝，愁思出門啼。

府吏聞此變，因求假暫歸。未至二三里，摧藏馬悲哀。新婦識馬聲，躡履相逢迎。悵然遙相望，知是故人來。舉手拍馬鞍，嗟歎使心傷。「自君別我後，人事不可量。果不如先願，又非君所詳。我有親父母，逼迫兼弟兄。以我應他人，君還何所望。」府吏謂新婦：「賀卿得高遷。磐石方且厚，可以卒千年。蒲葦一時紉，便作旦夕間。卿當日勝貴，吾獨向黃泉。」新婦謂府吏：「何意出此言。同是被逼迫，君爾妾亦然。黃泉下相見，勿違今日言！」執手分道去，各各還家門。生人作死別，恨恨那可論。念與世間辭，千萬不復全。

府吏還家去，上堂拜阿母：「今日大風寒，寒風摧樹木，嚴霜結庭蘭。兒今日冥冥，令母在後單。故作不良計，勿復怨鬼神。命如南山石，四體康且直。」阿母得聞之，零淚應聲落。「汝是大家子，仕宦於台閣。慎勿為婦死，貴賤情何薄。東家有賢女，窈窕豔城郭。阿母為汝求，便復在旦夕。」

府吏再拜還，長歎空房中，作計乃爾立。轉頭向戶裏，漸見愁煎迫。其日牛馬嘶，新婦入青廬。庵庵黃昏後，寂寂人定初。「我命絕今日，魂去屍長留。」攬裙脫絲履，舉身赴清池。府吏聞此事，心知長別離。徘徊庭樹下，自掛東南枝。

　　兩家求合葬，合葬華山傍。東西植松柏，左右種梧桐。枝枝相覆蓋，葉葉相交通。中有雙飛鳥，自名為鴛鴦。仰頭相向鳴，夜夜達五更。行人駐足聽，寡婦起彷徨。多謝後世人，戒之慎勿忘！

　　這一篇敘事歌曲，凡三百五十三句、一千七百六十五字，眞是古今罕有的長篇故事詩。將封建社會男女婚姻不能自主的痛苦，完全反映出來了。這一類的悲劇，在中國封建社會長期過程中，是經常出現的。在一千多年前，居然有這首詩把它記錄下來，在文學作品中，是極有價值的。就文學本身的發展來說，從《十五從軍征》、《上山采蘼蕪》等短篇敘事詩，很快地便進步到《陌上桑》，更繼續發展到《孔雀東南飛》，充分說明了詩歌的進步是極其驚人的。

抒情詩的原始形式

　　三世紀初期，我國的文學已有極豐富、極詳盡的敘事詩，這不是說那時期完全沒有抒情詩，而只是說敘事詩在漢、魏之際，有特殊的成就罷了。就文學發生的程序說，抒情詩是一切寫作的開端。特別是在廣大勞動群眾中，“饑者歌其食，勞者歌其事”，是極其自然的現象。每當農耕開始的時候，或者收穫糧食的季節，田野之間佈滿了辛勤勞動的男女，各有他們不同的情緒，孤兒、棄婦，要申訴他們的苦痛；隔別了的夫妻，要抒發他們的相思之情；沒有結婚的青年男女，要歌唱他們的戀愛。他們雖不識字，卻很眞率地喊出了他們的心聲。這是一切文學的起點。相傳周代採集歌謠，必趁“春秋之月，群居者將散”（散在田野）的時候，派專人到野外去收錄，便是這個原因。

　　抒情詩中，以戀歌爲絕大部分，這也是人類社會自有歷史以來的“天籟”。即以我國保存古代民歌最早而最豐富的《詩》三百篇而論，其中也以存錄的男女情歌爲最多。雖經封建學者斥爲“淫奔之辭”而認定爲不足以登大雅之堂的“鄭、衛之音”，也仍有它於古流傳的價值。不過經王官們整理之後，已經損壞了它的本來面貌，這倒是一件最可惜、最遺憾的事。本來癡男怨女相思相戀的情

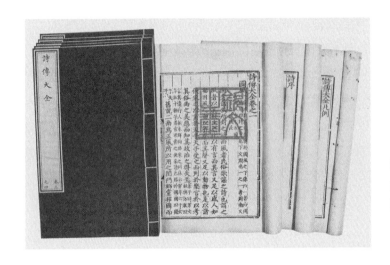

明 胡廣等撰《詩傳大全》（明永樂刻本，此書逐篇逐章解讀《詩經》）

歌，原來都是一唱一和、互相酬答的口吻。今天湘、滇、兩廣、西康以及邊疆少數民族的民歌，也還保存了這種形式，這便是從古以來出現在人民大眾中最自然、最眞率的歌唱形式。但是《詩》三百篇裏所保存的戀歌，卻有唱無和，有問無答，顯然是經過了文人的刪潤，僅保留了一方面的情感，這對文學的體制是一種極嚴重的破壞。

古代抒情詩的原始形式到今天還保存著的，以《樂府詩集》中所採錄的六朝民歌爲最多。所謂"六朝"，是指吳、東晉、宋、齊、梁、陳六個朝代建都在江南的時期，也就是三世紀初到六世紀末的時期，亦爲南方文學勃興的時期。南方文學的特色，便在於兒女情長，所以戀愛的歌唱，極其豐富，留存到今天的還不少。《樂府詩集》中的《清商曲辭》，便是六朝時南方民歌的總匯。其中絕大部分題爲《吳聲歌曲》（是吳地的歌曲），而又以《子夜歌》爲最重要。梁代沈約在《宋書·樂志》裏指出："吳歌雜曲，並出江東。晉宋以來，稍有增廣。《子夜歌》者，有女子名‘子夜’，造此聲。"後來《唐書·樂志》也跟著說："《子夜歌》者，晉曲也。晉有女子名‘子夜’，造此聲。"硬要把那些多至幾百首的豐富篇章歸於一個人的創造，這實是舊時學士文人們的拘隘之見，不足取信。像這一類的民歌，決非成於一時，出於一手，而是經過很多人的增補修飾和長時期的播布流傳而後寫成的，無疑是一般有情人的集體創作。可喜的是，它們保存了古代抒情詩的原始形式。《清商曲辭》和其他樂府不同之點，便在於徒歌而不合樂。特別是《子夜歌》，完全爲多情男女行歌互答之辭，更談不上用樂器伴奏，這便是民歌的本來面目。今所存《大子夜歌》二首，其詞云："歌謠數百種，《子夜》最可憐。慷慨吐清音，明轉出天然。"又云："絲竹發歌響，假器揚清音。不知歌謠妙，聲勢由口心。"這便指出了歌謠的特點，是不假絲竹而出心脫口，自然成爲妙音。《大子夜歌》雖只二首，卻已替《子夜》諸歌發凡起例，做了它們的總引子。根據《大子夜歌》所提示的原則，去研究那些《子夜歌》、《子夜四時歌》之類的作品，便可知道那裏面男女此唱彼和、此問彼答的形式，是不足奇怪的。不過今天保存在《樂府詩集》內的詩歌，已經不是古人的原本，肯定經過文人們對字句的刪補潤色和傳寫者對秩序的移易顛倒，已有很多篇什看不出男女贈答之情了。現在就文義脈絡可尋者，從《子夜歌》裏舉八首，從《子夜四時歌》裏舉十六首以示例：

（一）落日出前門，瞻矚見子度。
　　　冶容多姿鬢，芳香已盈路。

（二）芳是香所爲，冶容不敢當。
　　　天不奪人願，故使儂見郎。

（三）見娘喜容媚，願得結金蘭。
　　　空織無經緯，求匹理自難！

（四）始欲識郎時，兩心望如一。
　　　理絲入殘機，何悟不成匹！

（五）自從別郎來，何日不咨嗟！
　　　黃蘗郁成林，當奈苦心多。

（六）高山種芙蓉，復經黃蘗塢。
　　　果得一蓮時，流離嬰辛苦。

（七）夜長不得眠，轉側聽更鼓。
　　　無故歡相逢，使儂肝腸苦。

（八）歡從何處來？端然有憂色。

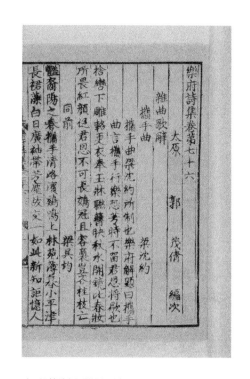

宋 郭茂倩編《樂府詩集》（元至正元年寫刻本）

三喚不一應，有何比松柏！

《樂府詩集》卷四十四載《子夜歌》四十二首，現在抄出八首在上面，如果把那一唱一和聯成一組，便可分成四組。很明顯的（一）、（三）、（五）、（七）是男子唱，（二）、（四）、（六）、（八）是女子和，都不外情人對答之辭。民歌的原始形式，在這裏面保存下來了。《樂府詩集》又有《子夜四時歌》七十五首：春歌、夏歌各二十首，而秋歌只十八首，冬歌只十七首，顯然其中免不了亡佚。而最遺憾的便是歌辭的前後秩序混亂錯雜，不容易看出此唱彼和之意，這又是傳抄者把它們弄顛倒了。現在就其中能找出辭意明白地聯繫起來的，加以說明。

例如春歌：

（一）春風動春心，流目矚山林。山林多奇采，陽鳥吐清音。

（二）春林花多媚，春鳥意多哀。春風復多情，吹我羅裳開。

（三）梅花落已盡，柳花隨風散。歎我當春年，無人相要喚。

（四）阿那曜姿舞，逶迤唱新歌。翠衣發華洛，回情一見過。

第一首，是男子觸景生情、思念女子之辭；第二首，是女子說明自己的情也動了；第三首，是女子自怨之辭；第四首，卻是男子相憐相招之意。其次如夏歌：

（一）開春初無歡，秋冬更增淒。共戲炎暑月，還覺兩情諧。

（二）春別猶春戀，夏還情更久。羅帳為誰褰，雙枕何時有？

（三）昔別春風起，今還夏雲浮。路遙日月促，非是我淹留。

（四）情知三夏熱，今日偏獨甚。香巾拂玉席，共郎登樓寢。

（一）、（二）兩首，是男女盛夏敘歡時此唱彼和之辭；（三）是男子久別相逢，自述所以遲來之意；（四）是女子諒其苦心而同情他的話。其次如秋歌：

（一）開窗秋月光，滅燭解羅裳。合笑帷幌裏，舉體蘭蕙香。

（二）涼秋開窗寢，斜月垂光照。中宵無人語，羅幌有雙笑。

（三）草木不常榮，憔悴為秋霜。今遇泰始世，年逢九春陽。

（四）自從別歡來，何日不相思。常恐秋葉零，無復蓮條時。

（一）、（二）兩首，是《子夜歌》群中最香豔的詩。前一首是男子之辭，後一首是女子之辭，（三）是男子語，（四）是女子答。其次如冬歌：

（一）淵冰厚三尺，素雪覆千里。我心如松柏，君情復何似？

（二）塗澀無人行，冒寒往相覓。若不信儂時，但看雪上跡！

（三）寒鳥依高樹，枯林鳴悲風。為歡憔悴盡，那得好顏容！

（四）夜半冒霜來，見我輒怨唱。懷冰暗中倚，已寒不蒙亮。

（一）、（三）兩首，是女子故作怨辭以試探男子之意；（二）、（四）是男子自矢之辭。這種一唱一和、彼此贈答的形式，不獨《子夜歌》群如此。舉凡《清商曲辭》裏的《吳聲歌曲》，莫不如此。例如《歡聞變歌》有一首云："金瓦九重牆，玉壁珊瑚柱。中夜來相尋，喚歡聞不顧。"又一首云："歡來不徐徐，陽窗都銳戶。耶婆尚未眠，肝心如推櫓。"前詩是男子埋怨責備的口吻，後詩是女子的回答，意甚明顯。此外像《前溪歌》七首中間，只一首是單出的，其餘六首，各自成對答之辭。《西曲歌》裏，這種例子也不少，現在不能盡舉了。

這種一唱一和、彼此贈答的民歌形式，後來便為一般文人所模仿，滲入在貴族文學的作品中。例如《玉台新詠》卷十載謝靈運的《東陽溪中贈答》二首。第一首云："可憐誰家婦，緣流洗素足。明月在雲間，迢迢不可得。"第二首云："可憐誰家郎，緣流乘素舸。但問情若為，月就雲中墮。"這種寫作形式，無疑是從民歌中來的。

詩歌的繼承與創新

文學，來源於生活。"詩"，自然發源於民歌。一切詩歌形式，都是從民間來的。民間詩歌的特色，便首先集中在它的現實主義的表現方法上，它反映了人民的痛苦和願望，反映了真實的生活，也反映了每個時代的矛盾。在我國幾千年長期歷史過程中，詩歌經歷過多次的變革，每一次變革都是從民歌裏吸取了新的血液，在民歌的基礎上，創造了新的形式，這差不多是我國文學變化發展的一般規律。幾千年間的文人學士，凡是造詣很深、在寫作上有輝煌成績的，沒有一個不是學習了民間寫作形式，從民歌中吸取新的血液而取得成功的。

偉大的愛國主義詩人屈原，便是我國歷史上第一個學習民歌形式而取得成功

明 蕭雲從繪《離騷圖》（清初刻本）

的的傑出人物。他的《九歌》，固然是根據楚國的民歌加工而提高的，即以《離騷》而論，也還是淵源於《詩》三百篇中的《國風》。《國風》只是一種很樸素的民歌形式，屈原卻在這一基礎上，豐富它的內容並使它向前發展了。儘量採用當時楚國的白話和群眾的語言來寫詩，成為《離騷》那樣嶄新的形式，這自然是屈原的偉大創造。但是到了漢代，文人們學"騷體"的特別多，把屈原的寫作形式固定下來了，脫離了時代，脫離了生活，結果變成了矯揉造作的辭賦。

從漢以下，中國詩史上有兩個突出的時代，也就是詩歌生氣勃勃的時代。一是建安到黃初（196—226），即曹植、王粲的時代；二是天寶到元和（742—820），即杜甫、白居易的時代。這幾位作家的作品，充分發揮了中國文學的現實主義精神。這種精神，都是從學習由漢樂府保存下來的民歌而取得的。

曹植、王粲這般人，雖是漢末的公子哥兒，但他們卻能從樂府詩歌裏向民歌學習，採用群眾語彙和民間形式，而又加以提高、發展，所以他們有些作品，與民間詩歌是互相滲透、互相結合的。後來六朝文人也出現不少作家，努力學習樂府。但是大多摹擬剽竊、陳陳相因，把原來極其生動的寫作變為死板的楷型，詩歌也就僵化了。

八世紀中葉，詩聖杜甫也是非常重視向民間學習的。但是他能夠推陳出新，盡去前人窠臼，更發展了現實主義的傳統，竭力反映民間的疾苦，大膽揭露社會的黑暗。他的寫作，雖多淵源於樂府，卻填進了新的內容、現實生活的內容。連每篇詩的題目，都是隨事名篇，極其新鮮。由於他發揮了文學上的創造能力和革

顧愷之《洛神賦圖》中曹植祭祀洛神

命精神，所以後來的人們尊稱他爲"詩聖"。他的作品，對後世的影響極大。

至於白居易，更是出色的現實主義者，他提出了"詩歌合爲事而作"的原則。在他的詩篇裏，極其尖銳地反映出當時的社會生活和矛盾。《白氏長慶集》中的《秦中吟》十首、《新樂府》五十首，是他一生最精粹的寫作。他的作品極富人民感情，更廣泛採用活的口語，能夠傳達出民間的聲音，讀者自然是歡迎的。相傳我國初有雕版印刷的時候，民間便把白氏的詩，用刻印的方法印刷，傳播很廣。

由此可見，在幾千年的歷史過程中，像屈原、杜甫、白居易……這般人，永遠受人尊重，到今天他們的詩歌還有很高的價值，就在於他們能勇敢地吸收民間多種多樣的形式，而又加以提高，創造出每個時代最適合於表現生活的新形式、新格律；又能大量地採用民間豐富的語言，加以提煉，使之成爲優美、生動、富有表現力的語言。他們在繼承

明 仇英《人物故事圖》之"潯陽琵琶圖"
（取材白居易《琵琶行》）

古代詩歌的優良傳統方面，不是因襲與模仿，而是革新與發展。至於封建社會另一部分所謂"正統派"的詩人們，不知道向民間吸取新的血液，輕視民歌，認為它不足以登大雅之堂。他們拼命地模仿漢魏六朝的辭賦，或者模擬唐詩，永遠脫離了社會現實生活，把作詩變成了死板的格式，填進一些虛偽的感情和腔調。儘管古今作者多如牛毛，作品汗牛充棟，卻仍然為廣大讀者所遺棄。

小說的產生

先民在工作中，男男女女除唱出響亮且生動的民歌來抒發自己的情感以外，在休息或閒暇的時間，又用說故事、談天來消遣。特別是歲時伏臘，或陰雨無事，親戚朋友聚集在一塊坐下，便述古論今，談奇說怪。他們的題材，在古代以"神話"、"傳說"為多。這是由於我們的祖先還在單靠利用自然取得生活資料的時候，對於自然界一切現象，不能明瞭其所以然，便用假設想像來代替，於是就出現了種種"神話"。等到社會逐漸進化到可以生產生活資料以後，我們祖先一方面感到前人發明創造功績的偉大，而另一方面又從來找不出事物發明者的姓字，於是便出現了歷史上的"三皇"、"五帝"，把這些人描繪成超人的近於神性的人物。傳說中的伏羲為龍首人身，便是一例。在古書中，像《山海經》一類的記載，就保存了極豐富的神話和傳說，它分明是從大量的民間流行的神話和傳說中整理寫成的。

從佛教傳入中國以後，小乘的因果報應說，創作了無數的鬼怪靈異故事。道家的神仙故事，也流行在民間。於是講故事的內容更豐富了；而講述形式，也就吸取了佛門宣講的形式，較前改進多了。佛教為著勸誘人，便採用種種宣傳講說的方法。東晉以來，有所謂"唱導"，它的作用在於"宣唱法理，開導眾心"《高僧傳》十五論）。為著容易使大眾瞭解經旨，又將艱深的文義變為通俗的語言，並且極力描繪地獄因果種種恐怖狀態，來啓發誘導聽眾，使他們對佛法增強信仰，所以和尚們側重宣講佛經中的故事，而往往置章句文義於不顧。和尚們又顧慮到死板地專講故事，怕人厭聽，提不起精神，所以講前必須唱歌

（押座文），講後散席時也唱歌（解座文），來提高聽講者的興趣和收斂他們的精神。這種方法，是一種進步的宣講方法。和尚們也都把它寫成了本子，叫做“變文”，簡稱爲“變”。它是講時用散文、唱時用韻文的一種散、韻並用的文體，用這種文體將古典故事重新變化演說一番。這種文體，起初只用於佛經，但根據敦煌石室所發現的變文，卻已有講述非佛經故事的。可見到

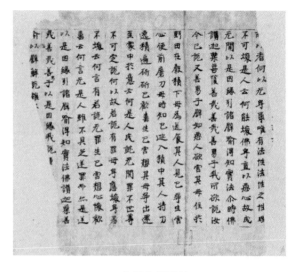

敦煌寫經殘片

了唐代，已經由專門演唱佛經故事的變文，發展爲演唱民間故事的變文了。這樣的文體，並不是由佛教徒創造出來的，他們只不過是仿效民間歌唱形式，加以改進用以宣揚教義罷了。佛教文學在我國行之既久而有效，反轉過來，又影響到文學的改進和提高。

在敦煌石室所發現的演唱民間故事的變文，都是唐、五代時寫的。有說《列國志》的，有說《漢書》的，這是講史。有《舜子至孝變》，有《昭君變》，這是小說傳奇。有《唐太宗入冥變》，這是小說靈怪。甚而有把當朝的人作爲講談材料的，如說張義潮、張懷深他們叔侄倆是唐末民族英雄，這是描寫壯士的小說，並且是反映現實的，更進一步了。其中像《王昭君變文》，分上、下二卷，在上卷之末，便有“上卷立鋪畢，此入下卷”的交代語。這和《目連緣起》末尾所說“今日爲君宣此事，明朝早來聽眞經”合起來看，可以使我們明瞭後世小說“欲知後事如何，且聽下回分解”的體例，顯然是從變文中脫胎來的。我們再看宋人的“話本”，多半開端有詩詞（有連寫十來首的，也有只寫一首的）；明末的擬話本，照例開端有詩，相當於押座文；煞尾有詩，相當於解座文，這種體制，也都是淵源於變文。

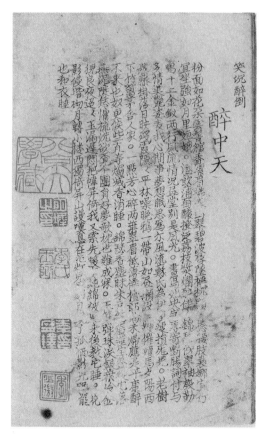

元話本《梨園按試樂府新聲》（明影抄本）

由於演唱民間故事的方式和技巧不斷地得到提高，到宋代，便形成了它的專業化。這種專業，在宋代叫做"說話"，即元、明人所謂"平話"、"詞話"，近人所謂"說書"。說話，便是談故事的意思，"話"當"故事"解（近人孫楷第考證很清楚，見《師大月刊》第十期）。其實這種風氣，遠在唐代便已萌芽。元稹《長慶集》第十卷《酬翰林白學士代書一百韻》詩，自注有云："嘗於新昌宅（聽）說一枝花話，自寅至巳，猶未畢詞。""一枝花"，即白行簡《李娃傳》之李娃，可見唐人已經以說故事為"說話"。不過到了宋代，就更發達起來。唐五代的"變文"，講唱雖不限於和尚，卻還多半在廟裏，並且開場有一定日期。而宋朝說話人，則在瓦肆（當日的市場）開場，天天演唱。可見說故事在宋代，已完全成為民間藝人的職業了。

　　"說話"在宋代，不僅成了一種行業，而且也分了許多門類。根據《夢華錄》、《夢粱錄》等書所記，有講史書，有講小說，有說經。講史，又分說三分（三國）、說五代史。小說，又分煙粉、靈怪、傳奇、公案、說鐵騎兒數派。說經，卻限於佛書。這樣，宋人說話，已經由職業化而專門化。由於各操一業，所以技藝也因之更精。他們所用的本子叫做"話本"，藝人以此為專業的稱"說話人"。今小說開篇，皆作"話說"云云，"話說"二字上好像省去了"此本"或

"這本"字樣，意思是言本書所說的故事如此。"話說"二字，以起下文，也就是如內典所稱"如是我聞"之比。

元人"詞話"、"平話"以及明以來的"通俗演義"，都從宋人"說話"所出。認真研究起來，不獨它們的氣息、體裁和"說話"有密切關係，即其門風、宗派，也顯然是說話人的遺留。如三國及五代史，在當時為專門之學，即說話中講史之一家。《水滸傳》當出於公案，《西遊記》等出於靈怪，講兒女之情的種種小說出於煙粉傳奇。又凡言征戰諸事，則鐵騎兒一派所揣摩演說者。寶卷，即說經之苗裔。如此一一求其根源，卻都出於"說話"。雖然這些寫作，不一定出於平民之手，甚至有些書的作者，是文人士大夫，但是這裏面的內容，大半是在民間口頭流行了很久時間，然後經過文人學士們把它纂集寫定的。無疑這些材料，還是由民間供給的。

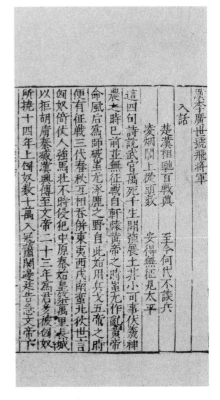

元話本《漢李廣世號飛將軍入話》

由於作者筆錄成書的原始材料，是從民間取來的，所以書中自然包含了極深的階級仇恨。宋人話本現存者有《京本通俗小說》，但已殘佚，現代印本僅有八篇：一、《碾玉觀音》，二、《菩薩蠻》，三、《西山一窟鬼》，四、《志誠張主管》，五、《拗相公》，六、《錯斬崔寧》，七、《馮玉梅團圓》，八、《金虜海陵王荒淫》。單就這八篇裏的內容加以分析，作品已經反映了當時社會的思想意識。首先，作品儘量描繪封建統治階級的罪惡，像《志誠張主管》、《賣油郎獨佔花魁》和《馮玉梅團圓》，都 述金虜南侵，當時政府軍不戰而退，百姓倉皇南逃，官軍乘機劫掠的情形。像《金虜海陵王荒淫》，已經淋漓盡致地刻畫出剝削階級的禽獸面目。像《碾玉觀音》、《錯斬崔寧》，寫出了城市中的市民、小工商業者，在封建專制統治下，生命財產沒有保障的景況。這都是極生動而眞實的寫照。其次，作品還認眞敘述了在殘酷的封建統治下的農民起義。像《馮玉梅團圓》，寫福建農民暴動事件，描繪了當時政治腐敗黑暗、官逼民反的眞實背景。又其次，作品還如實地反映了農村中地主和貧民的矛盾與對立。像《碾玉觀音》、《張廷秀逃生救父》中，敘述了當時災荒貧苦、百姓的死亡流離、地主的乘機兼併，充分暴露了當時階級間的矛盾。從這些具體分析來看，可以斷言這些材料如果不是出於民間，是不會如此正視現實，並有這樣豐富而新鮮的內容。

講說或敘述故事的技巧和方式，就它的發展來看，由宋到明，顯然已漸漸向另一方向轉變：一、由集體創作，而到個人創作；二、由韻文居相當重要的地位，而降到極不重要的地位；三、由說話人的口頭，而到讀者的案頭。有了這種轉變，便促成了“章回小說”的出現。章回小說，是宋代“話本”的進一步發展，其結構和體裁可以說明這一點。我們僅就元末明初出現的最爲世人所稱道的傑作《水滸傳》和《三國演義》兩書來看，便可明瞭這種演進過程的詳細情況。

《水滸傳》記敘的本來是北宋末年的故事。宋江同他的部下三十六人集結於梁山泊，都是眞人眞事。因爲這是農民暴動反抗統治階級的眞實事蹟，所以關於他們的故事，就在民間流傳。後來一部分被搜集、著錄到《宣和遺事》中，後又被元人寫進雜劇裏。同時還有關於這些故事的話本在流傳著，最後由說書的人們

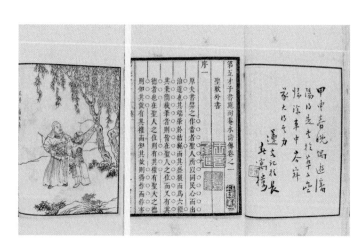

《第五才子書施耐庵水滸傳》（民國影印本）

集體集體寫成了這部《水滸傳》。以前有的人稱《水滸》的作者是施耐庵，有的說是羅貫中，有的說是兩人合作的。其實就這部書的產生和演變來說，可能這兩人不過有修正與潤色之功罷了。

　　《三國演義》中所敘的故事，在唐代就已經流傳於民間了。到宋代已成為一部分說話人的專門行業。到了元代，就有了《全像三國志平話》的出現。後來，羅貫中根據它加以刪正增飾，就成功了今本。

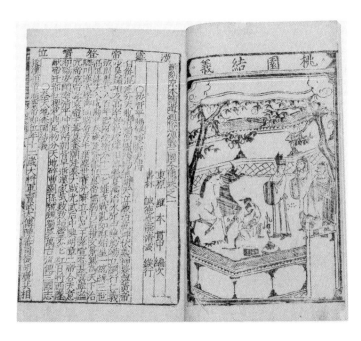

《新刻京本補遺通俗演義三國全傳》（明萬曆二十四年刊本）

　　至於長篇小說發展的步驟，我們從取材方面來看，首先是文士們把已有的民間故事或已成功為平話的故事，加以彙集、貫串和組織，然後加以潤色和修飾，才成為《水滸》和《三國》。再進一步，作者根據現成小說中的故事，或使它越發的神奇化，或敘世態人情，使它更趨於深刻周密。前者像吳承恩《西遊記》之本於大唐三藏取經詩話、許仲琳《封神榜》之本於武王伐紂書（平話），後者如《金瓶梅》之本於《水滸》中潘金蓮與西門慶的姦情故事。再進一步，作者根本

一空依傍，獨抒胸臆，或寫個人的親身閱歷；或運用想像，寄託個人對社會問題的見解和理想。前者像《紅樓夢》、《儒林外史》，後者像《鏡花緣》。這一些，都可以說是章回小說發展到終極的產物。這種由歷史故事的演述，到對現實社會真人真事的具體描繪，自然是中國章回小說不斷向前發展、提高的必然成果。

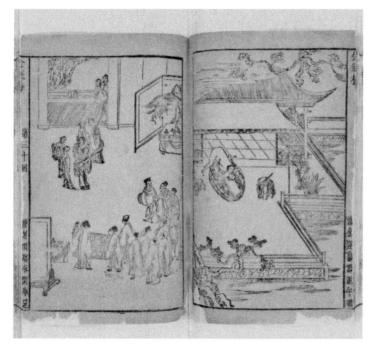

《金瓶梅圖》（明刻本）

出版後記

　　本書是著名歷史學家、文獻學家張舜徽先生（1911—1992）撰寫的一本關於中國古代社會生活的普及讀物。書中對中國古代社會生活的方方面面進行了細致的講解，包括農業生產（如生產工具的發明、農作物種類的豐富等）、科學技術（如度量衡的製定、指南針的發明等）、衣食住行（如豆製品的豐富、糖的製造等）、工藝美術（如印染藝術、石刻藝術等）、語言文學（如文字的產生、書籍的出現等）⋯⋯特別值得提出的是，作者將古代的保健養生、醫藥知識作爲社會生活史的重要內容，進行了專門介紹，使我們對於古人的生活有了更加全面的了解。書中重在對事物發明創造與發展演變的梳理，用極其精煉的文字，勾勒出了中華五千年文明發展的歷史，是現代讀者瞭解中國傳統文化的優秀讀物。

　　本書最早撰寫於上世紀五六十年代，原名《中國古代勞動人民創物志》，一九八四年由華中工學院出版社出版。今徵得作者家屬的同意，我們對原書進行了進一步的編輯加工，以《中國文明的歷程》（插圖本）重新出版。在編輯過程中，我們重新擬定了書中的標題，使之更加簡潔、醒目，並對部分章節結構做了一定調整。文字方面，除了對原書中的訛誤進行訂正，還在不影響原義的前提下，對一些時代特色較重的文字做了一定的修飾。此外，我們還根據內容，插配了近三百幅圖片，以使讀者更直觀、深入地瞭解書中知識。

　　本書的出版過程中，我們得到了張屏先生和周國林先生的無私幫助和支持，在此謹致謝意。

　　2011年是張舜徽先生誕辰一百周年，我們謹以此書的出版，表達對先生的紀念之情。2013年12月繁體中文版在臺灣由華品文創出版公司出版發行，更名爲《中國人應知的文明歷程》。

編輯部
2013年10月

國家圖書館出版品預行編目資料

中國人應知的文明歷程 / 張舜徽著.--初版.
-- 臺北市：華品文創, 2013.12
312面 ;17x23 公分
ISBN 978-986-89112-5-3(平裝)

1.茶藝

630   102022259

華品文創出版股份有限公司
Chinese Creation Publishing Co.,Ltd.

《中國人應知的的文明歷程》

作　　者：張舜徽
總 經 理：王承惠
總 編 輯：陳秋玲
財 務 長：江美慧
印務統籌：張傳財
美術設計：vision 視覺藝術工作室
出 版 者：華品文創出版股份有限公司
　　　　　地址：100台北市中正區重慶南路一段57號13樓之1
　　　　　讀者服務專線：(02)2331-7103　(02)2331-8030
　　　　　讀者服務傳真：(02)2331-6735
　　　　　E-mail：service.ccpc@msa.hinet.net
　　　　　部落格：http://blog.udn.com/CCPC

總 經 銷：大和書報圖書股份有限公司
　　　　　地址：新北市新莊區五工五路2號
　　　　　電話：(02)8990-2588
　　　　　傳真：(02)2299-7900
　　　　　網址：http://wwww.dai-ho.com.tw/

印　　刷：卡樂彩色製版印刷有限公司

初版一刷：2013年12月
定價：平裝新台幣380元
ISBN：978-986-89112-5-3